"终身教育与学习型社会研究"丛书

丛书主编：侯怀银

终身学习论

桑宁霞◎著

科学出版社

北　京

内 容 简 介

信息技术的快速发展和人文社会的持续推进,使得终身学习、构建学习型社会成为未来教育及社会发展的必然趋势。教育者、学习者乃至社会全体要及时树立终身学习理念,在全社会形成良好的终身学习氛围,引领社会持续健康发展。

本书系统、全面、科学地介绍了终身学习的相关基本要素,梳理了国际视野下的终身学习政策发展情况,呈现了终身学习的重大意义,规划了终身学习实施的路径。本书扩展了终身学习研究和实践的视域,重构了终身学习的新体系,可为现有的终身学习实践提供新的理论支撑和价值引领。

本书适合教育学者、教育工作者,以及终身教育工作的实践者和推广者参阅。

图书在版编目(CIP)数据

终身学习论/桑宁霞著. —北京:科学出版社,2023.2
("终身教育与学习型社会研究"丛书/侯怀银主编)
ISBN 978-7-03-074218-6

Ⅰ.①终… Ⅱ.①桑… Ⅲ.①终身教育-教育研究-中国 Ⅳ.①G729.2

中国版本图书馆 CIP 数据核字(2022)第 235651 号

责任编辑:付 艳/责任校对:王晓茜
责任印制:李 彤/封面设计:有道文化

科 学 出 版 社 出版

北京东黄城根北街 16 号
邮政编码:100717
http://www.sciencep.com

北京中科印刷有限公司 印刷
科学出版社发行 各地新华书店经销
*

2023 年 2 月第 一 版 开本:720×1000 1/16
2023 年 2 月第一次印刷 印张:17 1/4
字数:319 000

定价:99.00 元
(如有印装质量问题,我社负责调换)

丛书编委会

主编　侯怀银

编委　桑宁霞　丁红玲　贾　旻

　　　张雪莲　吕　慧

丛 书 序

　　2019 年 2 月，《中国教育现代化 2035》中提出"构建服务全民的终身学习体系"的教育战略任务。同年 11 月，党的十九届四中全会提出"构建服务全民终身学习的教育体系"的战略规划。构建服务全民终身学习的教育体系是推动中国教育现代化进程的关键一环，关乎未来中国教育的改革、创新和发展。改革开放以来，教育学研究者在终身教育领域开展了广泛研究，在理论引进、传播和本土实践研究中均取得了一定的进展①，有关构建服务全民终身学习教育体系的深入研究则有待进一步加强。有鉴于此，本丛书围绕终身教育和学习型社会进行了系统研究。

一、终身教育和学习型社会的研究价值

　　满足人民群众对美好教育的需求是我国教育事业的重要使命。构建服务全民终身学习教育体系有助于教育改革成果进一步惠及全体人民，充分发挥学校教育和家庭教育、社会教育的合力，推动中国教育现代化目标的实现。构建服务全民终身学习的教育体系需要完备的理论体系做支撑，发挥理论之于实践的指导作用。因此，开展终身教育和学习型社会的研究具有重要的学术价值和应用价值，主要体现在以下几个方面。

　　（一）独特的学术价值

　　第一，有助于丰富终身学习理论体系。开展终身教育和学习型社会的研究将

---

① 侯怀银，王晓丹. 终身教育理论在中国的引进及其影响. 教育科学，2021，37（5）：2-11.

有助于进一步丰富终身学习的理论，进而解决理论研究与实践发展之间的隔阂问题，在终身学习的实践中发挥更大的指导作用。

第二，有助于拓展教育研究新领域。构建服务全民终身学习的教育体系是涵盖全民终身学习的大教育问题，这不仅需要基于宏观、整体视野统筹学校教育、家庭教育和社会教育，融通正规教育和非正规教育，而且需要搭建终身教育的"立交桥"，实现各类教育的横向衔接和纵向沟通。研究者要运用哲学、教育学、社会学、历史学、文化学等多学科思维方法和范式来研究相关问题，进一步推进教育研究领域的拓展。

第三，有助于把握终身教育和学习型社会研究领域的未来指向。构建服务全民终身学习教育体系是终身学习研究领域的前沿问题，对这一问题开展研究有助于进一步明确终身教育和学习型社会的研究方向，研判终身教育和学习型社会建设的未来走向。

（二）突出的应用价值

第一，有助于推进各级各类教育的纵向衔接与横向沟通。构建服务全民终身学习的教育体系，需充分重视并发掘各级各类教育之间的合力，打通各级各类教育之间的联系，就教育体系在全人类面向、全需求导向、全领域指向等方面的重要作用及相互关系展开研究，助力学习型社会建设。

第二，有助于增强教育领域与其他领域的沟通协调。构建服务全民终身学习的教育体系涉及多个领域，有赖于社会各方的共同合作与全力实施。开展终身教育和学习型社会的研究需要关注并形成合力，从而推动高质量教育体系的构建。

第三，有助于推进服务全民终身学习教育体系的保障机制建设。开展终身教育和学习型社会的研究须在对我国现实基础予以理论考量的基础上，找出亟须解决和后续实践可能面临的问题，并最终落脚于保障机制建设，如法律政策保障、社会文化保障、治理体系保障、资源保障、学习制度保障等。

二、已有研究进展

在新时代以教育治理现代化推动人类社会实践背景下，终身教育和学习型社会的研究是一项整体性研究。基于这两个关键词，终身教育和学习型社会的研究已取得以下四个方面的研究进展。

（一）终身学习研究进展

20 世纪 90 年代，"终身学习"在国际上获得广泛认可。国际终身教育的话语体系中出现了"终身学习"的概念。我国研究者对终身学习展开了系统研究，可以分为对终身学习基本问题的研究和对终身学习促进策略的研究。

第一，终身学习基本问题研究。其一，研究者对终身学习的概念及其与终身教育、学习型社会等相关概念的关系进行了研究。其二，研究者对终身学习思想、终身学习理念和终身学习内涵的历史演变进行了梳理。其三，研究者对终身学习的价值和意义进行了研究，包括对"全民终身学习社会"的价值内涵的探讨[①]。

第二，终身学习促进策略研究。研究者对终身学习促进策略的研究主要从个体条件和社会保障两方面展开，尤以社会保障为重。就前者而言，研究者主要对个体学习能力进行了研究。就后者而言，研究者对终身学习体系、教育系统改革、终身学习服务主体、终身学习立法、终身学习制度等方面展开了研究，并介绍了不同国家和地区的相关实践情况。[②]在教育系统改革方面，研究者对开放大学、高校继续教育、社区教育、在线教育等进行了深入细致的研究，探讨了不同类型教育服务全面终身学习的路径。在终身学习制度方面，研究者主要对国家资历框架和学分银行制度进行了研究。

（二）学习型社会研究的进展

自美国赫钦斯（R. M. Hutchins）所著《学习型社会》（*The Learning Society*）于 1968 年出版以来，作为全球新世纪教育改革的发展趋势，学习型社会逐步实现了从理念、理论的研究层面向社会实践层面迈进的转变。已有研究就学习型社会的概念、学习型社会的建设、学习型社会与相关教育活动的关系等方面展开探讨。

第一，学习型社会的概念。有研究者认为国内学界主要从社会发展机制、社会构成、系统论、与其他社会形态的关系四个视角展开界定[③]；研究者还从社会、个体、个体与社会相结合三个角度[④]展开研究。国内学界还关注了学习型社会是现

[①] 杨小微. 中国社会发展之教育基础的价值尺度：全民终身学习的视角. 教育发展研究，2013，33（11）：1-5.

[②] 张梅琳. 唐雪梅.我国终身学习研究的发展历程与动向分析. 成人教育，2021，41（12）：8-14.

[③] 杨晨，李娟，顾凤佳. 我国"学习社会"研究述评（2008—2011 年）. 教育发展研究，2011，31（23）：35-41.

[④] 朱孔来，李俊杰. 国内外对学习型社会研究现状评述及未来展望. 湖南师范大学社会科学学报，2011，40（6）：93-97.

实还是理想，是新个体学习形式还是新社会形式，是注重个体自我完善还是人力资源开发，是依靠学校教育改造还是社区教育强化等问题①。

第二，学习型社会的建设。有研究者指出，当前面临的最大挑战之一是推进学习型社会建设的方法较少。归纳研究者提出的推进学习型社会建设的途径，大体包括立法先行，建设完备的法律体系；组织奠基，推进学习型组织的建设；价值引领，重建具有普适意义的教育价值观；平台创新，实现学习型社会运行智能化等②。

第三，学习型社会与相关教育活动的关系研究。这方面的研究主要包括三个方面：其一，学习型社会与终身教育的关系。当前我国不同教育形态的繁荣促进了终身教育体系的建设，但在学习型社会视角下，发展终身教育仍面临着人口基数大、人口素质较低、区域教育差异等问题。因此，体系构建应明确教育主体、建立教育责任机制、注重资源整合以及树立创新观念③。其二，学习型社会与社区教育的关系。学习型社区作为重要平台和实践依据，对学习型社会至关重要。学习型社会的建设应理顺管理体制，形成多方参与的局面；整合教育资源，丰富社区教育内容和教学形式；依托社区学院，发挥社区学院的龙头作用；利用现代信息技术，搭建社区公共数字化平台，推促社区可持续发展④。其三，学习型社会与老年教育的关系。老年教育要在办学理念、规模、体制、经费等教育管理方面，教学内容、手段、方法等教育教学要素上，适应学习型社会建设的现实需求，全面深化改革，充分发挥积极作用⑤。老年教育在社区场域内存在重要性认识不足、立法保障机制不完备、内容和形式单一、组织管理和资源分布不平衡等问题，应从促进终身教育理念融入、推动终身教育立法保障、丰富教育内容和形式、规范教育管理和整合教育资源等方面推进社区老年教育发展⑥。

---

① 曾文婕，漆晴，宁欢. 我国"基本形成学习型社会"还有多远——基于我国学习型社会研究（1998—2018年）回顾. 现代远程教育研究，2019，31（3）：57-69.
② 夏海鹰. 学习型社会建设动力机制探究. 教育研究，2014，35（6）：48-52.
③ 孙怀林. 论学习型社会下终身教育体系的构建. 继续教育研究，2017（8）：4-6.
④ 马定计，黄复生.学习型社会背景下上海社区教育发展的若干思考. 开放教育研究，2008（1）：38-41.
⑤ 郭世松. 学习型社会与老年教育改革——以广西钦州市为例. 继续教育研究，2015（3）：13-15.
⑥ 刘明永. 学习型社会背景下社区老年教育探索. 中国成人教育，2013（9）：6-9.

（三）终身教育研究的进展

整体来看，基于终身教育这一主题，研究者聚焦历史研究、比较研究、理论研究、实践研究、体系的元研究等方面展开了研究。

第一，终身教育的历史研究。一方面，研究世界终身教育发展的历史，主要聚焦于终身教育思想的发展历史和终身教育实践的历史梳理与未来展望。有研究者指出，当代终身教育经历"观念—术语—概念"的变化，在今天呈现体系化发展状态[①]；另一方面，立足重大、关键时间节点，对中国终身教育发展的历史进行研究。如有研究者从政策、理论与实践三个层面对我国改革开放 40 年来终身教育的发展历程进行了回顾[②]。

第二，终身教育的比较研究。比较研究重在探讨不同国家终身教育体系建设的共性、特点和规律，为我国终身教育的发展提供借鉴。已有研究一方面介绍国外终身教育发展情况，另一方面对中外终身教育进行比较。有研究者对美、日、法、韩等国的终身教育进行了推介，并提出了相关建议与参考[③]。有研究者对美、英、法三国终身教育体系进行比较分析，探讨了法律、组织、认证和财政支持系统在终身教育体系构建中的重要作用[④]，阐述了美、英、法、日等发达国家在观念、理论、制度与实践等方面的经验[⑤]。有研究者通过对教师终身教育体系与日本教师研修制度之间的比较，主张构建中国教师终身教育体系，健全教师继续教育法规，发展教育科学理论，促进教师继续教育事业的发展[⑥]。也有研究者聚焦某一国家的终身教育体系建设进行深入分析，如对日本"地方推动"的介绍[⑦]，对韩国终身教育体系建设的梳理等[⑧]。还有研究者对朗格朗（P. Lengrand）、伊里奇（I. Illich）、捷尔比（E. Gelpi）、耶克斯利（B. Yexley）、林德曼（E. Lindeman）等代表人物的终身教育思想进行了比较研究。

第三，终身教育的理论研究。其一，研究者对终身教育思想进行了引进介绍、

---

① 何思颖，何光全. 终身教育百年：从终身教育到终身学习. 现代远程教育研究，2019（1）：66-77+86.
② 吴遵民. 改革开放 40 年中国终身教育的历史回顾与展望. 复旦教育论坛，2018，16（6）：12-19.
③ 李之文，李秀珍，孙钰. 韩国高校终身教育及其对中国的启示. 教育学术月刊，2014（12）：32-37.
④ 徐又红. 我国终身教育体系的构建：美、英、法终身教育比较的启示. 学术论坛，2008（3）：202-205.
⑤ 周西安，杨丽丽. 发达国家终身教育体系的构建及启示. 安徽教育学院学报，2005（4）：99-102.
⑥ 杨民，苏丽萍. 日本小学家校合作的研究及启示. 教育科学，2013，29（6）：89-93.
⑦ 杨秋芬. 浅析日本地方终身教育体系. 河北大学成人教育学院学报，2007（3）：8-9.
⑧ 杨芳. 韩国终身教育体系研究. 继续教育，2011，25（11）：61-64.

历史梳理和理论评述，对古今中外的终身教育思想给予全面关注。其二，研究者围绕终身教育与成人教育、终身学习、继续教育等相关概念进行了比较分析。其三，研究者对终身教育理论发展过程中出现的新热点进行研究，如终身学习、学习型社会、终身教育体系等①，其中对终身教育体系的关注尤为突出。其四，研究者对终身教育的价值以及终身教育理念下各级各类教育的价值问题进行了研究。

第四，终身教育的实践研究。这方面研究主要关注终身教育立法和体系构建。其中，立法研究主要包括终身教育立法呼吁与基本构想、国际比较与借鉴、地方立法研究、法律与政策研究、对我国传统政治法律文化语境的分析等。体系构建研究主要集中于我国终身教育体系构建策略研究方面。一是依现状问题提出体系构建策略。比较有代表性的观点有"渐进性策略"②"终身教育体系构建多主体"③等。二是围绕区域终身教育体系的构建展开个案研究，国内以区域为单元在构建终身教育体系方面积累了一些经验。三是终身教育体系构建评价研究。有研究者从过程评价角度开展研究④；也有研究者探讨了量化评价指标体系⑤。

第五，终身教育体系的元研究。这方面研究主要包括终身教育体系概念、要素、功能、特征等方面的研究和对体系构建的综合反思性研究。一是终身教育体系概念研究。完备的终身教育体系应广涉家庭组织、教育系统和社会机构等多元主体的多方资源整合，进而为所有社会成员提供全人生的教育制度安排⑥。在终身教育的思想和原则框架下，完备的终身教育体系应是为社会教育的发展而服务的，面向全民、全人生、全过程的社会化教育体系⑦。二是终身教育体系要素研究。研究者从终身教育的形式、方式、内容三个方面⑧，纵向和横向两个维度⑨，以及目标系统、保障系统、领导系统、运作系统四大系统对终身教育体系的构成要素进行分析⑩。三是终身教育体系功能研究。终身教育体系具有教育功能、经济功能、

---

① 吴遵民. 改革开放 40 年中国终身教育的历史回顾与展望. 复旦教育论坛, 2018, 16（6）：12-19.
② 刘汉辉. 论终身教育体系：构架、实现方式及功能. 广东社会科学, 2007（4）：178-183.
③ 李新民. 论构建中国模式的终身教育体系. 南京理工大学学报（社会科学版）, 2010, 23（6）：98-101+120.
④ 郭玉锋. 终身教育理念与过程性评价的实施. 中国成人教育, 2005（6）：28-29.
⑤ 吴国. 终身教育体系构建探析——以福建省为例. 福建医科大学学报（社会科学版）, 2013, 14（2）：35-40+65.
⑥ 刘晖, 汤晓蒙. 试论各级各类教育融入终身教育体系的时序. 教育研究, 2013, 34（9）：89-94+127.
⑦ 陈乃林. 建设区域性学习型社会的实证研究报告——以江苏为个案. 北京：高等教育出版社, 2010：29.
⑧ 庚荣. 论终身教育体系的构建. 西南交通大学学报（社会科学版）, 2003（4）：95-98.
⑨ 刘汉辉. 论终身教育体系：构架、实现方式及功能. 广东社会科学, 2007（4）：178-183.
⑩ 周西安. 我国终身教育体系的内容结构与建构原则. 职业技术教育, 2011, 32（22）：36-39.

人口功能、社会功能等。此外，也有研究者对终身教育体系在政治、文化、科技、生态等方面的功能进行了研究①。四是终身教育体系特征研究。终身教育体系具有统合性、开放性、非功利性特征②。也有研究者认为终身教育体系具有多样性、整合性、开放性、个体性等特征③。五是终身教育体系构建的综合反思性研究。有研究者从动因、内容、问题与展望三个方面对终身教育体系研究进行了综述，指出这方面的研究呈现出由单一走向多元、由理论走向实践、由宏观转向微观的趋势，在内容上呈现出关注具象化的实践研究、终身教育法律制度研究、开放大学在终身教育体系构建中的作用研究等趋势④。有研究者通过书评的形式对终身教育体系相关研究进行了介绍，如对《中国终身教育体系构建改革试点研究（2010—2015）》⑤这部著作的评论。也有研究者以具体的时间段为周期，对终身教育体系构建研究进行梳理，如分析 2007—2012 年构建终身教育体系的相关研究成果，探讨我国终身教育体系构建过程中的成功经验及存在问题，并展望了我国终身教育体系的研究方向。

（四）服务全民终身学习教育体系研究的进展

2019 年至今，围绕构建服务全民终身学习教育体系的研究成果日益增多，研究者主要从内涵、构建价值、构建逻辑、路径选择与体制机制等方面进行研究。

第一，关于体系的内涵研究。有研究者从资源、机会与供给导向，能力、素养与自主学习导向，意愿、收益与人力资源导向以及价值、发展与生活方式导向出发对"服务全民终身学习的教育体系"的内涵做了分层分级阐释⑥。

第二，关于体系的构建价值研究。构建服务全民终身学习的教育体系是实现教育强国战略的国运之需、实现教育终极使命的治理之要、融通中央长治与个人久安的信念之实⑦。

第三，关于体系的构建逻辑研究。有研究者分析了构建服务全民终身学习的

---

① 刘汉辉. 论终身教育体系：构架、实现方式及功能. 广东社会科学，2007（4）：178-183.
② 吴遵民，黄欣，刘雪莲. 建立和完善终身教育体系的法律制度研究. 继续教育研究，2006（6）：19-23.
③ 朱猷武. 论终身教育体系的特点. 中国成人教育，2006（8）：18-19.
④ 于蕾. 我国终身教育体系构建研究述评与展望. 继续教育研究，2016（5）：4-10.
⑤ 徐莉. 中国终身教育体系构建改革试点研究 2010—2015. 福州：福建教育出版社，2019.
⑥ 陈廷柱，庞颖. 分层分级构建服务全民终身学习的教育体系. 终身教育研究，2021，32（6）：3-9.
⑦ 史秋衡，谢玲. 构建服务全民终身学习的教育体系的价值解读. 北京大学教育评论，2021（3）：178-187.

教育体系的政策逻辑①和实践逻辑②。还有研究者分析了构建服务全民终身学习教育体系的基本线索，即"自我导向学习"③。

第四，关于体系的路径选择与体制机制研究。有研究者基于分层分级理念探讨服务全民终身学习教育体系的建设，指出应基于政府责任与立法设计的角度，从中央到地方分级设计管理结构④。也有研究者从"后学校化"视角探讨构建服务全民终身学习的教育体系的路径与机制⑤。此外，有的研究者十分注重各级各类教育，尤其是高等教育在体系构建中发挥的作用⑥⑦。还有研究者认为，基于构建服务全民终身学习的教育体系视角，家庭教育的内涵需要重新审视与重构，体现了"构建服务全民终身学习的教育体系"的要求⑧。

三、终身教育和学习型社会研究的突破空间

通过梳理终身教育和学习型社会的研究进展，我们发现研究者已从不同角度进行了大量研究，按主题可细致划分为终身学习、学习型社会、终身教育、教育体系等研究，每个主题又都延伸出许多领域，而这些领域在这几个主题之间又相互交叉，相互重叠。但是从整体上对终身教育和学习型社会进行系统研究的成果还较少。基于此，我们认为该领域还有以下五个方面有待突破。

（一）历史研究需要进一步重视

在现有研究成果中，尽管有些研究者对终身教育、终身学习等思想的来源进行了追溯，但围绕终身教育和学习型社会的历史研究稍显不足，尤其并未对民国

---

① 陈伟，郑文，吴世勇．"构建服务全民终身学习的教育体系"的三重逻辑.华南师范大学学报（社会科学版），2022（1）：61-71+206.
② 闫志利，韩佩冉.构建服务全民终身学习的教育体系：价值取向与实践逻辑.职业技术教育，2020（13）：68-73.
③ 路宝利，张之晔，吴遵民.构建服务全民终身学习教育体系的本质思考——基于"自我导向学习"的视角.中国远程教育，2021（8）：1-11+39+76.
④ 兰岚.构建服务全民终身学习的现代教育体系——政府责任与立法设计.教育学术月刊，2021（9）：3-11.
⑤ 路宝利，吴遵民.构建服务全民终身学习的教育体系：路径与机制——基于"后学校化"理念的思考.开放教育研究，2020（4）：67-76+101.
⑥ 谢倩芸.助推构建服务全民终身学习的教育体系.中国高等教育，2021（2）：57-59.
⑦ 贾小鹏.高校在构建服务全民终身学习的教育体系中的定位与功能.中国高等教育，2020（18）：52-53.
⑧ 程豪，吕珂潇，李家成，等.我国家庭教育的内涵反思与时代重构——基于"构建服务全民终身学习的教育体系"的视域.现代远距离教育，2021（6）：3-12.

时期的历史经验进行充分挖掘。有鉴于此，我们认为应该在整理史料基础上，充分重视民国时期的历史经验，梳理终身教育和学习型社会在历史长河中的发展与变迁过程，对其进行回顾和反思，并对其未来发展趋势进行预测研究。

（二）比较研究需要进一步拓展

综观已有研究，比较研究多就终身教育、终身学习等领域展开，侧重于对国际经验的介绍，而以"构建服务全民终身学习的教育体系"为主题的比较研究稍显不足。现代终身学习理念源于西方，相关研究成果也较为丰富。因此，在研究构建服务全民终身学习的教育体系过程中，我们须有选择地借鉴西方的经验。比较研究不能只限于介绍和引进，更重要的是批判地继承，反思国际经验之于我国的适用价值。有鉴于此，我们认为应当加强对国际"构建服务全民终身学习的教育体系"的比较和借鉴，以进一步推动我国构建服务全民终身学习的教育体系。

（三）理论研究需要进一步深入

"构建服务全民终身学习的教育体系研究"目前散见于终身学习、学习型社会、终身教育、教育体系等领域中，这反映了当前我国终身教育和学习型社会研究的成熟度还有待提高。一方面，我们需要加大基本理论的研究力度，开展基本概念澄清、历史演变梳理、体系应然架构设计等工作，以科学合理的基本理论体系指导实践，同时基于实践发现理论研究的不足，通过良性互动促进服务全民终身学习教育体系在理论与实践两方面的构建；另一方面，由于该研究主题的特殊性，即该体系的构建涉及社会多方面的主体和资源等，故该问题在理论层面的解决也需要我们拓展研究视角，充分运用历史学、社会学、经济学等相关学科的理论资源，寻找服务全民终身学习教育体系构建的策略。

（四）实践研究需要进一步深化

目前我国已有相关研究成果大多为思辨型理论探索，少数实践研究也是对区域实践和部分要素实践的经验总结，缺乏对当下实践问题的有针对性的研究，这类研究是实践亟须的。构建服务全民终身学习的教育体系和学习型社会在现实中究竟达到什么程度？取得了哪些成就？存在哪些问题？还需要提供什么样的保障和解决措施？这些都是需要引起研究者重视的关键问题。我们亟待密切关注实践需要，发现并解决服务全民终身学习教育体系构建中的重点、难点问题，开展实践性、应用性、具体性研究。这是构建服务全民终身学习教育体系研究领域亟需加强和深入的方向。

（五）研究方法需要进一步优化

目前，终身教育和学习型社会的研究在一定程度上还滞后于实践发展，且针对具体实践问题的关注不够。已有研究成果大多运用思辨方法研究概念、性质等基本理论问题，研究方法较为单一，量化研究方法和混合研究方法的运用较少。一方面，鉴于该领域对实践研究的丰富和深化的要求，运用多样的研究方法尤其是量化研究方法是必要的；另一方面，鉴于不同研究方法之间的优势互补，运用多样的研究方法也是加强研究成果科学性和可靠性的必然要求。我们应该注意运用多样化方法开展服务全民终身学习教育体系构建的全方位研究。

四、终身教育和学习型社会研究的路径展望

基于终身教育和学习型社会研究需要有进一步突破的空间，我们应着眼于学术研究本身，将构建服务全民终身学习教育体系的研究作为一项系统工程去综合推进。我们应把构建服务全民终身学习教育体系作为终身教育和学习型社会研究的总体目标，并在此基础上规划研究思路，从已有研究不足入手，厘清研究内容，并把握其中的关键性问题、重点问题和难点问题，在研究过程中以"多学科、宽领域、广视角"为引领，突出研究创新，以高质量原创性研究成果推动中国教育改革与发展。

（一）明确目标，规划研究思路

1. 明确研究的整体目标

第一，明确理论创新方面的预期目标。首先，从实践逻辑出发，基于时空之维对历史经验问题和国际比较问题进行系统梳理，探究体系构建的内部规律。其次，剖析构建服务全民终身学习教育体系"是什么体系""如何构建""怎样落实"等问题，为构建服务全民终身学习教育体系提供理论参考和依据。最后，以理论作为风向标和着力点，审视实践并进行保障机制研究。

第二，明确实践应用方面的预期目标。研究者应遵循国家教育发展战略和教育发展规律，依据需求逻辑和实践逻辑，形成构建服务全民终身学习教育体系的可行性方案及立体化推进路径，为实践发展提供可供参考的理论指南。

第三，明确服务决策方面的预期目标。构建服务全民终身学习教育体系研究的最终落脚点在保障机制研究，研究者应基于国家、社会、地方"三位一体"的角度进行宏观思考，以破解制度性困境，确保构建服务全民终身学习教育体系的有效落实。

2. 规划研究的总体思路

构建服务全民终身学习的教育体系研究思路具有深厚的学理依据与科学性，一方面，我们应坚持以马克思主义哲学为学理依据，坚持联系、整体和发展的观点，遵循逻辑与历史相统一、时间与空间相融合、部分与整体相维系、联系与发展相交互、理论与实践相呼应的原则，立足基本国情进行构建。另一方面，我们应以"基于实践—构建理论—回归实践"为总体思路，以"构建服务全民终身学习的教育体系"为研究对象，基于"是什么体系——如何构建——怎样落实"的逻辑，对构建服务全民终身学习的教育体系进行研究。

（二）厘清内容，把握核心问题

1. 厘清研究的基本内容

以"构建服务全民终身学习的教育体系"为总体研究内容，应致力于解决以往研究尚待加强的方面，围绕历史经验、国际比较、具体构建、现实基础和保障机制五个方面的内容进行系统研究。

第一，中国现代教育体系构建的历史经验研究。从时间角度入手，对中国现代教育体系构建的历史演进、中国现代教育体系的构建及其对全民素质提升的意义、中国现代教育体系构建的启示等方面进行研究。

第二，服务全民终身学习教育体系构建的国际比较研究。从国际比较角度入手，对美国、英国、法国、日本、德国等发达国家以及印度等发展中国家服务全民终身学习教育体系的构建特征、成功经验进行研究，特别是学分银行、国家资历框架建设等方面。

第三，服务全民终身学习教育体系的具体构建研究。从理论角度入手，对"全民终身学习"进行深入的学理分析；探索服务全民终身学习教育体系构建的原则、路径、策略；对各级各类教育在服务全民终身学习教育体系构建中的作用进行分析；围绕全民终身学习的需求，探索如何将各级各类教育融合成一个相互联动、相互协调、相互促进的教育体系。

第四，服务全民终身学习教育体系构建的现实基础研究。从实践角度入手，对我国服务全民终身学习教育体系构建的现实背景、典型案例、成功经验、存在的问题等内容进行研究。

第五，服务全民终身学习教育体系构建的保障机制研究。从保障角度入手，着眼于终身教育的立法保障、资源整合以及数字化学习网络等的建设，对其现状、发展规律、存在的问题等内容进行研究。

2. 把握研究需解决的核心问题

第一，把握关键问题，即把握构建服务全民终身学习的教育体系"是什么体系"的问题。从系统把握其核心内涵入手，厘清我们在推进终身学习、建设学习型社会中应当努力的方向，明确如何统筹社会力量，构建一个什么样的教育体系，才能助力于学习型社会的形成。

第二，把握重点问题。围绕服务全民终身学习的教育体系"如何构建"的问题，历史经验有哪些，所处的国际环境如何，基本理论问题有哪些，其现实状况如何，保障机制是什么。这些都是构建服务全民终身学习教育体系亟待解决的重点问题。

第三，把握难点问题，即体系构建"怎样落实"的问题。体系的构建需要国家层面，尤其是在政策层面的有力推动。因此，除了在理论研究方面加强科学性与规范性外，还需要通过实证研究实现"点"与"面"的结合。

（三）拓宽视角，实现研究创新

1. 拓宽研究视角

第一，全民终身学习的视角。我国服务全民终身学习教育体系的构建经历了从"终身教育"向"终身学习"话语体系的转变，具有一定的历史演进背景："终身教育体系"的提出，终身学习理念的孕育；社区教育实验的推展，"终身学习与学习型社会"目标愿景的建立；教育现代化进程的进一步加快，服务全民终身学习教育体系的系统化、制度化建设。

第二，"大教育观"的视角。应围绕"大教育观"视角，以教育学、历史学、哲学、社会学、政治学等多学科视域为依托，兼容多学科理念，整合多学科方法进行研究，使研究成果能够为构建服务全民终身学习的教育体系提供有力支撑。

第三，社会治理创新的视角。构建服务全民终身学习的教育体系研究应基于社会治理的视角，以问题意识和现实意识为指导，坚持逻辑与历史相统一、时间与空间相融合、部分与整体相维系、联系与发展相交互、理论与实践相呼应的原则，立足基本国情，基于教育现代化目标，研究大教育规律，促进终身学习服务主体的多元化和相互合作，助力社会治理。

2. 实现研究的突破创新

第一，力求在研究方法上进行突破创新。构建服务全民终身学习的教育体系研究应突破单一研究方法的局限，综合利用历史法、文献法、比较法、调查法、个案研究法等多种方法的优势，由抽象到具体、由简单到复杂，实现定性研究与定量研究的有机结合。

第二，力求在分析工具上进行突破创新。构建服务全民终身学习的教育体系研究应突破以往研究局限，以教育学、历史学、哲学、社会学、政治学、文化学等多学科的研究范式与基础理论为支撑，进行研究范式的借鉴与创新，从而突破本领域已有研究框架，开展跨学科研究。

第三，力求在文献资料上进行突破创新。注重搜集相关历史史料，尤其是民国时期的史料，进行历史经验的总结，注重搜集国内的典型案例，补充构建服务全民终身学习教育体系的相关口述史料等。同时，要重视国外成功案例的搜集整理，开展比较研究，编制研究索引，形成文献综述，系统梳理研究现状，查缺补漏，进行创新研究，以历史眼光和国际视野，围绕理论与实践的创新开展思辨研究和实证研究，进一步丰富、充实相关文献资料。

第四，力求在话语体系方面进行突破创新。我国服务全民终身学习教育体系的构建经历了从"终身教育"向"终身学习"话语体系的转变。从已有相关成果来看，资料搜集整理较多、深刻的思辨性成果较少，平面描述较多、零散且缺乏系统，未能形成稳定、成熟的话语体系。我们应从当前中国教育发展最迫切需要厘清的重大理论问题切入，尝试建立大教育学的研究范式与话语体系，推进中国特色、中国风格、中国气派教育学的建设，助力中国特色社会主义教育事业的发展。

五、本丛书的出版价值、意义以及研究宗旨

"终身教育与学习型社会研究"丛书具有重要的学术价值和现实意义。

丛书的学术价值体现在：第一，丛书是关于终身教育、终身学习和学习型社会的理论与实践的系列丛书。第二，丛书系统、全面、科学地介绍国内外关于终身教育、终身学习和学习型社会的理论与实践，澄清问题、丰富成果，完善理论体系、总结实践经验。第三，丛书期望为引领终身教育、终身学习和学习型社会研究的新趋向，扩展终身教育、终身学习和学习型社会研究的新视域，重构终身教育、终身学习和学习型社会研究的新体系做出贡献。第四，丛书将为丰富、完善现代教育学体系提供新的理论成果。第五，丛书将为现有的终身教育、终身学习和学习型社会实践提供新的理论支撑和价值引领。

丛书的现实意义体现在：第一，丛书有助于完善终身教育、终身学习与学习型社会理论体系。第二，丛书有助于建立终身教育学等新型学科。第三，丛书有助于整体提高教育学在哲学社会科学中的地位。第四，丛书有助于促进学习型社会的建设，推动服务全民终身学习教育体系的构建和教育现代化的实现，以期为国家治理和社会治理提供教育学的智慧和力量。

本丛书的撰写面向国家重大需求，立足于国家终身教育发展和学习型社会建设的重大战略，旨在完善和丰富我国终身教育和学习型社会的理论成果。在此基础上，系统梳理国内外关于"终身教育与学习型社会"的已有理论研究、实践进展、法律政策；全面分析"终身教育与学习型社会"的新时代背景特征；反思"终身教育与学习型社会"研究的新趋向，扩展新视域，重构新体系。

因丛书的 5 本分卷各有侧重，各领域的发展现状及已有研究基础不同，因而，承担分卷写作任务的作者可以根据实际情况采取相应的撰写方式。

无论采取何种书写形式，作者在撰写时应有如下明确的意识：各分卷研究如果是前人没有或少有涉及的，就要有明确的标杆意识，作者的成果应该体现当代中国学者的最高水平；如果学术界已有先期成果，就要有明确的超越意识，建立新的高度；如果作者曾有过相应成果，就要有明确的创新意识、突破意识，寻找

新的角度，进行新的思考，突破自己，切忌重复、克隆自己。

"终身教育与学习型社会研究"丛书由 5 本著作组成，各著作名称及负责人如下：侯怀银、宋美霞：《终身教育学新论》；侯怀银、王晓丹：《服务全民终身学习：终身教育在中国的探索》；贾旻等：《人类命运共同体背景下国际终身教育的理念与体系》；桑宁霞：《终身学习论》；丁红玲：《小康社会背景下学习型社会的中国图景》。

本丛书得以出版，要感谢每本书的作者，感谢科学出版社教育与心理分社付艳分社长的支持和辛勤工作。由于水平有限，本丛书难免有疏漏，恳请专家和读者批评指正。

侯怀银

2022 年 9 月 6 日

前　言

　　信息技术快速发展，人文社会持续推进，党的十九届四中全会提出"构建服务全民终身学习的教育体系"①，终身学习、构建学习型社会成为未来教育及社会发展的必然趋势。终身教育为终身学习奠定基础，学习型社会为终身学习提供契机，国际组织共同推动终身学习。终身学习有利于促进个体独立发展，保障社会和谐，实现政治文明。教育者、学习者乃至社会全体必然要树立终身学习理念，在全社会形成良好终身学习氛围，引领社会持续健康发展。

　　孔子的有教无类、陶行知的生活教育、梁漱溟的教育大众化，从古至今延续下来的思想赋予终身学习丰富的内涵。终身学习时代，每一个人都是终身学习者，从未成年时期到成年早期、成年中期、成年晚期实现终身学习的人人属性；终身学习突破学校、家庭与社会的界限，延伸至阅读与对话、体验与创新、游学与阅历当中，实现终身学习的时时、处处属性。在浓厚的终身学习氛围中，每个个体终将在自主、自觉、自为的过程中实现终身成长。

　　终身学习是理念，更是实践。终身学习是涉及社会各界的一项庞大的系统工程，政府、学校、家庭、企事业单位、民间组织等都是重要的具有教育属性的终身学习服务主体。终身学习的切实有效推动需要各服务主体携手共建终身学习服务体系，形成终身学习实施的硬件保障体系。通过终身学习服务体系内部各要素的有机整合来盘活各类教育资源，提高终身学习服务能力，促进教育公平，进而

---

① 中共中央关于坚持和完善中国特色社会主义制度　推进国家治理体系和治理能力现代化若干重大问题的决定. 人民日报，2019-11-06（1）.

保障终身学习的有效实现。

终身学习理念自诞生之日起，便引起了世界范围内的关注与重视，各国迅速掀起了终身学习浪潮。UNESCO(United Nations Educational, Scientific and Cultural Organization，联合国教育、科学及文化组织) 有关 "终身学习" 的系列报告，以及美国的《终身学习法》、日本的《终身学习振兴法》等，都为终身学习的有序推进进行上层构建。我国的有关国家政策中也先后出现了终身学习相关内容，如《国家中长期教育改革和发展规划纲要（2010—2020 年）》提出将 "基本形成学习型社会"[①]作为国家教育发展战略目标，《中国教育现代化 2035》也将 "构建服务全民的终身学习体系"[②]作为教育现代化发展重大战略任务进行部署。系列政策的出台表明，终身学习必将成为教育领域未来发展的方向与重点之一，也是未来社会发展的重要风向标。在自上而下的发展中，终身学习正在一部部政策规划中稳步前进。

时代呼唤终身学习，无论是从国家和社会发展的宏观需求考虑，还是从个体的终身发展考虑，终身学习都是其中不可或缺的重要因素。我们急需完善终身学习理论，以把握时代脉搏，推动终身学习实践的发展。目前，终身学习在理论形成、体系搭建、政策完善、实践推进等方面虽取得了长足进步，但因站在新的时代交汇点上，还存在着很多的不确定性和可能性，而这些可能性和不确定性是我们持续思考、不断追踪的良好契机与前进动力。

终身学习作为新兴学科方向，还处在理论的初创期，理论杂陈，众说纷纭，亟须规范整全，建立综合系统、科学合理的体系。本书论述了终身学习的重大意义，规划了终身学习实施的保障路径，梳理了国际视野下的终身学习政策发展，可以说系统完整地融汇了终身学习的重要因素并合理构建了理论体系。期待更多同仁在本书研究内容的基础上，继续展开对终身学习的更多探索……

---

① 中共中央国务院印发《国家中长期教育改革和发展规划纲要（2010—2020 年）》. 人民教育，2010（17）：2-15.

② 中共中央国务院印发《中国教育现代化2035》. 人民日报，2019-02-24（1）.

目　　录

绪 论

　　终身学习的理论研究在广泛的国际认知和深广的国内推展中迅猛开展。从终身学习理论的翻译、引进，到终身学习理念在学校教育改革中的实验，从中国终身学习理论体系的构想、愿景，到学习型社会的探索和推进，终身学习的理论研究不仅深刻影响着教育的革命和学习型社会的创建工作，更直接影响着我国学习型社会的建设成效和创建水平，影响着我国社会的整体进步和发展质量。

　　然而，从终身教育理论体系的整理到终身教育学的建构，都面临着诸多实践和理论的难题。比如，终身教育学与教育学一级学科的关系是什么？是否需要模仿原有的教育学的架构，从学校教育、德育教育、课程教学等方面进行架构？终身教育体系与国民教育体系的关系是怎样的？是否需要在终身教育理念下对原有的国民教育体系（如基础教育、高等教育、成人教育、职业教育等）进行重新建构？终身教育服务体系建构中打破了教育与非教育机构的边界，那么，在统筹协调这些非教育机构的资源时，专属的终身教育机构是否能解决统筹中的问题和困难？如果不能，政府的治理范畴如何升级和扩展？作为一个公共产品，终身教育在供给上如何既保障公平又保障其效益，既保障民主又保障其政府治理权能的实现？……

　　终身教育学之所以需要建构新的体系，不仅因为它作为一个教育学二级学科的价值，还在于它以全新的理念挑战了原有的教育学理念和建构模型，挑战了惯性思维中所谓的教育学。更重要的是，在物质文明和唯科学主义日益昌盛的时代，终身教育学把教育推到了绝无仅有的高度，就像莎士比亚当年高呼出来的话语：生存还是毁灭？这个呐喊不是教育学学科的呐喊，是关乎人类走向何处的呐喊，是关乎人类能否有智慧地生存下去的呐喊，是关乎每个个体尊严和幸福感的呐喊。

终身学习论，终身发光为核心，终身成长为指向，终身体验为路径，终身幸福为旨归。学习无处不在，无时不发生。终身学习的纬度无比宽广，终身学习的空间无比高阔，终身学习论的理念和架构又怎一个普通教育学能够涵盖？

第一节　研究终身学习论的必要性

终身学习论以怎样的理念奠基？逻辑起点在哪里？其构成要素是什么？实现路径是什么？为了保障其体系的实现，它的服务体系该如何架构？保障体系该如何建立？终身学习论应在怎样的视野和高度确立学科并进行学科定位？其话语体系该是什么？这一切问题，都事关这个新兴学科的存在和发展，也事关这个学科今后的影响和地位，更重要的是事关这个学科对社会、政治、经济、文化能否产生应有的作用，对其他社会科学能否产生、实现价值引领作用。

基本的理论问题有待澄清。随着社会科技的迭代更替与发展，一方面，知识更新的速度愈益加快，知识总量的膨胀也呈现出指数爆炸的现象。"一次性学习时代"已经终结，终身教育、终身学习的发展会把学历教育变成一种标签。另一方面，人类大脑的不断演化助益吸收、消化、存储信息功能的发挥。要更好地发挥大脑潜力，关键就在于提升、锻炼学习能力，并将之奉行为终生发展的动力和途径，永葆终身学习的生命力。但是，终身学习的理论体系是什么？它的基本规律有哪些？它应该遵循怎样的研究范式？这些基本的理论问题有待澄清。

学习型社会和终身学习具有不可阻挡之势，"人人学习、时时学习、处处学习"也将成为常态。即使进入人生迟暮阶段的老年人也需要通过学习接收新知识，不断充实和完善自己，提高晚年的生活质量。根据学习型社会的要求，社会应该为人们提供更多的学习机会，使人们得以真正实现终身学习。在此背景下，如何应用理论或研究成果来帮助人们进行有效的学习就成为新的议题。目前国内以人的学习作为整体并对其进行系统论述的文献仍较为欠缺，尤其急需如何应用理论或研究的成果来帮助人进行有效学习的理论上的指引。

第二节　终身学习论的研究基础

目前，中国学者出版的有关终身学习的图书大致分为以下五类（表0-1）。

表 0-1　2001—2021 年国内有关终身学习的论著

类别	著作名	编著者	出版年份
对终身学习政策、法律、机制的研究	终身学习的推进机制比较研究	吴雪萍	2010
	终身学习政策研究：香港的理念与实践	周春儿、洪茹燕	2014
	国际终身学习政策推展模式研究	朱敏	2017
	国际终身学习法比较研究	桑宁霞	2015
对终身学习概念、理念、理论及其实践的研究	区域构建终身学习系统的理论探索	卞爱美	2018
	国际论坛：终身学习的理念和实践	张伟远、陈丽、杨健明	2014
	长宁终身学习实践与思考	陈设立	2013
	终身教育、终身学习与学习化社会	高志敏等	2005
对终身学习体系的研究	日本终身学习体系建设研究	李尚波	2020
	现代终身教育体系论：中国终身教育发展的路径与机制	吴遵民等	2019
	建设终身学习体系和学习型社会的研究	郝克明	2006
	战后日本终身学习体系发展研究	陈君、郅锦	2013
对终身学习能力培养的研究	终身学习的关键能力与培养	钟志贤、邱婷	2015
	终身学习策略论	董瑞美、秦桂芳	2001
	树立终身学习观的 N 个法则	韩雪	2014
有关终身学习的其他研究	体验式终身学习探索	王小柳	2016
	终身学习社会化推进研究	丁红玲	2015
	搭建终身学习立交桥：国际的发展和比较	张伟远、段承贵、傅璇卿	2014
	终身学习研究	叶忠海	2007

已有论著涉及下列议题：

1）终身学习成为生存发展之道。伴随全球政治、经济、社会的变革，终身学习依然面临包括老龄化、性别不平等、社会资本、全球治理、数字化、教育变革等诸多挑战。但是，终身学习依然是个人生存与在未来社会前行的"护照"。[1]终身学习从一种教育思想逐渐演变为关注人的生存与发展，进而演化为人们的一种权利与生活方式，历经理论—实践—反思的嬗变过程，其张力从人类自身求得生

---

① 何思颖，何光全. 终身教育百年：从终身教育到终身学习. 现代远程教育研究，2019（1）：66-77+86.

存扩展到人与社会、人与自然的可持续发展。①人的全面发展是人类对自身发展的最高追求。人的全面发展应该与社会发展同频共振，新的信息技术革命对人的发展提出更高的要求，而实现人的全面发展的最主要的途径就是终身学习。②在现代社会生活中，终身学习作为发展的基本方式之一，日益成为左右个体和社会发展的必需。③在信息爆炸和终身教育盛行的背景下，应该重新确定学习的地位和根本目的。学习日益成为人类的生存之道，终身学习的根本目的是使个体实现在承担责任和义务后的自由，实现完美的人性与有价值的人生。终身学习应当超越学会认知、学会做事、学会共同生活、学会生存这些基本的目标，实现认知、行动、生活等的自由，将学习一以贯之，获取终身学习的自由。④

2）终身学习、终身教育、学习型社会建设是相互影响的。20世纪50—70年代，成人教育不仅成为终身教育的"火车头"，而且丰富和发展了终身教育概念。20世纪90年代，"终身学习"在国际上获得广泛认可。终身教育、终身学习和学习型社会三者在理念上有着内在一致性，即都以促进人的全面发展为根本目的，它们在实践运作上虽各有侧重，但又离不开彼此的支持与协同。⑤在建设学习型社会进程中，教育责无旁贷地肩负起传播知识、促进创新的使命。教育须更新观念，视人人都是教育对象；教育须创新动力机制激发求知热望，创新管理机制促进"学有所教"，创新保障机制解除学习困难，将人人纳入学习组织；教育还须做实服务，实行制度化教育与非制度化教育并举、岗位教育与非岗位教育并举、市民教育与非市民教育并举，让人人享受学习幸福。⑥当前终身教育已经由最初的"思潮"或"理念"发展成为一种教育实践或社会运动，随着终身教育理论与实践的发展，这一概念渐有被终身学习所取代的趋势。⑦学习型社会的实质就是"以学习求发展"，建设学习型社会就是为了促进全民学习、终身学习。以个体的学习来追求个体的发展，以组织的学习来追求组织的发展，以国家的学习来促进国家的发展；以终身的学习来追求终身的发展，以灵活的学习来追求多样的发展，以自主的学

---

① 李兴洲，耿悦. 从生存到可持续发展：终身学习理念嬗变研究——基于联合国教科文组织的报告. 清华大学教育研究，2017，38（1）：94-100.

② 顾明远. 终身学习与人的全面发展. 北京师范大学学报（社会科学版），2008（6）：5-12.

③ 刘翠兰. 论终身学习的教育目的. 中国成人教育，2007（11）：7-8.

④ 王松涛. 终身学习目的论. 职业技术教育，2001，22（1）：8-12.

⑤ 朱敏，高志敏. 终身教育、终身学习与学习型社会的全球发展回溯与未来思考. 开放教育研究，2014，20（1）：50-66.

⑥ 黄土力. 教育在学习型社会建设中应如何作为. 教育研究，2008（1）：99-102.

⑦ 邓永庆. 终身教育发展的现状与趋势. 中国远程教育，2007（10）：28-32+79.

习来追求内在的发展。①终身教育、终身学习和学习型社会的三大理念在教与学的时空、内容和目的等问题的看法上比较一致，但在具体的目标指向、战略选择和实践重点方面又各有不同。②终身教育、终身学习是国际教育思潮，确立终身教育体系是构建学习型社会的重要基础之一。③

3）构建终身学习服务体系至关重要。构建服务全民终身学习的教育体系是党的十九届四中全会提出的重要战略目标，它对于建设教育强国、学习大国和人力资源强国，对于全面推进社会主义现代化国家建设具有重大的战略意义。④通过多维度的综合研判，提出服务全民终身学习教育体系构建的基本线索与基本要素就是"自我导向学习"。⑤构建服务全民终身学习的教育体系，提出了新历史起点上的教育改革发展目标，这是一个高瞻远瞩的目标，引领时代的目标，也使我国面向第二个百年的教育现代化。⑥"十四五"规划期间，我国教育事业将不断修炼"内功"，将发展重心从构建终身教育的外部体系，转移到构建服务全民终身学习的内部教育体系上。这种从外到内的转变是国家对社会发展向人们提出的终身学习要求的回应，是从教育领域开始的一次重大教育战略的转型。满足全民终身学习内部需求，提高终身学习质量的关键在于"融合"与"服务"。"融合"就是建立各种层面的终身教育推进发展平台，统筹内部和外部教育资源；"服务"就是打造终身教育的专业化团队，实现教育精准化服务于全民终身学习教育体系的构建。⑦构建服务全民的终身学习体系是提高全民素质、推进继续教育、提升国家发展能力和水平的必然要求，但离不开基于互联网的远程学习平台的支撑，终身教育体系框架下的远程学习平台必将成为构建终身教育体系的重要载体和基础，将发挥越来越重要的作用。⑧

4）培养终身学习能力成为一种趋势。"学者非必为仕，而仕者必为学。"⑨对

---

① 顾明远，石中英. 学习型社会：以学习求发展. 北京师范大学学报（社会科学版），2006（1）：5-14.

② 高志敏. 关于终身教育、终身学习与学习化社会理念的思考. 教育研究，2003（1）：79-85.

③ 厉以贤. 终身教育的理念及在我国实施的政策措施. 北京大学教育评论，2004（2）：58-62.

④ 韩民. 构建服务全民终身学习的教育体系的内涵与任务. 宁波大学学报（教育科学版），2021，43（5）：8-11.

⑤ 路宝利，张之晔，吴遵民. 构建服务全民终身学习教育体系的本质思考——基于"自我导向学习"的视角. 中国远程教育，2021（8）：1-11+39+76.

⑥ 徐莉. 服务全民终身学习的教育体系：中国教育现代化的里程碑. 宁波大学学报（教育科学版），2021，43（5）：28-32.

⑦ 吴遵民. 服务全民终身学习教育体系构建的若干思考——基于服务与融合的视角. 中国远程教育，2020，41（7）：16-22+68.

⑧ 籍献平. 终身教育体系下远程学习平台建设研究. 河北广播电视大学学报，2014，19（5）：17-19.

⑨ 姚桓. 依靠学习走向未来. 人民日报，2021-11-03（9）.

于党员、干部来说，学习是一生的必修课，更是新时代的刚性需求。九尺之台起于垒土，学习永不止步，要培养终身学习的能力，在瞬息万变的新时代里中流击水。终身学习能力是成人群体终身学习的复合型能力。从多学科的角度来探究终身学习能力的本质，明确自主学习能力在终身学习能力中的核心地位，并确定成人终身学习能力所辖的核心项为学习适应能力、思维能力、自主学习能力、合作能力、自我监控能力和语言运用能力。[1]教师对于人才学习能力的培养，不仅要在校期间为学生传授应有的知识，还要培养学生包括学习方法、学习工具等在内的自主学习的能力。这既是新时代人才可持续发展的需要，也是全民终身学习背景下，学生对终身学习的具体实践。[2]终身学习能力的培养离不开终身学习"立交桥"的搭建。整合终身教育资源，打通终身学习的通道，为人人提供时时、处处学习的条件。[3]信息化社会需要具有自主学习能力的学习者，通过终身学习培养自己的分析、思辨能力。终身学习力就是未来最具教育投资价值的能力之一。每个社会成员都必须学习终身学习力知识、技能和心理，将终身学习力内化为生存能力。[4]终身学习是 21 世纪的生存概念。[5]新课程改革的导向和 21 世纪学校教育的重要目标均是终身学习能力的培养，通过多样化途径为不同年龄段的人提供适应未来学习、发展需求的教育。

已有论著丰富了我国终身学习相关研究成果，为终身学习政策、法律、机制的出台提供了理论指导，为终身学习服务体系、学习型社会的构建提供了经验与方法论框架，但缺乏对终身学习全面、系统的论述，对于学习者如何系统把握终身学习的内涵，以及将终身学习与自身发展、社会发展相匹配还具有一定的困难。

第三节　终身学习论的研究方法

文献法。通过翻阅大量相关书籍以及在"知网""万方数据库""读秀""超星"等平台查阅著作和论文，笔者搜集了有关终身学习、学习型社会建设方面的书籍资料，系统地对资料进行分析整理归纳，全面地认识其相关理论，充分把握国内外的相关研究现状，从中得到启发和借鉴。在对文献和书籍进行整理基础上，

---

① 李盛聪，于莎. 成人终身学习能力建构的实证研究. 现代远程教育研究，2015（3）：72-81.

② 王淑桢. 培养大学生自主学习能力 适应终身学习需要. 黑龙江高教研究，2004（4）：148-150.

③ 杨帆，穆肃. 终身学习能力构成及能力项关系的研究. 开放教育研究，2011，17（3）：81-88.

④ 傅金兰. 终身学习力：学习型社会一种必要的生存能力. 成人教育，2008（7）：36-37.

⑤ 许加生，别同玉. 论终身学习与终身学习能力的培养. 成人教育，2003（10）：14-15.

构建研究框架，寻求研究的逻辑起点，把握终身学习论的内在规律，努力保证内在逻辑的合理性。

调查法。通过对我国社区教育、学习型组织建设的现状进行调查，全面掌握我国终身学习服务体系建设的发展状况、社会互动情况及面临的困难处境，解决实践中急需解决的问题，在理论层面提出突破的方略，并给出解决的方案。

经验总结法。系统地总结终身学习服务体系构建的社会互动规律，探寻可供我国借鉴和吸收的经验。将实践中的经验上升到理论的高度，并进行审慎汲取，丰富终身学习的内涵，扩展终身学习的资源范畴，提升人类终身学习的品质。

比较法。借鉴国外终身学习立法和实践的经验，结合我国终身学习立法和实践的现实推进，进行比较分析；从个体自身学习来说，不同年龄段的终身学习又体现出差异性，紧紧抓住各年龄段的突出特征来分析描述其学习的特点和规律，有效地将终身学习的图景呈现出来。学习不再是枯燥的知识的学习与获得，也不是孤立的学科的掌握，而是生命的一场冒险，生命不断整全的一场奇迹。

第一章 终身学习的界定

第一节 终身学习的概念

"书山有路勤为径，学海无涯苦作舟。"在传统的知识学习中，"苦"已经成为共识，如果"苦"延其一生，又是怎样的一种负担和恐惧？现代的终身学习是什么？它的内涵与外延发生了怎样的变化？如何快乐学习、体验学习？在知识周期衰减速度越来越加剧的当代，在互联网越来越普及的当下，终身学习的理念成为世人的共识，终身学习成为必然趋势。终身学习不仅是一种理念，更是一种行动、一种生活方式，它的丰富内涵远远超过学者们的归纳总结。

一、学习的概念

在传统观念中，一般认为只有看书、听课、做作业是学习；只有在教室、图书馆是学习；只有儿童、青少年的学习才是学习。然而，以上所说的仅仅是对学习的部分认识，是对学习的浅层理解。那到底如何理解学习？学习的本质是什么？我们该如何认知学习并进行实践？历史性地看待学习发展，会对学习有不同的理解。

（一）学习的理解

有关学习的理解，古已有之，"学而时习之，不亦说乎""学而不思则罔，思而不学则殆""吾生也有涯，而知也无涯"等。古时对学习的理解是很宽泛、包容的。学习，就是闻、见的过程，而闻、见的内容包括日常生活涉及的种种，接受课本知识是学习，掌握农耕技能也是学习。重要的是，如何学习，侧重于"习"，即习得。如何将外在的丰富的物质性内容内化于心，总结来看，首先就是要学、思、行结合，做到眼到、口到、心到。在"学"，即闻、见的基础上，同时调动大脑，进行思考，实现"思"。其次，不断地巩固、温习，实现对知识的再次认识，侧重于"行"实现，因为从说文解字来说，它有小鸟舞动羽毛之意。所以，对学习的理解是包括学、思、习、行在内的一系列活动，就是在广泛的闻、见之后，进一步进行思考与练习、温习，在这个过程之中不断丰富自己、获得知识、提升技能，实现德、智、体、美、劳全面发展。

西方从心理学角度阐释对学习的理解，比较有名的理论有行为主义理论、认知主义理论与建构主义理论。行为主义理论又称刺激–反应理论，认为所有的行为是通过外界的刺激所习得的，是一种简单的生理层面的行为变化。认知主义理论认为学习在于个体内部认知的变化，在生理层面产生反应的同时，还有大脑对于信息的认知与接收，其间，目的、意义等是在学习行为产生过程更加重要的内容，而这些也是可以影响、控制学习行为的重要因素。皮亚杰、布鲁纳、奥苏贝尔等均是重要的代表人物。建构主义理论从行为的层面开始关注到人的层面，认为学习要强调学习者的主体性，以学习者为中心，主动接收外部信息，并进行信息的加工与转换，最后信息的生成取决于主体的知识建构情况。

从心理学角度分析，不同的心理学家给予了学习不同的认知与理论分析，但无论是柯勒所提出的学习即顿悟的观点，还是桑代克认为的学习即试误的过程，或是皮亚杰提出的"同化"和"顺应"，都是对学习理论的重大贡献。从行为主义理论到建构主义理论，对学习的理解不断具体、完善，对学习行为发生时的外在与内在的全面动态的解释不断深化，同时可以发现，研究的加深也体现了人在社会中的地位与价值在逐渐提升。

总的来说，中国大多从学习方式角度认识学习，不局限于学习内容、学习对象，而侧重强调学习的长度，认为学习是发生在思与行、学与习之间的行为。西方主要从心理学角度去研究学习，从学习的过程、行为方面研究学习，侧重强调学习的获得过程。

（二）学习的界定

学习行为产生于其概念之前，基于丰富的学习实践和过往对学习行为在理论方面的研究，现在的学习可从广义和狭义两个层面来理解。从广义上说，学习是在日常生活中一切使个体发生变化，获得经验的过程。学习含义之广，普遍发生于动物和人类的日常生活中。小到一只虫、一只蝶，大到一只猴、一头象，小到婴儿，大到老年人，都会不断地与社会、与生活环境接触、适应并做出改变，而这些行为，都是个体经验发生改变的过程。在广义上理解学习，人与动物均为学习的主体，人对言语、技能、知识等的获得都属于学习的范畴。从狭义上说，青少年是适龄学习主体，学校是专有学习场所，学习是一种正规化、专业化的行为。自学校产生以后，学习这一行为逐渐变得正规，很多人潜意识里认为只有在学校里才能学习，只有在学校发生的行为才算是学习行为。至此，学习这一行为有了特定场所、专属人群、固有程序、固定内容。在学习情景上，老师与学生在课堂上进行互动与交流；在学习对象上，一般指6—18岁的儿童与青少年；按学习阶段划分，也相应产生了幼儿园、小学、中学等特定阶段人群的学习场所；在学习内容上，以间接学习前人已有经验和行为规范为主；在学习方式上，教师作为专业且唯一的知识传授者，学生作为信息接收者，以语言为载体，间接获取知识经验；在学习程序上，有完整、系统的学习过程，形成了针对学校教育的教育方针、教育目标、教育方法、教育原则与教育评价。学习是一个系统、专业、有序的过程，是个体掌握人类社会历史经验的过程。

1. 从学习的主动性来看，可分为自主学习与被动学习

自主学习是基于主体观念产生的一系列主动性行为，包括学习前的自我唤醒、学习时的自我监控与指导、学习后的自我评价与强化。自我唤醒是指学习者对于进行学习这一行为的主动性，大多数是自身发展与外界发展产生不平衡时，需要进行自我提升和补充而主动去学习新的知识或技能，或是自身的好奇驱使去学习新的内容，这一行为较少受到外界的影响或干扰。自我监控与指导是指在决定进行学习这一行为时做的学习计划、选择的学习方法和环境，在学习时有意识地对学习过程进行管理，以提高学习效率和学习成果。自我评价与强化是指学习结束之后以学习之前的自己或其他标准作为参考，对自己的学习效果进行自我评价，进而给自己相应的奖励或者惩罚，以更好地推进下一次学习。主动学习的过程其实就是元认知的过程，根据自身实际情况制定学习目标、学习计划，可随时调整学习策略并自主评判学习成果，具有一定的灵活性和主动性。总体来概括，学习者对学习这件事为什么、是什么和怎么做有自己的认知。

被动学习与自主学习相对，学习的主动性稍差，受外界的影响较大，一般会在他人的指导下进行学习，大多发生在学校内。处于未成年阶段的青少年，人生观、价值观尚未完全确立，大多未充分意识到学习的意义与价值。这时的青少年需要在一定的学习任务、学习目标、学习方法的约束下进行学习。被动学习时，个体的自主意识参与较少，学习前的唤醒、学习时的监控与学习后的强化更多是

由他人来对学习者实施。

自主学习与被动学习各有利弊。被动学习时，学习者的主动性较差，但是在进行由专人组织的学习时，学习者可以在短时间内学习更多知识，整个学习过程更加规范、具体、有目标。自主学习不局限于时间、地点，学习者可以基于自身需求进行学习，但同时学习的指导性、规范性会稍弱。

2. 从学习的组织形式来看，可分为合作学习与个体学习

合作学习是指学习者因共同的学习目标组成的学习小组，小组各成员分工明确，互帮互助，通过彼此之间的合作，齐心完成学习任务。合作学习的影响因素有：①对个人任务的负责。对于分给自己的任务，会积极、认真地完成，以负责任的态度积极对待。②共同愿景。在一个小组或团队当中，每个成员都要有极强的向心力，彼此之间相互配合与支持，在共同愿景基础上的团结互助是完成小组任务的必要条件。③积极向上的学习氛围。形成小组的目的就是共同高效完成工作，积极向上的学习氛围有助于调动学习者积极学习的热情，推进任务不断前进。④有效沟通。两人及两人以上的活动需要建立有效的沟通协调机制，彼此之间达成默契、信任，有效的沟通会起到事半功倍的效果。⑤适时控制。合作之前确定任务合理性，合作过程中保证任务的效率、方向，任务完成后进行效益评估，这些都需要合理的控制与管理，这是保证小组共同任务有效完成的关键。

个体学习与合作学习相对，指个体通过学习知识或技能使自己能力不断提升的过程。个体学习不同于合作学习，是基于个体的学习需求而产生的持续学习，具有更强的灵活性和发展性。个体学习动机来源于外部环境影响与自身需求。工作、学习环境不断对学习产生的新的需求，周围群体不断提升的学习能力，以及内部对于自身综合素质提高的要求推动个体不断进行学习。个体学习具有以下特征：①主动性。个体学习具有一定的内在驱动力，学习目标不是外界给定的，而是自己根据自身情况及需求而制定，学习行为会通过衡量外界与内在情况而主动产生。②灵活性。个体学习目标、学习内容、学习形式及学习进度均由自己把控，可随时进行调整，而不受外界约束。③终身性。合作学习是基于一定的既定任务而组成小组，学习任务完成，小组合作也随之结束。个体学习没有任务参照，学习行为伴随终身。

3. 从学习的主动性程度来看，学习可分为探究学习与接受学习

探究学习是指由个体独立自主完成对某一知识的获得，通过问题假设、情景设计、数据收集与调查、结果验证等系列活动逐步完成学习。也就是说，知识的

获取或技能的习得是通过个体逐渐探究完成的，强调学习者的独立性和自主性。接受学习最初由美国心理学家奥苏贝尔所提出，是指在他人经验基础上所进行的学习，将他人已获得的经验通过学习内化为自己的知识。探究学习与接受学习二者均具有学习的主动性，只是在进行接受学习时学习内容已经呈现，而进行探究学习时学习内容并没有呈现。探究学习可以不断促进学习者探索精神和创新精神的发挥，但同时对学习者的学习能力、学习主动性要求较高，花费时间也较长。接受学习学习效率高，但对学习者探索、发现能力的锻炼较弱。

　　无论是上述哪种学习，都是理想个体不断学习、发展与生成的过程。各种方法之间既有不同也有交叉，学习者应该根据学习需求、学习内容、学习环境等因素综合考虑，选择适合的方式进行学习。多数情况下，多种学习方式可以同时进行，如自主学习和个体学习、合作学习和探究学习。学习的含义在不断丰富，逐渐突破时间与空间的限制，给予了个体更多的发展空间和发展可能性。

　　"万般皆下品，唯有读书高"是古人的共识。在学习并没有普及到每一个人的时候，学习更多是一种奢侈行为，是一种权力的象征，是一种荣誉的获得，它可以让人获得体面和尊重。学习的历史悠久，且古老的学习传统含义丰富，涉及广泛，对推进人类文明具有极大的贡献。只是随着时代的变迁，学校的出现，学习的含义被逐渐窄化。当下，古老的学习内涵与意义对如今的学习也具有一定的现实意义。中国自古就重视学习，对学习的理解也相当广泛。中华传统文化中，注重礼仪尊卑，重视德行兼备，而所有这些内容的习得，都有一个行为在起作用，那便是学习。中国自古就有格物、致知、诚意、正心、修身、齐家、治国、平天下的论述，而学习存在的意义，就是助人从格物到实现平天下，这是每一个学习者应有的学习认知。学习，首先是要确保个体树立正确的伦理观念，辨别是非善恶，进而达到修身的目的，不断完善自身人格。在此基础上，致力于促进家庭的和谐幸福、国家的繁荣稳定，并最终平天下。学习是丰满精神、扩大胸怀的过程，这种"学而立人"的思想贯穿中国传统的学习文化的始终。

　　早在两千多年前，孔子就提出"有教无类""活到老学到老"的教育思想，与我们当下全民教育、终身学习的理念完全契合。同时，"性相近也，习相远也""己欲利而立人，己欲达而达人"等的教育发展观，认为个体可以通过学习改变自己，从而不断激发个体的学习动力，这种传统一脉相承，为终身学习在当代社会的发展、实践奠定了良好基础。

　　19世纪末20世纪初，随着国外教育思想的涌入，出于教育救国的初衷，近代中国有许多富有创见的教育家和仁人志士不断涌现，在国内掀起各种教育思潮。

这一时期，学习方式的灵活性、学习内容的丰富性、学习对象的多样化大大突破了传统，教育与学习的内涵从这时开始得到再次延伸，"教育平等""妇女教育""平民教育""乡村教育""普及教育"和"义务教育"等成为这个时期的主题。现代学习化社会的思想也从这时开始萌芽。

作为革命先行者的孙中山，认为让人人都能读书才可说是普及教育制度，否则便是贵族制度，便是资本制度；陶行知先生提出"教育为公"，认为人人都有受教育的机会，不分年龄，不分种族，并突破学校教育的局限，提倡生活教育；李大钊在《劳动与教育的问题》一文中提出必须普及教育，提高国民文化水平，而教育要与劳动相结合，他提倡劳动教育，并指出劳动者有受教育的权利是实现这一目标的必由之路；蔡元培等还提出了"工读教育"思想，指出要"人人做工，人人读书，各尽所能，各取所需"。在陶行知的生命教育中，"爱"是生命教育的灵魂，"生活"是生命教育的内涵，"实践"是生命教育的动力，这三者是他的生命教育活动的基本要素。陶行知在生命教育活动中，将爱作为生命主体的"神"，将生活作为生命主体的"精"，将实践作为生命主体的"气"，既注重关怀生命主体的本质，又注重实现生命主体的价值并践行其生命的责任。生命的成长同样需要"精气神"三要素，将成人培养为一个有尊严、有价值、有责任的生命主体。在当时，要想开启民智，必须要所有人接受教育，农民、职工、妇女、老人等均是重要的学习群体。要拥有思想，救亡救国，生命教育、思想教育、职工教育等均是重要的学习形式。

如果说这些先哲的努力是一种呼唤、一种惊醒的话，那么宪法则像一声划过古老国度的春雷。1931 年 11 月《中华苏维埃共和国宪法大纲》就曾指出："中国苏维埃政权以保证工农劳苦民众有受教育的权利为目的，在进行阶级战争许可的范围内，应开始施行完全免费的普及教育……"[①]这声春雷昭示着人民政府所领导的工农将以主人公的激情汇入学习活动的巨大潮流中。

可见，学习不仅仅是读书、写字、上课、做作业，也不仅仅发生在教室内，不仅仅针对青少年。学习是人类一种不断汲取新知识、形成新经验的过程，是一种不断地在实践中通过体验产生新感受的过程，也是在体验中不断培养、创造精神并付诸实践的过程。所以，我们要唤起人们对学习的重新认识，将视野从学校扩展至校外一切场所，从只关注正规教育到也关注非正规教育和非正式学习，从学龄阶段延伸至人的一生。学习不是某个人、某个阶段的事，而是始于生命之初，

---

① 中央档案馆. 中共中央文件选集（第 7 册） 1931. 北京：中共中央党校出版社，1991：775.

止于生命终结，融入我们日常的一种生活方式，是一种权利，是一种生产，是一种享受，是一种体验，是一种能量的交互……这是学习化社会的理想，也是人类摆脱学习的奴役、回归自由学习的一种美好的期待。表 1-1 总结了中国一些著名思想家、教育家涉及终身教育的重要思想。

表 1-1　中国著名思想家、教育家重要的终身学习思想

姓名	重要的终身学习思想
孔　子	有教无类，活到老学到老
孙中山	教育平等，普及教育制度
陶行知	生活教育，教育为公
李大钊	教育与劳动相结合，提倡劳动教育
蔡元培	人人做工，人人读书，教育平等
雷沛鸿	无人不学，无时不学，无地不学
黄炎培	劳工神圣，手脑并用，使得无业有业，使有业乐业
徐特立	劳力与劳心并用
胡　适	学校即社会
梁漱溟	时时处处都存在教育，教育要大众化

二、终身学习的概念及特点

（一）终身学习的界定

1965 年，UNESCO 成人教育局局长保罗·朗格朗首次提出"终身教育"，后来逐渐演变为"终身学习"，更加强调学习者的主体性。

终身学习延伸了学习的长度，拓展了学习的广度，就如我们传统所说"活到老，学到老"，学习是一生的事情。同时，随着社会变迁，终身学习的内涵在不断地丰富，我们应该历史性地看待终身学习。从历史角度进行思考，我们会发现终身学习概念的出现是时代性的要求。在古代就有终身学习的影子，不过并没有以概念形式正式提出，基于当时的社会发展水平和教育水平，终身学习不是社会发展的内在需求，只是高知识阶层的一种学习理念，所以以终身学习这一行为并没有在大众当中普及。随着信息时代的发展，以及社会主义现代化实践的推进，在实现教育现代化的征程中，人们开始了对自我教育方式的种种反思。学习在当下

人们可持续发展实践过程中占据越来越重要的地位。越来越多的人逐渐意识到，要想适应 21 世纪的生存，人们必须要终身学习。人们不能再期望一次性完成教育，因为社会变化如此之快，只有持续学习是保证其可持续发展和保持竞争力的唯一途径。只通过学校接受正规教育，延续前半生学习、后半生工作的想法已不切合实际。于是人们开始普遍认同和接受终身学习的新理念。终身学习的对象开始从少数高知识阶层全面转向社会的各个阶层，即全体民众。

终身学习的发展伴随着相关概念的不断涌现，"学习化社会"就是其中之一。"学习化社会"是 1972 年由法国人埃德加·富尔等在《学会生存：教育世界的今天和明天》（简称《富尔报告》）①中提出的概念，它是使学习成为日常生活方式的一种时代标志。构建学习化社会的理念与时代背景紧密相关。第二次世界大战后，科技的快速发展要求劳动者不断充实、更新知识，提高自身的工作技能，进行终身学习成为必需。有关终身学习的概念，很多学者和国家做了界定，其中，在罗马进行的首届世界终身学习会议提出，终身学习是"通过一个不断的支持过程来发挥人类的潜能，它激励并使人们有权利去获得他们终身所需要的全部知识、价值、技能和理解，并在任何任务、情况和环境中都有信心、有创造性且愉快地应用它们"②。终身学习是人类生存的依据，是人生活当中一项权利。终身学习是自主、自觉、自为的行为过程，有快乐、轻松的学习氛围，体现了全新的学习图景，即主动的、自觉的、成长的、快乐的学习生活样式。终身学习之所以成为人的基本权利，成为人达到成熟的重要途径，是由人存在的特性即学习力决定的。一生成长，一生进步，一生反思，一生学习。这样的内涵解释完全不同于过去对学习的理解，这是基于时代背景的宏观阐释，也是基于社会发展的美好期许。

（二）终身学习的特点

终身学习触及生存，动态发展，象征着个体的发展，也代表着群体的进步，是一个存在的概念，也是一个发展的概念。终身学习具有如下特点：

1）连续性。它始于生命之始，止于生命终结，贯穿于整个人生航道，是一个纵向发展的概念。这个持续不断的过程彼此衔接，有机统一，持续发展，不断提升。

2）多元性。终身学习不仅仅包括时间上的纵向连续，更是空间上的横向整合。终身学习包括学校学习、社会学习、家庭学习及网络学习等，涉及书本知识、生

---

① 该报告是 1972 年 UNESCO 的国际教育发展委员会向总部提交的，埃德加·富尔当时为该委员会主席。

② 朱冠华. 数字化转型背景下老年学习空间设计的理论视角、框架模型及生成逻辑. 中国成人教育，2022（9）：3-9.

活经验、人际往来、工作技能等内容，简单概括即"人人、时时、处处"。

3）目的性。终身学习不同于终身教育，从字面上来理解，终身学习更加强调学习者的主体性。从产生的背景层面思考，终身学习的产生基于需求，是基于学习者个体生产生活的需求，所以终身学习是学习者个体出于某种原因或需求而有目的性和针对性地进行学习，具有强大的学习内驱力。自主、自觉、自为是终身学习生态文化的良好体现。

4）普遍性。终身学习是人的基本权利之一，无论年龄、性别、职业、地域有怎样的差异，人们均享有学习的权利。终身学习涉及人人，学龄期间的孩子有学习的权利，退休以后的老年人也有学习的权利；学校的学者有学习的权利，下岗的工人同样具有学习的权利。任何人只要想学习，有学习的需求，就可以进行学习，而不仅仅是学龄期未成年人的"专利"。

5）全面性。终身学习扩大学习外延，包含学校正规教育及学校之外的非正规教育与非正式学习，包括课本知识之外的绘画、舞蹈、烹饪等所有内容。终身学习突破了传统学习的认知范畴，实现了在时间与空间上的延续。

6）社会性。终身学习是超越教育领域的关涉整个社会的现象，它不仅仅是学习行为，不仅仅是个教育学话题，不仅仅是教学的指导理念。在社会范围内，包括职工、农民工、老人等在内的社会主体均是终身学习者，政府、企业、社会团体等是终身学习服务者，娱乐、金融、电子设备使用等都是终身学习的内容。终身学习不再是学校内的专属，而是融入日常的一种生活方式。

终身学习是一种崭新的教育理念，它必然影响着现有的教育制度，也冲击着人们的存在方式，当然也一定会影响人们的生活方式。人们在生命的不同时期有不同的成长目标，在错综复杂的生活场景中有不同的学习任务，在瞬息万变的生存竞争中有不同的考验来临，凡此种种，都需要人们用谦卑受教的心去拥抱新的生活，担当新的责任，学习新的能力，获得新的智慧，得到新的开启，成为一个新人，成为一个丰富的人、创造的人。

第二节　终身学习的本质

终身学习与其说是一种要求，不如说是一种权利。因为，人类与其他动物最大的差别在于学习，在于自觉学习。所以，终身学习从本质上是人权的体现，是权利的保障。

简言之，人权是作为人而应该享有的权利。人权已经成为当今世界各国普遍承认的价值体系，是衡量人类社会发展水平的重要参数，是人类进步和文明的标志。从成立伊始，联合国就将和平、发展、人权三项宗旨置于同等重要的地位。《联合国宪章》在序言中申明了基本人权、人格尊严与价值，把增进并激励对于全体人类之人权及基本自由之尊重确立为根本宗旨。1948 年颁布的《世界人权宣言》是联合国的基本法之一。[①]自此，普遍的人权概念被正式确立。

人权的内容并非一成不变，随着社会的发展，人类文明的整体提升，人权的含义也在一步步具体而丰富。《世界人权宣言》中包含的权利可分两种类型。一种是公民和政治权利，主要包括生命权、人身自由与安全、财产权、思想自由、宗教信仰自由、言论、结社、行动自由等，以及选举权与被选举权的政治权利；另一种是经济、社会、文化权利，主要包括工作权、自由选择或接受工作的权利、受教育权、健康权、社会照顾权等。[②]其中，受教育权是其他多种权利实现的基础保证。从根本上讲，只有受教育权得到保证，接受足够内容与层次的教育知识，个体才能更好地保障自身其他权益的实现。"许多经济、社会和文化权利，只有在接受了最低水平的教育之后才能真正实现。"[③]受教育权的价值在此获得进一步承认。学习权由受教育权发展和引申而来，"终身学习"的表达由"终身教育"的表达转变而来，体现的是在学习过程中学习主体的重要性。而学习权不同于其他的权利保障，其更加关注个体本身的内在发展，这是人的价值和尊严得到充分重视的体现。学习权可以有效保护老年人、失业者、残疾人、妇女等弱势群体，从根本上帮助他们提升自身的生存能力，提高社会参与度，创建人人平等的和谐社会。终身学习权进一步提升了个体的尊荣感、价值感与生命感。

基于人权的基本理论来考察人权的具体内容，学习权作为一种基本人权，首先以自由权的形态出现，即学习自主权。保障的重点是防止国家、社会、教育机构或他人不当干涉学习自由。其次，平等和不歧视是人权的内容和属性，又是人权保障的基本原则，也是学习权的内容和特性。因此，学习权也表现为学习平等权。最后，人权具有普遍性，也具有特殊性。人权的特殊性是指特殊的人权主体的人权特殊性，如妇女、儿童、老人享有的特殊受照顾权，在追求人权充分实现的过程中，其具体的方法、手段和模式的特殊性，只要不违背保障人权的基本原

---

① 罗豪才. 以史为鉴推动人权进步. 光明日报，2015-09-18（4）.

② 杨学科. 第四代人权论：数字时代的数字权利总纲. 山东科技大学学报（社会科学版），2022, 24（2）: 10-22.

③ 白桂梅. 人权法学. 北京：北京大学出版社，2011：10.

则，就不必强求一致。人权的特殊性有助于普遍人权的充分实现，特殊人权主体享有的学习权即特殊学习权不影响学习权的普遍性，相反，在学习权保障层面可以保证人人获得应有的学习权。

终身学习权是围绕学习者自主权展开的复杂的权利体系，其中，学习自主权是学习权集合体的基础、前提和奠基石，学习平等权是拓展和重要的组成部分，特殊学习权则是权利体系的延伸和必要补充。

一、学习自主权

自主权是人作为独立个体的基本权利保障。如果失去自主权，人将寸步难行，难以完成其他任何事情。所谓终身学习自主权，是指学习者根据自身学习需求，能够自由自主选择学习的权利，包括学什么、怎么学。学习自主权的内容主要包括学习选择自主权和学习条件建设请求自主权。

（一）学习选择自主权

学习选择自主权是指公民对接受教育的类型、机构、教师等因素自由选择的权利。终身学习者面向社会全体，其中成人是主力军，是重要的终身学习需求者。从学习背景来看，丰富的学习经验和生活阅历使学习者的学习背景多元化，多样的工作、生活、学习环境导致其学习需求各有侧重。为满足不同时期的学习需求，终身学习者需要拥有学习选择自主权。同时，成人学习者心理、生理均已成熟，可以为自己的学习、生活、个人发展所负责，并自主监督、指导自身学习。

成人教育专家塔富首先提出了"自我导向学习"一词。"自我导向学习是一种广义的自学，强调个体的独立自主性，强调在整个学习过程中，成人自行建立学习目标，负责寻找学习资源，设计学习策略和评价学习结果。"[①]为了顺利实现终身学习，自主选择权强调学习的多元化、多层次、多序列。学习者在工作与生活实践过程中，结合自身发展情况及外界环境对学习的需求，自主进行学习内容、方式、时间等的选择。事实上，学习选择自主权是学习者获得学习权这一基本人权的前提和基础。

（二）学习条件建设请求自主权

学习条件建设请求自主权是学习者享有的请求国家、社会、社区等设立教育

---

① 桑宁霞. 中外视野下的成人教育. 太原：山西人民出版社，2006：4.

设施和经费支持，以保障学习活动正常进行的权利。终身学习的实现需要有相应的学习资源、经费、政策法规，以及学校、社区、图书馆、博物馆等社会公共服务设施来服务终身学习，为实现终身学习提供保障。如果没有政策保障，终身学习则没有建设和使用设施的依据；如果没有足够的学习资源，终身学习则无法实际实施；如果没有经费支持，终身学习将无法顺利推进。对于终身学习所涉及的应有的相应服务，终身学习者有权自主提出请求。教育的管理者和实施者有义务通过政府财政支出、国家补助和非政府组织投资、社会福利机构的福利基金和捐资等多种渠道对学习者提出的请求给予帮助和服务。

二、学习平等权

平等性学习是实现社会公平的基础，学习是每一个公民的权利。每一个公民平等地享有并使用学习资源有利于推动社会公平，促进社会和谐发展。平等在国际人权法中也占据着非常重要的地位。例如，《世界人权宣言》《公民权利和政治权利国际公约》等都有关于平等的专门性论述。平等作为人权的属性，具有多种含义，最主要最基本的含义是机会平等、过程平等、结果平等。在教育领域，平等是国家保障教育顺利进行的基本原则，学习平等权包括入学机会平等权、升学机会平等权、学习条件平等权、学习成就平等权等。

（一）学习机会平等权

入学机会平等权和升学机会平等权是学习权获得的重要外在表现形式。"当前，许多国家已将教育作为重要的民生问题，提高社会所有成员分享教育这一公共物品的能力。"[1]

终身学习的平等，实质要求的是个性化学习，而非统一、无差别式的学习。入学机会平等权和升学机会平等权并不是指表面和名义上的平等，即对每一个人一视同仁，而是要肯定每一个人有权利接受适当的学习，而且这种学习的形式和内容是适合个人特点的。

（二）学习条件平等权

学习条件平等权是指在学习过程中平等地享有各种学习所需物质及待遇。待遇和条件的平等不仅包括物质因素的平等，还包括精神因素的平等。也即，学习

者在学习过程中，在教育设施、课程设置等方面享有平等待遇，同时，也要求终身学习服务者同等对待每一个学习者，给予其平等的价值认同、学习指导等。终身教育资源作为公共产品具有非竞争性和非营利性，学习者有平等享受的权利。

（三）学习成就平等权

学习成就平等权是学习者获得合理公正的评价结果的权利。学习平等不仅仅包括前期的学习机会平等、学习过程中的条件获取平等，还包括学习结束获得平等的学习评价和学习成果。终身学习形式复杂，学习类型多样，学习者身份多元，学习之后获得平等的学习成果是保障平等权实现的重要部分。需要针对不同的学习类型及学习者个人情况，做出公平、公正的学习评价。不断完善学分银行、国家资历框架等，从制度上为实现终身学习平等权搭建立交桥。

三、特殊学习权

"1995 年在丹麦哥本哈根召开的'社会发展及进一步行动'的世界峰会上，将'社会排斥'视为消除贫困的障碍，号召要致力于消除种种障碍以获得稳定、安全而公正的社会。"[①]社会弱势群体是任何社会都普遍存在的，国家必须依靠发展性的社会政策，从根本上解决这个群体的问题，特别是对弱势群体的教育支持。终身学习具有惠民性和公益性，其对象超越了传统的基础教育领域，更加关注弱势群体。保障性学习突出了对社会弱势群体的关注。保障学习者的学习权则是消除社会排斥的重要内容。特殊学习权指依照人权的特殊性，赋予特殊学习者特殊的学习权利，包括学习内容特殊权和学习形式特殊权。

（一）学习内容特殊权

学习内容特殊权要求教学内容有所侧重，依照学习者学习心理的特殊性，设置课程内容。弱势群体不同于其他人，学习需求不具有普遍性，在学习方面需要考虑这类群体的多样性、复杂性，为其提供更加具有针对性的学习内容。终身学习需求是基于自身情况和社会环境变化而产生的。提供终身学习服务时，应考虑到学习者的自身情况，从其需求出发提供学习内容。弱势群体有权对学习内容提出意见和要求。例如，社区心理矫正、家庭医学、老年大学太极拳等课程内容，有助于满足妇女、残疾人、老年人等的身心保健与康复需要；书法、插花、篆刻、

---

① 余秀兰. 社会弱势群体的教育支持. 北京：中国劳动社会保障出版社，2007：134.

文学创作等课程有助于其修身养性，塑造正确的情感态度和价值观；电脑操作、常用英语、理财等课程内容则有助于帮助弱势群体切实解决生活和工作的需要。

（二）学习形式特殊权

学习形式特殊权要求教学方式和策略表现出不同于其他学习的特殊性。形式服务于内容。学习本身是一种带有一定程度公共产品性质的特殊资源。终身学习权不仅要体现每个人享有学习权利，而且应当同弱势群体享受资源的现实状况联系起来。弱势群体群体间、群体内的需求差异显著，终身学习提供多种选择，方式、方法灵活。讲究针对性，是弱势群体有效享有学习形式特殊权的重要条件。如老年群体学习能力下降，学习目的性不强，学习更多是为了丰富闲暇生活。专为老年人设置的课程应趣味性高、灵活性强，且养教结合，以便增强其学习体验感和满意度。美国社区学院、瑞典学习圈等典型的学习组织形式为学习形式特殊权的实现提供了标杆和有力的借鉴。

综上，自主性学习是终身学习存在的前提，平等性学习是终身学习存在的基础，保障性学习是终身学习存在的动力，三者缺一不可，共同体现终身学习的本质旨归。

第三节 终身学习的实现

终身学习是时代的呼唤，是基于社会发展变化、现实需要所产生的。终身学习作为一种教育思潮，正在由理念向实践转变。终身学习的快速发展离不开相关的实践基础，需要有足够的实践基础的支持，才能保证其稳步前进。

一、终身教育奠定基础

终身学习由终身教育逐渐发展演变而来。终身教育概念的产生，使终身教育这一行为正规化，不同于过去潜意识里面的认知、有意无意的实施，是有目的、有计划的推进，使得人们明确了教育不是仅限于学校某一阶段的活动，而是贯彻终身，也为终身学习概念形成奠定了基础。终身教育侧重的理念是"教育"，注重整合一个人一生各阶段的教育，以建设以重视人性为目的的学习社会。不仅如此，终身教育为终身学习提供了资源体系，它扩展了教育服务的范畴，教育机构、半教育机构、非教育机构都被纳入终身教育体系中，全方位地发挥教育功能，为终身学习保驾护航。另外，从教育本身来说，由于教育目标调整为为人的终身来服务，所以更加注重人发展的可持续性、人格的整全性、人整体的平衡性。生命、生活、生存之间的和谐互动，整全发展成为教育的重要任务。

二、学习社会提供契机

罗伯特·M. 赫钦斯于 1968 年出版了《学习型社会》一书，提出改变人的学习观的重要性，并提出进行学习的最终目的就是建立学习型社会。

在学习型社会中，学习成为人们重要而必须的生存方式，代际学习、生活学习、转岗学习、跨行学习……学习无处不在，无时不有。学习型社会也是一个提供丰富学习资源的社会。不同的终身学习政策给不同人群的学习需要提供保障。无论是下岗人员，还是进城务工人员，无论是在校学习者，还是公务在职人员，无论是城市居民，还是乡村农民……岗位培训、妇女教育、老年学习、闲暇教育、社区教育、远程教育等丰富的教育形式为学习者提供时时、处处、人人的多样化服务。在学习型社会中，只有建设与时俱进的终身学习政策和制度，提供充足的资金支持，才能使终身学习不停留在理念层面，而在实践层面有活力、有章法地展开。终身学习理念的一个很重要的思想是"学习主体的换位"，即学习者成为教育的主体和获得知识的主动者。在此基础上，让终身学习成为公民的主动选择，持续推进学习型社会建设等政府的重大举措，也使公民学习权的充分获得成为可能，特别是为终身学习权的实现提供保障。

三、国际组织共同推动

终身学习是发生在世界范围内的一次前所未有的教育思潮，亦是世界范围内的一次社会性变革。自终身教育理念提出之后，世界各国均开始了终身学习的相关改革，其中，终身学习得到发展，能够在世界范围内快速推进并不断落实，与国际组织的支持分不开。1972 年，《富尔报告》指出当时世界教育面临的挑战与难题，并提出构建学习型社会的必要性。报告指出，未来的社会是学习的社会，人终身不断的学习不仅是可能的，而且是必须的。1976 年 11 月，UNESCO 在内罗毕召开会议，发布《关于发展成人教育的劝告书》，再次肯定终身学习的重要性，并阐述了教育所面临的新问题、产生的新理念。国际组织通过其影响力和号召力，发挥着稳定与导向作用，在其积极推动下，世界范围内的其他国家有效地推进了终身学习。

1985年，UNESCO第四次国际成人教育会议通过的《学习权利宣言》提出：学习权是阅读和书写、提出问题与思考问题、想象和创造、了解人的环境和编写历史、接受教育资源、发展个人和集体技能的权利。[①]学习权是以个人为主体，通过适当的学习情境和学习活动，充分发展个人潜能以记录历史、创造历史的一项基本人权。该宣言表明，学习权是人生存和发展必不可少的权利。在教育活动中，教育的核心是学习行为，学习将人从自由发展的客体，变为打造自身人格、品行、素质的主体。基于以上理解，所谓终身学习权，就是学习者充分利用各级各类学习资源，以求实现自身求知和发展需求的一项基本权利。从人权角度而言，学习权是人人应享有的基本人权，是人权理论体系的构成要素，也是享有和实现其他人权不可或缺的手段。终身学习权是每个个体不可缺少的、不可转让的权利，是一项权利集合体。

信息时代的来临，使人类生活发生了翻天覆地的变化，重视学习、学会生存成为新的时代课题。面对社会快速的变迁、经济结构的改变及科技的快速发展，个体必须要作继续的、终身的学习。心理学研究表明，人有永远的未完成性，成人仍然拥有学习能力，并且不逊于未成年人，甚至比青少年、儿童还要好，因此，从学习主体角度来看，人有终身学习的可能性。再加上学习渠道的多元、学习时间的增多及学习机会的普及，使人的继续学习更可能实现。因此，身处21世纪的信息社会中，人们有不断学习的外在压力，亦有继续学习的客观条件。学习，成为生存于现代社会的人们不可或缺的重要一环。在终身学习日趋普遍的今天，各国也将此置于国家战略的重要地位予以重视，纷纷出台终身学习法，保障全民终身学习的实现，保障学习型社会的实现。

---

① 张玉洁. 法国成人学习权利保障策略研究. 河南师范大学，2011.

第二章　终身学习的功能

伴随着人类社会的发展，人类的主体地位不断得到提升，生存价值日益体现，逐渐摆脱传统束缚，走向自由王国，实现由身体到精神的自由。终身学习的产生是教育领域的一次革命，也是社会及整个世界的革命。在终身学习的日渐推进下，人们重新进行自我认知，伴随着自由、平等、民主、和谐理念的影响，终身学习推动实现个体学习权，保障社会和谐发展，并促进政治文明的实现。

终身学习思想现已成为诸多国家教育改革和发展的基本思路，并逐渐制度化、法治化，以保障其实现。1971年，法国通过了《终身职业教育法》。1972年，《富尔报告》强调了学习不是一种方法而是个人的最终成就。美、日、韩等国也相继出台了终身学习保障措施。终身学习作为终身学习体系的重要组成部分，其哲学基础与终身教育的哲学基础具有一定的统一性。虽然各个国家推进终身学习大多是从国家利益出发的，但都反映出对公民个体发展与完善的重视与关照，正视了个体生命的意义和价值，维护了个体生存与发展的基本权利，并为个体的技能更新提供条件以帮助其适应复杂多变的生活环境，体现了学习的民主与公平，更体现出了对"人"的社会关怀和政治民主。

第一节　充分尊重个体学习权

从教育到终身教育，再到终身学习，其中蕴含着的是对学习者主体地位的不断凸显，高扬的是人性的自由与平等。终身学习背景下的个体是自由的、平等的、发展着的，横向强调每个人，纵向强调每个人的一生，给予每个人一生学习的机会。终身学习注重个体价值的实现，关怀个体的精神与内在的富足，帮助个体实现由生存、生活到生命的自觉。通过终身学习，个体不断汲取成为天地人的智慧，在有限的生命过程中不断超越自我、突破自我，提升生命张力，持续扩展人生的意义，让生命焕发美好。

一、学习权就是生存权

马克思认为人是一切社会关系的总和，人与社会相互依存、相互制约。在现实社会发展过程中，人作为社会的人、现实的人，在劳动生产过程中不断推动着社会发展；也只有人，才能推动社会发展。爱因斯坦说过：“由没有个人创造性和个人志愿的统一人格的人所组成的社会，将是一个没有发展可能的社会。”[①]终身学习理念的产生，是对传统教育观念的一次挑战。学习不仅仅是教育领域的事，更关系到社会发展、个体生存，与社会有着紧密而有机的内在联系。马克思主义表明了人通过创造性的劳动生产自己的生活资料，改变人的生命存在方式与自然环境的关系是人的本质实现的重要表现，也是人的发展的重要途径。[②]终身学习的发展理念与社会发展的需求完美契合，终身学习强调学习者的主体地位，本质上把人视为终极关怀的目标。终身学习不是为了达到某个目的的手段、工具，其本身就是存在的意义。尊重人之为人的权利，尊重人的尊严和价值，承认人追求自由、幸福的权利。学习的实质是“不断成长”，而终身学习的发展打破了各种屏障和局限，打破了阶级阶层的屏蔽，也打破了“劳心者治人，劳力者治于人”的旧有观念，是所有人享有生命的尊严，更好地体现人性，促进社会向更高层次发展，以到达自由王国。同时，由于人的发展是一个动态的过程，人的权利也具有动态的特征。随着社会的进化与科学的进步，学习权利的内涵也在不断地完善，具体表现在学习过程的发展性上，而终身学习的提出正是基于整个学习过程的连续性，包括个人从出生至生命终结的全过程，所以终身学习的实践，正是促使学习权利更趋完善、更趋完全的过程。[③]

生存权是指人的生命得以延续的权利，而学习作为人生存和发展的基本手段，其主要职能就是学会个体生存所必需的技能，从而更好地适应社会，并创造社会价值，促进社会进步。“人永远不会变成一个成人，人的生存是一个无止境的完

---

① 爱因斯坦论著选编. 上海：上海人民出版社，1973：364.
② 章海山，罗蔚，魏长领. 斯芬克斯现代之谜的破解——马克思主义人的哲学研究. 广州：中山大学出版社，2009：35.
③ 吴安新. 建构我国教育的终身教育法. 继续教育，2004（3）：20-22.

善过程和学习过程"①，个体在日常生活中的经验作为人在社会进步中的基础，是解决问题的必要条件，并随着人的一生而不断积累丰富。终身学习帮助个体获得新的社会技能和技术工具以面对现代生活，同时使个体在自我实践的过程中促进自身的发展。实用主义反对思辨的形而上学，注重经验、事实、功效。皮尔士认为经验是最真实的存在，是一切知识的源泉。杜威提出工具主义和实验主义，把知识看作应付环境的工具，用实际功效来衡量概念、理论的价值，认为经验主要指有机体与环境的相互作用，它不仅有感性的性质，还具备一定的理性成分。认识与行动、经验与自然、手段与目的都应该是统一的。对经验的关注产生了两个效果，一个效果就是从注重书本知识传授转移到注重日常生活经验的习得，灵活应对具体生活情境，探索和解决实际问题；另外一个效果是从关注社会转向关注个人，更加重视个体的经验，肯定个体环境的多样性。

终身学习的任务是为了使人"学会学习"，学习是为学习者的现实幸福服务的，即养成学习的习惯和获得继续学习所需的各种能力，以更好地应付新的挑战，所以它没有固定的内容和方法。②随着信息时代的到来和国际全球化的发展，现代人面临着一系列的挑战，例如，社会变化速度加快、人口增长、科学知识和技术更新迅速、政治经济的变革、生活模式的转变等。这些挑战向人们提出新的学习主题和学习需要，并呈现出前所未有的广泛性、复杂性和不可预见性。个体只有具备了生存的技能才能应对社会生活中的挑战，适应社会变化并解决生活中问题。这就需要人们在生活中不断学习，学习本身就是生活的过程，生活本身可以促进学习者的成长。正如杜威所说的，教育即生长和教育即生活是联系在一起的，因为生活就是个体不断生长的过程，其中不仅包括身体的发育和成熟，也包括道德和智慧的增长。不论是什么年龄的学习者都需要从做中学，通过自己的实践建立真正属于自己的经验，更好地应对具体的生活情境。一个人不去充实和更新自己的知识体系和技能，终将落后于社会发展，无法作为促进者推动社会的发展。2006年，丹麦政府提出了终身教育的国家战略——《丹麦终身学习战略：全民教育和提升全民的终身技能》，将构建终身教育体系作为目标。③丹麦教育部部长哈德先生在序言中写到：终身学习就是能够在教育、工作、各个部门和社会团体，在闲

① 联合国教科文组织国际教育发展委员会. 学会生存：教育世界的今天和明天. 上海师范大学外国教育研究室，译. 上海：上海译文出版社，1979：34.
② 吴式颖. 外国教育史教程. 北京：人民教育出版社，2005：717.
③ Danish Ministry of Education. Denmark's Strategy for Lifelong Learning Education and Lifelong Skills Upgrading for All. （2013-12-10）. http://pub.uvm.dk/2007/lifelonglearning/lifelong_learning.pdf.

暇的活动等许多环境中，都能获得新的知识和新的技术、新的能力。[①]终身学习成为各个行业企业关注的重要方面，不少企业设置了企业大学，根据企业发展所需技术及员工长远发展设置教学内容，如韩国的三星电子、LG集团等都有设立企业大学。

各国终身学习法中都规定，开展以提高国民素质和职业能力为目的的终身学习。法的确立比一般的政策规定具有更大的权威性和可持续性，从而有利于在较短的时间内较快速地将终身学习推动起来。例如，日本为了在人的整个职业生涯中综合地促进职业能力的开发，在法律中规定要对建设职业训练设施、培养职工职业能力及建立职业能力开发网络等一系列问题进行研讨；而且，为了促进劳动者的自我开发，还要缩短劳动时间，普及带薪教育、培训、休假制度。[②]美国国会于1976年通过了《终身学习法》，规定在联邦教育部设立终身教育局，并从各个方面对终身学习的实施进行了规定与计划。1997年，国情咨文中就《2000年目标：美国教育法》的实施又具体提出了教育的"四大目标"及"十大原则"，认为"每一个美国成年人必须坚持终身学习"，"21世纪的学习必须扩展为终身学习，终身之路学习导向美好未来，美国人不论年龄有多大，都必须有机会学习新的技能"。[③]可见，只有通过法律保障各种社会教育制度、岗位培训制度、学习成就认可制度、职业资格制度、监督保障制度、公共财政投入制度、各种教育文化资源共享制度等，实现教育民主和教育公平，才能保障学习者生存所必须的学习的权利，这样有利于学习者学习主动性和积极性的提高，还有利于其实践能力和创新能力的发展，进而促进社会的进步。

获得学习权就是获得生存权。国家对公民终身学习的重视，是公民学习权实现的前提。学习是启迪智慧、摆脱愚昧、促进个体发展的根本途径，是使个体成为人、具有独立人格的最佳选择。个体通过终身学习，学会了生活技能，掌握了日常知识，学会了如何与人相处，懂得了如何独立发展，也就学会了如何在这个日益变化的社会中生存。

二、生存权寓于生存学习中

对"生存"的思考直接影响着个体精神家园的构建，并时刻影响着个体的日

---

① 李晓媛，桑宁霞. 终身教育法的人本哲学研究. 河北大学成人教育学院学报，2010，12（2）：26-28.
② 周晟. 日英终身教育政策的比较研究. 中国优秀硕士学位论文全文数据库，2007：53.
③ 纪军. 当代美国终身教育的发展论略. 河北大学成人教育学院学报，2002（4）：23-25.

常行为与生活方式。①学会生存是每个人立足于社会的基础，关系着个人的技能掌握和安身立命，影响着人生的各个阶段，也影响着社会的进步。②每个人都生存于社会关系之中，与社会的发展息息相关，人的社会属性是通过后天参与社会事务而逐渐确立的，社会属性并非个人价值的对立，而是对人们自我价值的肯定与超然。③因此，生存权的实现从完善生存课程学习开始。

生存课程要重视个人价值和社会价值，为学习项目和课程注入实践性、实用性和功利性。④生存课程的目的是使人成为自我导向学习者，努力把人培养成应用型、技能型专门人才，鼓励人在实践工作环境中接受学习，掌握某项工作所需要的技能，使其生存得更有价值和意义。在面向成人设置课程时，课程内容应具有很强的实践性和实操性，理论与实践相结合，使其在学好理论知识的基础上侧重实践锻炼、经验唤起，提高个体的再生产能力和实践转化能力，如成为厨师前接受的厨师培训、成为理发师前接受的理发技艺培训、成为教师前接受的系统的教师资格培训等。不同的职业面对的课程不同，人只有不断接受教育和培训，才能增进对职业教育、就业市场和就业机会的了解。⑤当然，强调实践知识的重要，并不代表理论知识不需要学习。理论来自于实践，又指导实践，理论是万事的基础，拥有理论知识可以提高实践的有序性和高效性。所以，要调节好理论课程与实践课程的比例，实现学习者综合素养和能力的提升。⑥

人生是一个无止境的完善过程和学习过程。为了延伸人生存、生命的意义，生存课程培养人的生存能力和自主精神，帮助人寻找和发现自我，增强生存意识，发展创新能力，学会就业和创业技巧，主动适应社会，成就通观应变事物的能力，追求提升人生境界的理想，从而实现共同的生活远景，促进社会的进步与繁荣。⑦

三、保障个体学习的丰富体验

体验是人们短期、浅表、外在、眼耳鼻舌身的参与和身临其境，也是一种初步的内心感受。这种感受与人的情绪、情感、意志和经验有关，是个人对自我和

---

① 应方淦. 成人生存境遇与学习——基于余力理论的解读. 中国成人教育，2007（19）：16-17.
② 李晓莉. 我国生存教育的理论分析与实践研究. 黑龙江高教研究，2011（10）：76-78.
③ 戴建英. 基于社会本位价值范式的成人教育发展策略研究. 中国成人教育，2017（17）：26-28.
④ 赵时桂. 论成人教育价值的哲学理论基础. 继续教育研究，2008（10）：19-21.
⑤ 李洪波. 论生存教育与终身学习. 当代教育论坛，2004（10）：27-28.
⑥ 李钰清. 女性成人教育专业及课程建设的思考. 科教文汇（下半月），2006（2）：42-43.
⑦ 李晓莉. 我国生存教育的理论分析与实践研究. 黑龙江高教研究，2011（10）：76-78.

周围世界的认识和领悟。①大量事实表明，直接经验、亲身感受要比间接获得的记忆来的深刻，任何事物只有亲身去体验、感受，才可以直接刺激大脑，深入记忆，并对以后的生活与成长起到潜移默化的作用。课程的设置与实施，也只有回归生活，重视主体经验，才能使课程发挥更高的价值，达到事半功倍的效果。重视人的切身体验，不仅给学习工作带来了新机遇，也有利于引出个体的精神生命。通过情景设置，回归生活，实施切实有用的课程，可以调动学习者的积极性和主动性，使其更好地内化知识，并外显于行，使学习、工作、生活融为一体，相互影响，促使个体自由、自主发展，实现生命境界的提高。②

人具有丰富的社会经验和阅历，生活在属于自己的情境之中，整全课程的学习不仅要使人掌握生存的技能和方法、生活的节奏，更重要的是唤醒人热爱生命的情感。首先，课程中可以运用实践阅读指导、亲身体验、模拟想象、欣赏讨论、随机教学等方法，通过户外实践、角色扮演、作品欣赏，彼此之间互相交流，引导人"用心"体验生活，在不断体验和感悟的基础上形成丰富的生命情感。③其次，教师应有意识地给个体创造表现才华的机会，如进行比赛、技能表演，使其获得成功的体验。最后，教师应把课堂知识同个体的经历与文化视野切实联结起来，以旧知识来促进新知识的吸纳。④整全课程要在生活情景中唤起人们的记忆，结合自身的经验，不断去体验，实现新旧联结。⑤个体在体验中可以感受到生命的热度和意义，在体验中感知进而形成对生命的情感和爱，唤醒对生活的感受和体悟，从而更加热爱生活与生命。⑥

体验在人的生命存在、自我升华、精神解放中具有十分重要的意义。⑦整全课程的关键在情感，故须从内心感动人，使其产生强烈的心灵震撼。⑧整全课程体验性便是在教育过程中关注人的个体经验与现实生活，要求人回归生活，用心去体验生命，进而从体验中感悟生命的可贵及对生命积极的关怀，萌生生命的情感，形成对生命正确的认知与态度，创造完满的生活，追寻生命的整全。⑨

---

① 刘黎明. 生命之于教育的启示. 当代教育论坛，2006（17）：24-26.
② 唐海朋. 课堂教学对学生幸福的关照. 现代中小学教育，2008（2）：4-6.
③ 冯建军. 生命教育的内涵与实施. 思想·理论·教育，2006（21）：25-29.
④ 谢南斗. 课堂效益：成人教育生存之本. 中国成人教育，2006（6）：115-116.
⑤ 冯建军. 生命教育的内涵与实施. 思想·理论·教育，2006（21）：25-29.
⑥ 吴培启. 论成人生命教育. 河南大学，2006：47.
⑦ 刘济良. 生命教育论. 北京：中国社会科学出版社，2004：274.
⑧ 冯建军. 生命教育的内涵与实施. 思想·理论·教育，2006（21）：25-29.
⑨ 吴培启. 论成人生命教育. 河南大学，2006：49.

人具有永远的未完成性，人一生的生存过程，就是不断学习和完善的过程。在这个瞬息万变、复杂庞大的社会中，为了适应社会，在社会中生存，人必须要根据自身特点、能力及社会发展需求去不断学习新的生存技术。同时，终身学习的意义也绝不仅仅是学会技能、满足生存的物质需要，更在于人的整全性发展，人的独立性、社会性的完善。

第二节　充分保障社会和谐美

终身学习从根本而言是一种社会服务和社会支持，它要求社会使每个人都有足够的机会发展自我、完善自我，以适应多变的社会生活。同样，社会生活的多样性也要求终身学习尊重个体的生活经验和感受，体现出当今时代社会环境的多变与复杂。随着信息技术社会应运而生的后现代主义的哲学思潮，其特点为知识信息化、政治国际化、经济全球化、文化多元化等，强调非理性、差异性、反思和批判精神。科学、教育、文化展现了丰富而深广的内容，使得学习提供给人们的服务更为多样，人们的学习生活也更为丰富多变。

一、学习保障社会生活的美好

后现代社会的特征从根本上影响着社会关系和社会生活的本质，认为人的生活是一种游戏式的生活方式，以理性为基本信念和手段的传统理论已无法有效解释许多社会文化现象，这需要人们创建新理论，以便理解、解释和解决后现代社会所面临的新情境。后现代主义关注社会和人发展的多样性和差异性，关注学习的情景性、多变性，关注多变生活对个体的影响，并将社会作为教育的对象加以多元化的改造。[①]

（一）终身学习呼唤社会支持

终身学习是社会范围内的学习，其实现需要社会各界的支持，通过教学形式和研究方法的改革和创新、公共基础设施的日渐完善、法律政策的制定实施等，为个体的潜能发挥和创新能力的培养提供有益的环境，最大限度地保证其生活目标的完善，从而培养个性化人才，使社会的持续发展成为可能。例如，英国在《1944年教育法》中规定，地方教育当局必须与志愿团体合作提供足够的娱乐、社交和

---

① 桑宁霞. 后现代主义与生命教育的价值确证. 教育理论与实践, 2008（6）: 15-17.

身体训练设施，因而经部长同意可设立或维持野营娱乐场地，以及支付办理比赛等活动的费用。终身学习是全体国民为充实人生而开展的一种学习活动。因此，为公民的生活目标的完善提供必要的条件和保障是国家的责任，社会要给予积极的支持和帮助。

国家应把终身学习列入经济、社会和教育的具体规划之中，赋予政府推动终身学习的权利和义务，加强终身学习理念的宣传力度，建立开放性、多样化的正规教育与非正规教育相融通的教育体系，为全民提供平等受教育的机会，以其生活日益完善为目标，通过促进人的全面发展从而促进社会的全面进步。当前我国已进入了社会主义建设的新时代，在此阶段目光不仅仅锁定于经济的发展，更应当把视线转向综合的、多方面的发展，其中核心还是人的发展。新时代的中国要迈向学习化社会，必须激发全民参与学习活动的积极性，而终身学习法律法规的出台则是对这种积极性的保护和支持；必须转变全民的学习观念，使学习成为个人的最基本权利，人人享有平等的学习机会，为生活质量的提高做充分的准备，从而使发展的目标真正落到实处。因此，出台终身学习法是现代社会与现代教育对我国的必然要求。为了使公民学习权有法律保障，政府机构和民间组织正在形成合力，积极践行，让全民学习、终身学习优先应用到实践中，并成为共识。与个体生命相始终，与个体生活相融合，与个体生存相适应，在提高个体的文化素质和生活质量的同时，提升城市的自主创新能力、综合竞争力和文明程度，为建立学习型社会和发展终身学习起到促进作用。

（二）终身学习呼唤学习型社会

终身学习不仅是生存的概念，亦是发展的概念，它不仅追求人的内在本质发展，而且追求人的自由全面发展。终身学习注重人的生命、生存与生活，维护人在复杂社会环境中的正当权益，促进其更好地适应激烈多变的生存环境，实现社会价值。因此，开展全民终身学习、促进人的全面发展是国家的使命，是政府的责任，是国家可持续发展的真正原动力。终身学习的推行可激发公民的学习权利意识，有效保障公民学习权利。所以必须加快制定终身学习法，依法保障全民终身学习权，将全民终身学习、学习型社会建设从开始之初就置于法律的保障之下，并依法持续推进。

从学习目的来看，终身学习是为了适应社会生存，形成独立个体。学习型社会可以给予个体充分的发展机会，提供终身学习环境。学习是一个永恒的概念，自人类社会产生以来就有学习行为，人要延续生命必然要学习，狩猎、做饭、生火、洗衣等都是学习的范畴。起初的学习没有固定场所，没有计划目标，更没有详细、完整的学习内容的提前准备。自学校产生起，学习的范畴逐步窄化，局限于学校内部，仅指学校内产生的系列教育行为。特别是进入 20 世纪以后，学校教育得到极大的强化。终身学习理念被提出后，学习的广泛内涵重新被唤醒，终身学习强调时时、处处、人人，是要使人在瞬息万变、飞速发展的社会中通过终身学习寻找适合自身的生存和发展方式。终身学习不仅是个体行为，更是一种社会行为。终身学习从来就不是自己的事，因为人与社会共同发展，相互影响。推行终身学习可以在全社会营造终身学习氛围，形成良好的终身学习文化，带动整个社会在学习中前进。同时，终身学习需要学习社会予以支持，需要形成学习型社会。具体而言，学习型社会应有法规在宏观上指引，有完善终身学习的运行机制体制做支撑，有终身学习服务主体提供服务，而社会中每个个体都是平等、自由的终身学习者，是学习型社会的主体。在学习型社会中，政府、企事业单位、社区机构组织等均为学习者提供学习资源和各种硬件与软件设施，满足学习者学习需求。"随着学习者自身越来越成熟，自由度也在逐渐提升，可以由自己决定学什么以及怎么学。"[1]

从终身学习的特点看，学习社会化、社会学习化是未来学习及社会发展的必然趋势。学习型社会便是满足终身学习的组织实体。在学习型社会当中，政治、经济、文化等系统均贯穿教育实践，各系统之间的联系也因学习而变得更加有机。终身学习也会使社会结构发生变化，变得更加平等、和谐，如家庭当中孩子不再是唯一的学习者，父母长辈也会在公司、社区当中继续进行学习，彼此之间互相学习，共同成长。在社会阶层结构当中，因知识、学习对于公司、企业等组织机构的重要性，这些单位形成学习型组织。个体的持续学习不存在绝对能力的强与弱，更多的是在相对约束下的互通有无。传统的教育机构向社会开放，传统的非教育机构建立新的学习组织，这样的社会具有充分的包容性、平等性和自由度，可满足终身学习的实践需求。

从教育人类学的角度来看，学习是人类生存的重要手段。学习不应是某些人的专属产品，而应融于社会之中，伴随人类共同成长。通过学习，人类完成文化的传递与创新，进行知识的再生产，实现人类的自我完善。教育是关乎整个人类如何发展的重要因素，是关涉整个人类的艺术。社会的教育功能和教育的社会功

---

① 联合国教科文组织国际教育发展委员会. 学会生存：教育世界的今天和明天. 上海师范大学外国教育研究室，译. 上海：上海译文出版社，1979：263.

能都在一定程度上有所弱化。终身学习呼唤学习型社会，扩大学习的时间与空间，以惠及所有人。应充分发挥终身学习的作用，推动整个人类文化的持续前进。

（三）终身学习追求社会善治

终身学习的逻辑起点为使人成人，使人成为真正独立自主、拥有完整人格的人。从广义上理解学习，就是要通过学习，使个体在体力、智力、情感等各个方面得到综合提升，进而成为完善的人。①终身学习意在实现个体的发展，但个体的完善除了需要个体发挥主观能动性，还需要外部环境的支持。然而，目前的学习大多片面注重知识的累积、智力的提升，相对忽视精神的发展和个体的独特性。大众化的教育逐渐培养出相似的个体，人的差异性和创造性在削弱。为培养完善独立的个体，需要和谐的社会环境予以支撑。终身学习在演进过程中，会推动社会形成开放、包容的集合体，在积极向上的氛围中实现公共利益最大化。

21世纪以来，科学技术的发展，使知识的更新周期愈来愈短，各类信息同时大量进入人类视野。知识更加具有多元性与灵活性，各个领域的发展边界也逐渐模糊，学科知识存在更多交叉性与外延性，知识的广度和深度不断加强。社会的快速进步，固定知识的日渐短期性要求人们同步发展，实现学习的长期性。除正规学校教育可以满足人们学习专业知识的愿望、造就社会所需专业人才外，终身学习更是以其长期性、延续性，增强了学习者的学习力。因此，在当前的形势下，终身学习的培育，可以顺应人民终身学习的需要，带动社会大众不断学习，有助于提升全民的学习力。众所周知，我国是人口大国，注重终身学习培育有助于营造"人人是学习之人，时时是学习之机，处处是学习之所"的学习氛围，带动数以亿计的人民提升、完善自身素质，使为国家富强、民主、文明、和谐而努力变为自觉的愿望与动力，从源头上提升国家的竞争力。因此，人民学习力的提升，就是执行力、战斗力的提升，对我国的政治、经济、文化等发展无疑是一笔巨大的物质和精神财富，有助于增强我国的竞争力。

进入新时代，社会的快速发展，信息技术的日益精进，对人类生活提出了更高的要求，在前进道路中我们遇到了前所未有的挑战。终身学习也正是在这样的背景下产生，终身学习的发展具有时代意义，为我们应对挑战、持续前进提供了可行性道路。为推动终身学习的发展，国家在行动，全民在行动，国家颁布实施

---

① 联合国教科文组织国际教育发展委员会. 学会生存：教育世界的今天和明天. 上海师范大学外国教育研究室，译. 上海：上海译文出版社，1979：195.

的系列政策文件关注教育、注重公平、兼顾城乡、保障服务，国家在不断完善终身学习服务体系和保障体系，力求营造良好的社会氛围，使公民的基本公共文化权利得到保障和落实。可见，终身学习注重人文关怀，适应社会需求，在它的影响下，努力实现社会善治。

二、和谐美在完满学习社会中

追求人自身的完满，是伴随人类自我认识发生而来的永恒诉求。[①]教育源于生活，生活世界作为生命之根，是个人在日常交往中形成的有意义的世界，只有在完满的生活中，生命才得以整全地发展。[②]成人审美教育活动是一种解放人潜能、发挥人创造才能的活动，它最大限度地关注人的现实处境并合乎其兴趣和需要，从而使人在现实中达到精神的和谐、生活的愉悦，同时通过不断的审美训练发展其审美能力，以满足人的高级的精神需要，使人的情感与理性和谐共处、协调发展。[③]生活课程应在引导人正视现实、攀升理想的心路历程中，不断给予人全面实现自身价值的信心、勇气和力量。

经验与兴趣是人成长的起点，也是人与生活课程的连结点。生活课程把人的个性发展作为其出发点与归宿，就是为了基于自身、基于生活、基于美好。生活的意义所在，就是在生活中去探索、去发现、去创造，索寻更有价值、更美好的生活。[④]课程设置上，开设的茶艺、琴棋书画、摄影、运动等课程，联系经验、生活和审美，融入成人的激情、灵性与活力，拓展人的生命空间和身心自由的体验，满足多样化和个性化的需要，协调人的性情欲望，"观照了人生命的主体性和自由性"，以"时时实现心灵的转换，更大地彰显了个人的生命价值"[⑤]，由此实现完满生活。设计生活课程时，既要看到现实的条件与可能，又要富有理性的目光和远见；既要立足现实从实际出发，又要放眼未来，以人为本，为人的终身发展打下基础。

人学范畴的"创造"，是人用自己的行动建构新的生活、追求更加美好生活的过程，创造、见证着人的存在和人之为人的真实。[⑥]为了人的完满生活，生活课

① 刘铁芳. 追寻生命的整全：一种生命论的教育哲学如何可能. 中国教育科学, 2017（2）：151-171+150+197.
② 冯建军. 从知识课程到生命课程：生命教育视野下课程观的转换. 课程·教材·教法, 2013（9）：89-92.
③ 靳义增. 论成人审美教育. 中国成人教育, 2002（7）：19-20.
④ 吴培启. 论成人生命教育. 河南大学, 2006：45.
⑤ 吕丽. 美学视角下培养成人创造性学习能力的思考. 成人教育, 2007（8）：10-11.
⑥ 吴培启. 论成人生命教育. 河南大学, 2006：46.

程使人对生活的认识、理解得到提升和拓展，更加热爱生活，更加珍视自己生命的价值；引导人重新理解世界和人生、关照理想和未来，以崭新的姿态重返现实生活并力争改造现实世界。[①]

三、社会生活因学习而富有活力

学习激发人的创造精神。创造需要内生动力，它是在体验的基础上发现新的事物，创造新的情景，实现对于客观事物的改造，发现更高级的规律。在人的生存规划中，创造精神是一种必不可少的精神，创造精神的发挥，有利于促进人实现职业的自由，还有利于促进人个性化人格的形成和塑造，彰显着"以人为本"的和谐诉求。[②]培养学习者的创造精神，应将学习者学习的过程视为体验生命、创造生活的过程，从而提高人的生命质量，体现学习者的生命价值。创造精神是指人们在创造活动中，有意识地运用存储的信息、创造性思维和适度的动机，实现创新目标的精神。培养创造意识、加强创造教育、激发创造热情和树立创造的自信心是培养开发创造力的条件。[③]社会也因此更有活力。

培养人的创造精神，首先，社会组织需提供具备创造精神的教师。更新师资队伍的思想，掌握实施创造性教育的业务知识，启发学习者的创造性思维；有意识地"留白"，留出时间、空间让人思考，选择人生存、生活、生命当中遇到的困惑与实际问题，指导人以不同的角度多方面探讨，培养其分析问题、举一反三、触类旁通的能力。其次，教师需对学习者进行必要的思维训练，即训练人思维的灵活性、独创性及认知和记忆能力，提高人的好奇心、对问题的敏感性、自信心等品质[④]，注意学习者学习动机与学习兴趣的培养，以需要为切入点，激发其责任心；进行发散性提问，直接激励学习者进行积极的思维活动，尽可能寻求独创性想法[⑤]，由此鼓励学习者的创新意识。最后，培养学习者善于读书的习惯。学习者在学习时应该具有独立意识，学会选择性接受、批判性学习，在独立学习中不断激发自身潜能、更新知识结构、提高创新能力。[⑥]

信息时代的发展和科技更新的日益加快，需要学习者具备创造精神、创造能

---

① 靳义增. 论成人审美教育. 中国成人教育，2002（7）：19-20.

② 吕丽. 美学视角下培养成人创造性学习能力的思考. 成人教育，2007（8）：10-11.

③ 赵玉莲. 浅议对成人学生创造力的培养. 河北成人教育，1997（6）：24-25.

④ 杨津. 注重培养成人学生的创造能力. 成人高教学刊，2002（1）：46-47.

⑤ 王金龙. 论在成人教育中实施创造性教育. 中国成人教育，2002（8）：12-13.

⑥ 赵玉莲. 浅议对成人学生创造力的培养. 河北成人教育，1997（6）：24-25.

力，终身学习能够提高个体在学习活动中发现、吸收和创新的能力，从而使社会更有活力。

第三节　充分保障政治文明的实现

学习权的权利体系保障是一项系统工程。保障终身学习权不仅要求国家、社会组织、教育机构等采取行动，力求创设条件维护学习者的学习权，同时也要求学习者增强权利意识，有效维护自身合法权益，特别是认清自己的主体地位。"主张以'学习权'理论取代'受教育权'范式，意在彰显学习者的主体和自主性，强调学习的基本权利属性与教育的民主化价值取向。"[①]权利主体地位是权利获得的必要保障，是政治文明的重要实现途径。

一、国家有义务推行终身学习权政策

在尊重人权的价值导向下，国家有义务尊重任何人享受应获得教育公共服务的权利，也有义务杜绝和限制影响终身学习活动顺利进行的行为，同时还应大力倡导学习的民主化和个性化，充分尊重和保障学习的基本人权。在此基础上，学校、社会团体等学习组织必须尊重学习的公益性，为学习者提供参与社会公共利益分配的机会。

国家有义务采取立法和学习权入宪等措施，确保学习者有平等的机会享受教育服务，并适当保护弱势群体。学习权作为一项基本人权，应当成为宪法确认和规定的公民的基本权利，保护学习权也应当成为宪法确认的维护国家安全、稳定、长治久安的基本政策。值得注意的是，国家在履行对学习权保护的义务时，必须在保护学习者学习需求与保护特殊群体学习者需求之间求得平衡，不能采取侵犯人权的措施。应采取坚定的社会政策，纠正教育资源和力量分配不公平的状况。

国家有义务推行终身学习权政策，进行学习权的研究、宣传，实施终身学习权普查计划，促进终身学习权的推广和取得。与此同时，为了顺应终身学习者学习需求多元化趋势，社会和成人教育机构要不断研讨和开发成人教育模式，合理分配教育资源，促进成人教育发展，保障终身学习的实质性公平。通过法制的完善和宣传，促进和提高终身学习者维护自身学习权的意识，充分调动终身学习者的学习热情，从而保障其学习权的顺利获得。

---

① 倪洪涛. 大学生学习权的类型化. 现代大学教育，2010（3）：12.

从个体角度来看，学习权是人的一项基本权利，每个人都有通过学习改变生存状况、提升生活品质、实现生命价值的权利；从社会角度来看，建构平等无歧视的学习环境、均衡学习资源，保障每个人的学习权，则是实现教育公平和社会公正的重要方面，也是促进民主化、实现政治民主和社会民主的有力后盾。

生与死自古以来就是人生的谜团。人生的意义与价值往往就蕴藏在生死之间。热爱生活的人自然想在自己的生命中留下辉煌的一笔，因而十分注重生的价值，希图在有限的时间内实现自身的价值。人存在的目的在于追求存在以外的东西。马克思和恩格斯在《德意志意识形态》中说："全部人类历史的第一个前提无疑是有生命的个人的存在。"[①]存在主义也关注生命存在的意义，其主要特征是将哲学研究的重点转到人的存在问题上，探讨人在世界上的存在、人生的意义和价值、人的自由等问题，肯定了人的自觉能动作用，弘扬了人的主体意识，提倡人的个性自由和解放，要求人们对自由的行为负责，体现了对现代人的生存和精神状况的关注。克尔凯郭尔强调个人的主观性、独立性，认为真正的存在应是"孤独的个体"，它是永恒与暂存所生的孩子，是一种不断自我超越的努力，这种努力实际上是个人对自己人生道路的选择。[②]海德格尔则更侧重"在"，即人对自我的意识。他用"亲在"表示具体现实的人的存在，在这种状态下人可以切实体验到只属于个人的"烦、畏、死"情绪，只有面对死亡时人才能彻悟自己的处境，正视自己的存在，反顾人生的价值和意义，觉察到自己的自由和责任。[③]萨特则认为个人的前途与命运是由自己所决定的，人类存在的意义是在不断地再创造着自己。[④]

人的存在可以分为两大方面：一方面，人作为物质性的存在，有吃、穿、住、用等物质的需求；另一方面，人作为精神性的存在，又有对真、善、美的追求，对科学、文学、艺术、宗教、道德、哲学的追求，这也是人本身所不可缺少的一部分。[⑤]正是由于人的存在，才为社会创造了无穷的财富，肯定人的存在是对人最根本的承认，是对生命的尊重与价值的肯定。人是带着无限潜在的能力来到这个世界的，与生俱来就是一种学习、思考的动物。自然资源有限，而人的潜能无限。

① 马克思, 恩格斯. 马克思恩格斯选集 第 1 卷. 中共中央马克思恩格斯列宁斯大林著作编译局, 译. 北京: 人民出版社, 1995: 457.

② 苗爱芳. 分歧之辩：马克思主义与存在主义. 苏州大学, 2009.

③ 高羽. 荒诞诗学视阈下的丹·哈尔姆斯创作研究. 黑龙江大学, 2021.

④ 李晓媛, 桑宁霞. 终身教育法的人本哲学研究. 河北大学成人教育学院学报, 2010, 12（2）: 26-28.

⑤ 章海山, 罗蔚, 魏长领. 斯芬克斯现代之谜的破解——马克思主义人的哲学研究. 广州: 中山大学出版社, 2009: 59.

终身学习以谋求人的生存与发展为宗旨，体现了"对人的关注和尊重"，它关注人和社会的全面、协调和可持续发展，把个人的主体意识和创新精神放在重要的位置，把个人的自我批判、自我超越和完善的人格作为终极追求。终身学习关注存在的所有人及其生命的各个阶段，不仅关注社会成员中已经受过良好教育的人，更关注教育中的弱势群体，使每个人都有实现自我的权利。终身学习作为完善终身学习体系的重要保障，目的就是保障人的基本权利——生存权和发展权。生命存在的意义就在于其自身价值的实现。每个人都享有终身学习权。政府应通过制定相关的法律法规维护个体学习的权利，保障弱势群体有学习的机会，为学习者提供教育资源并保证终身学习需要的经费投入，从而满足个体的学习需求，使其在参与社会进步与国家发展中体现出生命的意义和价值，成为具有社会责任感的人。日本教育家森隆夫则把原因概括为两点，即经济的要求和人的要求。经济的要求从根本上说是要提高生产率和劳动质量。尤其是在信息化社会，不断掌握高新的信息和知识成为必要。人的要求在于人是以人生的完善、发展、愉悦和幸福为目的，当今社会已经从只追求人的生理性欲求向追求高层次的人生目的、以人为中心的社会转变。①

每个人的智慧积聚起来就是国家的智慧，每个人的进步和发展综合起来就是国家的真正进步和发展，人民才是国家的真正力量，这也是各国对人力资源越来越重视的根本原因。日本和韩国由于地域狭窄、资源缺乏，所以较早认识到了"人"的存在及其价值的重要性，人力是社会与经济发展的资本，从而把学习作为立国之本。有质量的人力资源将成为国家持续发展的发动机，并将决定国家的命运。在韩国，教育及人力资源部部长由副总理级干部担任，便于跨部协调，制定国家人力资源的相关政策，该部还设有终身教育司和中央协调委员会，研究和协调全国性的终身学习政策，以便有效地发挥人力资源的作用。②芬兰、挪威、丹麦等国家也十分重视人力资源的开发，这些国家人口较少，除挪威拥有石油外，自然资源都比较匮乏。随着科学技术和知识经济的发展，这些国家把提高人的素质、加强社会成员的学习特别是终身学习作为最重要的任务。发挥人的创造力、促进人的发展，使之成为国家可持续发展的真正原动力，这才是国家的真正使命、政府的真正责任。通过全民学习、终身学习来挖掘人的潜能、增强人的能力，这是对生命存在的肯定，对生命价值的重视，对生命尊严的保证。

---

① 毕淑芝，王义高. 当今世界教育思潮. 北京：人民教育出版社，1999：185.
② 高露. 韩国《终身教育法》//王云龙. 2017年国外教育法治动态. 北京：社会科学文献出版社，2018：144-163.

二、国家有义务保障终身学习权的实现

终身学习权的实现要求国家提供保障人学习顺利进行的基本条件。例如，国家有义务将财政预算成比例用于学习；为学习者个体提供教育支持、奖励或补偿；实施低门槛甚至零门槛的社区教育；扩大学习者不同群体的覆盖范围，提供必要的公共服务设施，或创造条件使学习者有充分的机会享受大众化的、开放的、灵活多样的学习公共服务。同时，国家还应不断创造条件，使学习者从学习对象变为学习主体，使民主化成为可能，保障每个人学习权的实现，保障每个人生命尊严的实现。如果一个国家不能向诸如监狱服刑人员、移民、妇女、老年人等群体提供适当的学习机会，就可能侵犯了公民的学习权。

生命是我们每个人存在的本体，是作为人存在的自身，是一个生理、心理、行动共同构成的最复杂的整体。[1]鲜活的人在充分地融入时代与社会的过程中逐步趋于完整而健全。政府应该有计划地推展生命课程。生命课程，就是有关生命的课程，以人的生命为中心和原点，旨在拓展生命的维度，引导生命全面、创造而富有个性地发展，并以美的体验孕育自身和谐的身心秩序。[2]生命课程应通过信仰、和平、宽容、服务与爱引导成人切实地感受自我完好，并真正地认识自我，认识到自身于社会、于世界、于宇宙存在的意义，不断拓宽生命外延，超越有限生命而进一步达到永恒。[3]在天地之间成为一个独立的个体，真正实现生命的自主、自觉、自为。

人的生命是一个通过学习不断成长、不断丰盈的过程，同时也是与人、与社会、与自然不断走向和谐的过程，生命的意义就是在这持续的发展与创造中逐步实现。[4]生命课程所要实现的终极目标就是人的主体性和自我发展、自我完善、自我进步的实践与实现。[5]生命过程的复杂性决定了"生命整全"的传递并非某一门课程、某一所学校所能完成，而应该渗透到全社会的各项工作中。[6]课程设置上，开设的幸福、清心、情感等课程，能够培养人高尚的情操和人生境界，提升对生命意义和价值的追求，增长人的智慧。生命课程的设计应遵循生命的成长和建构、

① 韩强. 论美的本质和生命的本质. 海南师院学报，1990（1）：35-38.

② 冯建军等. 生命化教育. 北京：教育科学出版社，2007：13.

③ 吴培启. 论成人生命教育. 河南大学，2006：49.

④ 高德胜. 走向生命和谐——道德教育与生命的摩擦辨析. 华东师范大学学报（教育科学版），2006（1）：16-22.

⑤ 钱旭初，蔡廷伟. 社区教育课程观与课程体系的构建——基于社区教育的文化特征. 成人教育，2018（8）：39-43.

⑥ 许秀群. 社会主义和谐社会构建中的生命和谐教育. 教育与职业，2008（33）：163-164.

特点和规律，致力于人真正感受自我的存在价值，感觉自我理智的力量，获得情感的满足、意志的独立与自由①，在追寻生命内蕴的过程中体悟生命的意义、实现生命境界的提升。

生命不只肉眼可见，还需人用心悟思、探寻生命成长的奥秘，任何时候都需给生命成长留有余地，学习是增进生命整全性的重要路径。②生命课程之所为，就是唤醒人的自我意识和超越意识，增强人的生命活力，丰富人的生命内涵，回归生命的本质。③只有这样，人才会体验到生命的责任和伟大，从而自觉地呵护、尊重、感悟生命，实现自己对有限生命的超越。④

整全课程是从"全人"的角度使人认识到生存的内涵、生活的真谛和生命的意义，从而明晰对未来的追求。生命的整全包括生理的整全与精神的整全，当下社会普遍重生理发展轻精神富足，整全课程就是要终止这种生理与精神的分割，不仅仅使人学会基本的知识与生存技能，明确"何以为生"，更关注人精神层面的需求，造就独立、完善、健康人格，实现个体的身心全面发展，明确"为何而生"。⑤在这样的理念基础上，整全课程被赋予更多人文关怀，从个体生存到社会责任感，从基本常识到社会信仰，从技能索取到生命价值体现，不断引导人们意识到自身生命的整全，引导人们在重大突变面前挑战苦难，超越自身的有限性，"向死"而思生，找到生命整全之路，从而确立生活信念，把握生命脉动，绽放生命力量，达到生命的整全。

三、国家有义务保障生命整全关怀的实现

幸福是在创造的基础上更深层次的体悟，它达到了忘我、沉迷、超越人的小我、寻求大我和真我的境界。幸福是一种关涉美好的精神追求，它超越了地域、权力、文化的阻隔成为人类生活的共同愿景。⑥追求幸福是人生任何时候都无法割舍和放弃的欲求与冲动。人正是在追求幸福的过程中不断否定和超越自己，实现自身生命的意义和价值。整全课程关涉人的幸福，是一个着力引导个体提升幸福的层次和品位的过程。这个过程需先解决人的现实职业生存和发展问题，提高人

① 曹晶. 论关注生命体验的课程. 南阳师范学院学报（社会科学版），2005（1）：103-105.
② 刘铁芳. 追寻生命的整全：一种生命论的教育哲学如何可能. 中国教育科学，2017（2）：151-171+150+197.
③ 刘黎明. 生命之于教育的启示. 当代教育论坛，2006（17）：24-26.
④ 吴培启. 论成人生命教育. 河南大学，2006：51.
⑤ 沈琼. 终身学习时代的成人教育课程开发研究. 福建师范大学，2007：33.
⑥ 张金运，张立昌. 教育学如何关照人的幸福——基于教育学成为"心事之学"的思考. 教育理论与实践，2017（13）：8-12.

的生存能力，进而提升人的精神境界，满足其更高层次的自我实现的需要，延展生命价值，推进个体发展和人类社会进步，这就是人幸福演进的一般规律。[①]

要引导人过一种幸福的生活，就要努力寻求整全课程对人自身有意义的建构方式。首先，给人提供可能性。只有面向个体充分敞开其丰富发展的可能性，使其养成明智地选择可能性的能力，人才能学会自己理解生活、选择生活和驾驭生活。[②]其次，培养幸福的品质。幸福生活的实现需要自身具有幸福的意识和自觉，即幸福品质。幸福是自己创造出来的，人们要有获得幸福的意识，要在正确的幸福观之上有追寻幸福、感受并享受幸福的本能，在幸福品质的影响下实现终身幸福。[③]最后，教育是这一过程中不可缺少的重要角色，对学习者会起到潜移默化的作用。在教育过程中，应时刻秉持人文关怀理念，以学习者为主体，生命为依托，进行情感传递，学会感受幸福，实现生命自觉[④]；利用教育素材，引导学习者感受生活，从学习、从劳动、从生活中发现美、发现幸福，充分感受到生活的美好[⑤]。

人是动态发展的生命体，具有无限可能，人只有在追逐理想、实现价值时，才是最真实、最幸福的。内在生命包括更有智慧地思考问题，更积极、更主动的精神意志，更高远的人生态度。幸福是一种能力，追求生活的欢乐和内心的富足。真正的幸福是善与善的相遇，是心理感受和社会发展的和谐，反身向内，才能超越自我，感悟生命的真谛。[⑥]

在人的漫长一生中，"大我"与"小我"始终做着斗争，但生命的提升恰恰是不断地倒空自己、寻找"大我"的过程。经过学习，人获得了更新的体验、能力的提升、思想境界的拓宽，重新认知这个世界，而且更加从容地做时间管理的主人，扩展了创造未来的能量，这便是生命的成长，是一种态度、认识、行为的改变。生命是动态生成、创造的过程，整全课程对生命的滋养与提升既"可能"又"可为"。整全课程既能给人以谋生的训练，又能给人以生命内涵的丰富及质量提高的滋养[⑦]，意在给予切实的人文关怀，反思生命的本质，保持生命在理想与现实之间的生动张力，唤起人们生命精神的内在自觉意识，激励灵魂之自我生长。人生在世，最根本的需要乃是去获得人之为人的本质，实现人的价值，完成人的

① 郭中华. 发生学视域中的成人教育幸福观. 中国成人教育，2014（2）：5-8.
② 唐海朋. 课堂教学对学生幸福的关照. 现代中小学教育，2008（2）：4-6.
③ 雷召海. 大学教育要关照学生的个体幸福. 教育学术月刊，2011（9）：35-37.
④ 冯建军. 生命教育的内涵与实施. 思想·理论·教育，2006（21）：25-29.
⑤ 唐海朋. 课堂教学对学生幸福的关照. 现代中小学教育，2008（2）：4-6.
⑥ 向晶. 追寻目标：学生幸福的教育关照. 全球教育展望，2014（11）：17-24.
⑦ 刘黎明. 生命之于教育的启示. 当代教育论坛，2006（17）：24-26.

使命。也许今日的教育与课程并不足以培养整全的生命，但凭借对完整人的渴望与对整全性教育的追求，我们可以努力去丰盈富有个性的生命成长和发展，促进生命的整全。[①]

　　终身学习呼唤政治的昌明，而政治的昌明又促进终身学习的发展。政策的有力推进，富有成效的项目的实施，生命价值的输入与学习，公民意识的提升和觉醒，都能带来政治生态全新而富有意义的变化。

---

① 刘铁芳. 追寻生命的整全：一种生命论的教育哲学如何可能. 中国教育科学，2017（2）：151-171+150+197.

第三章 终身学习的目标

第一节 提升公民整体素质与幸福度

满足人民群众对美好生活的需要是建设学习型社会的根本目标，这个目标对终身学习的推进具有重要指导意义。

一、学习让个体享受生命的尊严

终身教育是一种注重以人为本、关注人的生命成长、为民生谋福祉的教育实践活动。终身学习相对于终身教育更强调个体发挥能动性和主动性，通过学习使得自身充分享受生命的尊严，拥有强大的心理力量。尤其是在社会转型期，流动儿童、失独者、老年人、残障者等特殊人群常常心理素质较差、承受能力较弱、经济基础薄弱，单纯依靠自身力量难以改变弱势地位，对他们的教育关怀就显得非常重要，而终身教育大有可为。目前，国家和社会已经有组织地采取相关的措施，加快构建服务全民终身学习的教育体系，以使个体能通过学习助力其完成自身能力的提升，实现弱势群体不弱的目标。

例如，失独者和老年人通过学习新的才艺，学习文化知识，可以丰富个人生活，避免失独和退休带来的孤独、寂寞感，开阔自己的心胸，保持积极的生活态度，充实自己的精神世界，创造剩余价值，更好地服务社会，同时获得社会的认同，赢得大众的尊重；下岗职工、失业人员通过学习新的技能，可以解决失业的问题，缓解生活压力，重新取得进入工作单位的通行证，赢得属于自己的尊重和荣誉；残障者、五保户和城市贫民通过终身学习，找到自己的长处，可以解锁生活和工作的新方向，为自己的生活提供保障，开阔自己的精神视野，弥补身体缺陷和生活失意带来的困扰，为实现自己的人生理想搭上顺风车。

虽然终身学习让个体享受生命的尊严，但这种学习更加强调有意义的学习，强调基于现实需要和自身发展的学习，而不是单纯地为了短时获利。终身学习更应该成为一种习惯，贯穿生命的始终。若在学习过程中持有工具性态度和短期目光，这样学习效果和学习的持续性就很难得到保障。因此，终身学习应该深植于内心，转化为实际行动，持续终身，这样才能真正使个体享受生命的尊严。一时之成功不能说明什么，每个人对于成功和幸福的界定也不同。若在垂暮之时回顾自己的一生，想到一生都在坚持学习、努力改变自己，而不是碌碌无为，内心的富足与平静便是莫大的成功和幸福。

二、养成内在成长的学习风尚

环境文化是终身学习硬环境与软环境相互结合形成的，既包括终身学习所需的相关基础设施，又包括政策、文化、制度等外部因素和条件。终身学习中硬环境和软环境均渗透着设计者的理念、价值取向，引导学习者深入学习时感悟不同的环境文化，并进而构成一种风尚。风尚是指一定时期内在社会上普遍流行的风气和习俗。终身学习风尚是某一时期终身学习价值诉求向度及其需求特征在该时期社会上的总体表现，它拥有内在的文化旨趣、依据、原则和评判标准与尺度，也是立足于终身学习观念基础上而生成的一套规范系统。①由此推析，终身学习风尚的重塑将会推动终身学习价值诉求的转变，而终身学习价值诉求的转变也会使终身学习风尚发生转变。

"书中自有黄金屋"的想法使学习蒙上了功利主义色彩，人们学习不单是为了汲取知识，而是为了获取功名。这种功利主义思想现在仍未绝迹，"学习是为了高学历，学习是为了考上编制而一劳永逸"等狭隘的想法仍然有一定的市场，或多或少助长了学习的空心化、外在化。终身学习者应有的态度——学习是为了启蒙思想，保持理性，完善自我。因此，终身学习的目标还在于养成内在成长的学习风尚。这种风尚有利于个体自我学习的开展，对于内在的成长是至关重要的。

三、学习成为一种生活方式

注重学习者自主学习的内在化、兴趣化、休闲化，终身学习文化向生活、工

---

① 何云，霍玉文，邓文勇. 文化视域下的成人高等教育发展研究. 河北大学成人教育学院学报，2012，14（3）：24-27.

作等全方位进行渗透，学习越来越成为一种超越功利、超越工具理性的自在的生活方式。在这个意义上，学习同快乐生活、自主发展、幸福生活紧紧地联系在了一起。

古人认为：体壮曰健，心怡曰康。中医理论认为，能做到机体内环境稳定，同时对外界适应性良好的人，才是健康的人。可见，古人认为健康的概念是一个"大健康"概念，包含体格的强健、心理的愉悦、智慧的通达、性情的快乐和道德的完善。1990年，世界卫生组织对健康的阐述是个体在躯体健康、心理健康、社会适应良好和道德健康四个方面皆健全[①]，这个定义与我们的古人对健康的看法不谋而合。只有让学习成为一种生活方式，才能成就健康的自己。当终身学习已经成为国民的一种生活方式，当人们的学习不仅是为了生存，更为了体现生存的价值和生命的意义，一切有组织、无组织的学习，正规教育、工作和其他活动里的非正规教育都能极大地提升国民的幸福指数，从而提升个体的身心健康水平。

终身学习与其说是一种新的教育制度和政策，不如说是一种视野，一种格局，一种境界，一种存在的形式。人们越来越需要安安静静地享受生命，享受学习，享受这种生活方式带来的幸福和福祉。

第二节 弘扬社会正能量

终身学习作为公共文化服务体系的重要组成部分，对于社会公平的贡献是不容忽视的，同时，终身学习也不断扩大和展现教育的公益性和普惠性。终身学习强调包容社会各阶层、各界民众，强调彰显包容性增强的意蕴，强调民主发展应当将那些弱势群体包容进来。其实践意义就是把包容性增长和公民教育、民众教育紧密联系起来，实现全纳教育，推进社会的文明和谐发展。

一、促进学习型社会的形成

人们学习意识的提升和学习能力的增强促进了学习型家庭的出现，学习家庭的增多构成了学习型社区的雏形，一个个学习型社区又发展成为学习型城市，学习型城市又能够促成学习型社会的建立，所以学习型社会是未来社会的发展方向。越来越多的个体成为终身学习者，就能够奠定学习型社会的基础，学习型社会的建立又能够极大地保障个体终身学习的开展，形成文明健康的社会环境，带动更

---

① 马陆亭. 学生如何在大学成长. 北京教育（高教），2022（9）：35.

多的人成为终身学习者，从而推动社会前进。所以说，学习型社会的建立既是终身学习的目标，又是终身学习必备的社会环境。

随着社会结构的变革，公民逐渐由单位人转变为社会人。社区基层民主是国家政治民主、公平包容的基础和奠基石。终身学习应以培养公民责任意识、民主意识等为深层次目标。因为真正意义上的公民应该具备参与和责任意识。首先，公民行使民主权利的同时必然要承担社会责任，这是一个合格公民的基本条件，也是民主社会和民主政治最基本的要素。其次，政府必须要为公民的需求做出回应并提供帮助（包括提供终身学习实施过程中的保障服务），让公民积极自觉地参与到社区建设和活动中去，构成民主社会的良性循环。

党和国家在发展中也对学习型社会给予了高度重视，颁布了一系列政策文件去推动学习型社会的建立。因为党和国家用发展的眼光看社会，明白弘扬社会正能量、传承中华民族的优秀文化以及一切社会变革离不开全民的学习，人民通过学习能够实现小康生活，接收先进的科学思想，能够助推乡村振兴和民族振兴。未来的社会中人人都要学习，时时都能学习，处处都可以学习，而只有学习型社会的软硬件条件才能够满足人们的需求。因此，终身学习和学习型社会需要同时推进，不能顾此失彼，厚此薄彼。

二、彰显地域文化的独特风韵

终身学习具有聚合的作用，它能够整合、传承有价值的地域文化，并将其发扬光大，故肩负着凝聚地域文化精神的期望。在推动全民终身学习的过程中，许多特色文化被挖掘、传承、宣传。各地组织开展丰富多彩的终身学习活动时，会不自觉地将注意力放在当地的特色文化上，如非物质文化遗产和有特色的民俗文化、品牌文化、商业文化。通过终身学习周、学习成果汇报展演等平台使这些悠久的优秀文化焕发光彩，回到大众视野，跃上生活舞台。

在新的发展阶段，地域发展越来越重视对文化的培育。文化是一个地域的生命之魂，是一个地域的活力之源，是一个地域文明的血脉，更是一个地域的凝聚力。终身学习使得地域的传统文化和现代文化汇合，在地域的竞争力和包容性发展之间找到恰当的平衡，并将不同的阶层凝聚起来，在包容、和谐、共生中促进地域文化向更加人性、更加文明的方向发展。例如，我国的学习型城市太原，2004年初出台《太原市建设文化强市发展规划纲要（2004—2010年）》，要求围绕全市率先发展、全面建设小康社会的奋斗目标，以文化强市，加快历史文化名城建设。2012 年 1 月，太原市《关于深化文化体制改革加快建设文化强市的实施意见》出台。在文化强市战略的不断推动下，太原市各种文化设施不断增加，文化单位的创造力、竞争力不断增强，各种文艺节目层出不穷，文化主体不断壮大，新编晋剧、电影、晚会等具有地域特色和群众喜闻乐见的艺术精品叫响全国。

同时，终身学习有助于提升文化包容度。终身学习打开了包容性教育的大门，这也将为社会文化的包容性发展提供更为强有力的支撑。终身学习的理念建立在公平基础上，它重视学习资源的共享和公平，学习不仅仅是一种特权，更是一种普惠的福祉。针对弱势群体开发的各种培训课程，针对老年人特点提供的各种课程，针对社会边缘群体制作的各种课程，都充分体现学习关怀、学习服务的宗旨。在地域文化战略实施中形成的文化城市，内含的文化产业、文化基地、文化精品，为终身学习奠定了各种物质和精神文化基础，而终身学习的推进也能有助于进一步激发地域文化发展的生命力。

三、助推家、校、社的合作

终身学习的实现，离不开社会各组织部门的共同参与，家庭、学校、社区在个体终身学习和构建学习型城市的道路上起着尤为重要的作用。各国注重推动家庭、学校、社区的合作，由学习社区向终身学习城市发展。如日本 1999 年启动了《学社融合推进计划》，积极促进学校、家庭和社区形成一体化的新型协作关系。我国应顺应国际终身学习发展趋势，注重本土终身学习建设，助推家、校、社合作。

终身学习氛围的培育需要各界各类型的支持，比如学习的场所、各种类型的活动等。作为自上而下受到政府重视和民众认可的学习型城市和学习型社区的建设，在实际操作中，是由一系列可执行的有效项目推进的。因此，开展各种终身学习活动，调动各种公共教育设施，使之相互协调配合，是取得预期成果的必要条件。物质文化是指外在的物化形态。外显的物质文化是实施终身学习的载体，包括学习的场所、环境和学习的资源、工具手段等。实施终身学习的场所不仅是各级各类学校，还包括文化服务机构、博物馆、科技馆、纪念馆、体育馆、艺术馆和图书馆等社会公益场所和设施，以及历史文化古迹。在日本，《社会教育法》《图书馆法》《博物馆法》被称为成人教育"三法"，图书馆、博物馆等社会公益场所成为学校以外的实施学习活动的重要场所。随着学习活动的拓展，依法建立了许多学习机构，如美国的社区学院、日本的公民馆。最近在我国推进学习型社会的建设中，通过政府的公共支出建立成人文化技术学校、农村科技推广站等载体，更有发达地区建设各种终身学习网，通过线上平台为居民提供学习服务。总之，便捷学习需求的载体支持大量涌现，成为终身学习氛围形成的重要的物质支持。

各国都非常重视历史悠久的素养教育传统对终身教育和终身学习风气形成的有力支持作用，由民众来推进和享用学习型社会的文化建设的成果。数量众多的开放设施和多样性的终身学习活动，既是各国学习型社会建设顺利进行的保障，也为终身学习的推展提供了宝贵的经验。在终身学习发展的过程中，通过共同服务于终身学习，家庭、学校和社区之间的壁垒被打破，彼此之间增进了沟通交流，推动了家、校、社的合作，对于社会的和谐稳定起到了积极作用。学校依旧是学习的主要场所，主要负责教书育人，传授知识与技能，但不以提高升学率为主，而是以提升个体素质和培养其终身学习的习惯为己任。家庭不再只是休憩和生活的地方，也是学习的舒适区。家庭内的每一个成员都要学习，不仅仅是孩子，父母会主动陪同孩子一起学习，有问题与学校及时沟通而不是把孩子交给学校就万事大吉了。学习成为每个家庭的永恒主题，无论是学习做饭，还是学习运动，还是学习手工等，学习不再是功利的，而是面向生活、面向未来、面向终身的主题。社区面向社区成员，开设讲解居民所需要的课程，及时传达国家政策理念，宣传生活健康知识，为居民提供技能培训以促进就业，增进邻里之间的友好和睦，在学校和家庭之间架起桥梁，为居民的终身学习提供便利。

第三节　营造终身学习文化

终身学习从终身教育的母体中发展而来，对其进行继承的同时，应更加注重学习者的主动性和自主性。当一种理念被社会大多数人所认同的时候，文化便应运而生，故而文化也是一种社会氛围，一种时代的风向标。人类在其进化过程中，依靠文化的传承沿袭着自己的文明，也依靠文化的积淀书写着自己的历史。时代发展到今天，我们深深感觉到文化是如此深刻、持久地影响着人们的生活，影响着人们工作和未来的发展。建立学习型社会需要广泛宣传终身学习的理念，调动公民学习的积极性和主动性，从而形成终身学习文化。在终身学习文化里，学习是每个人一生的事情，个体主要因自我的需要而非受外在因素影响去学习。终身学习文化以终身学习理念为精神支点，使人在"学、思、行"中锻炼出强大的人格。终身学习文化成为当下人们的一种生活方式和生活选择，是践行学习型社会、形成学习型社会的必然要求。

终身学习文化的建设重点涉及：①宣传终身学习理念，使公民形成合理利用各种学习资源的意识；②定期组织公共学习活动，使公民养成参与重要学习活动的习惯；③重点面向弱势群体，维护全体公民享有的终身学习权利；④持续激发学习动机，建立公民学习成果认证及奖励体系。通过这四个重点进行终身学习文化的培育，全体公民将公平享有学习权利，且其学习成果得到认可，终身学习成为其基本生活方式，这有助于全体公民不断实现自身价值，提升幸福度，进而完善自我，获得全面发展。同时，全体公民注重参与各级政府的重要事件、增进与各级政府之间的感情，彼此团结和互助，学会做人、学会创造、学会学习、学会合作，有利于形成紧密联系和沟通、互帮互助的"公民生活共同体"。

一、终身学习文化的概念与特征

终身学习文化是指全民在参与终身学习的过程中形成的一种文化，包括终身学习政策、架构与制度，以及全民终身学习的理念、态度、价值观、行动与习惯。终身学习文化涵盖透过终身学习而产生的一切创新与改变，以及整个社会的学习风气及学习力。换言之，终身学习文化就是秉持尊重个体生命内在成长的价值理念，恪守自觉生成的学习行为，社会能够时时、处处为个体提供便捷的学习服务，以形成人人自愿、自信、自省，生命不断更新的社会风尚，以自觉性、创新性、组织性、多元性、民主性和开放性为发展取向。[①]

终身学习文化对于个体来说是一种追求幸福快乐生活方式的文化，是重在参与和互动的文化，是去除了功利化的注重内心丰富和美好、充实的文化，是一种从服从到自觉、自愿的文化，也是一种从必要到必需的文化。终身学习文化对于社会来说是一种重心从组织转变到个体的文化，是一种从点到面扩展延伸的文化，是学习服务越来越实效、方便的文化，是一种从推动到自觉的文化，是一种更加重视学习个体生命成长的文化。从以上的叙述我们不难发现，终身学习文化的培育是一个渐进的过程，是一个不断更新的过程，是一个螺旋式上升的过程，也是一个不断超越的过程。它的目标没有终点，没有穷尽，它会随着社会的不断发展而提出更高的要求，它也会根据人类的不断追求更新其内容和方式。

以上观点揭示了终身学习文化的特征：以学习者的终身学习为根本，强调由交往群体组织构建的注重内心归属感的、有吸引力的团队建设，注重学习形式和

---

① 庞利，王洪兵. 终身学习文化：内涵、构成和取向. 内蒙古电大学刊，2014（1）：42-44+48.

形态的多样化（特别是在线学习），并且能够吸纳和创新其他文化。①在推进文化大繁荣的新时代，终身学习文化的培育具有重要使命和意义。因为，通过文化基因的传承，创建符合、适应时代发展要求的终身学习文化有利于推进终身学习更好地服务于社会主义文化建设与发展，从而为国家的繁荣和稳定贡献更多、更好的具有创新精神和能力的高素质人才，同时也有利于促进终身学习自身的良性发展，促进人们生活质量的提升，丰富人们的精神世界。

二、终身学习文化的构成与形成

终身学习文化由精神文化、制度文化、物质文化、行为文化、环境文化等方面构成。其中精神文化是内核，它影响着后四种文化。终身学习文化的精神文化突出个体价值的彰显；制度文化则体现对于学习服务的充分支持和保障，如相关政策、制度以及机制；物质文化则体现为充分满足学习需求的载体供给，如高速的网络通信设施以及学习教育场所和设备；行为文化则体现为重视生命的自觉生成；环境文化则体现为注重内在成长的学习风尚。这些构成了终身学习文化的具体层面，促进终身学习潜能的充分发挥，推动学习型社会的建设。

终身学习文化是构建终身学习服务体系、建立学习型社会的重点。文化是一切思想启蒙的乐土，厚重多元的文化积淀能够提供人们思想的养料，推动社会的发展。文化是人们精神智慧的结晶，其兴衰可以反映一个民族的兴衰。这也是强调构建和形成终身学习文化的重要性的原因。硬件设施的发展集中人力物力能够很快得到提升，而精神文化的培育需要长期的探索，并经过历史的考验。终身学习大环境的建立离不开终身学习文化，因此终身学习文化的构建和形成是当务之急。

（一）关注个体学习的价值诉求

精神文化常常是不可见的，是一种思维方式，一种价值追求，一种内心基石，指引着其他文化现象的发展。终身教育的精神文化是终身学习思想观念、价值取向、理念体系层面的文化，而民族整体的终身学习思想观念、群体的学习意识和价值取向是历史传统、地域文化和知名学人的品格、气质、情感、意志等因素共同作用的结果。终身学习的精神文化是人类在发展过程中产生的宝贵的精神财富，它推崇个体生命的尊严，关注个体价值的学习诉求。

随着社会改革的深化，人的思想观念发生着潜移默化的转变，人性解放程度

---

① 王洪兵. 终身学习文化的结构、特征和培育. 广州广播电视大学学报，2020，20（6）：59-62+110.

也更深，人们崇尚自由和独立，更加专注自身价值的实现，学习的权利开始交于主体。学习是为了让个体的生命更新，更有活力和意义。终身学习改变个体生活态度，改善生活品质，更新内在生命，提高生活情趣，有利于拓展生命的广度和深度，彰显生命的价值和尊严。

终身学习文化的构成需要关注个体学习的价值诉求，以保证终身学习文化的多元性和包容性。终身学习文化的丰富多彩将带动更多的个体专注于自身发展，实现自身的价值。

（二）保障学习服务的政治意愿

文化是一种社会交流及社会传递，并通过特定的途径被社会成员共同获得。文化的存在只有在被认同和学习时才是有意义的，而被认同和学习的实现必须依靠一套相关的制度规则。在此，制度文化就将文化与制度统一起来了。终身学习的制度文化是指终身学习文化以制度规范形式所表现的文化形态，其包括有关终身学习的法律、法规、规章、制度等。制度文化是保障学习服务的政治意愿的关键所在，能够切实为个体的终身学习之旅保驾护航。

终身学习制度文化的构建更多需要依赖国家政府和立法机关，但在此过程之中，有关学者可以深化对终身学习制度文化的科学研究，为其形成贡献一份力量。同时，应加强对于终身学习理念的宣传，使得大众更加了解终身学习的内涵，自下而上凝结成终身学习制度文化构建的有力推动力量。否则，终身学习文化将是一盘散沙，没有制度加持就没有外界保障，没有信服力和强制力。终身学习制度文化并非在短暂的时间内就能够形成，各级政府、社会组织、公众应积极行动起来，投身于终身学习制度文化的构建。

终身学习文化强调以人为本，突出对学习主体的尊重，从根本上扭转教育异化的倾向。支持个体学习的制度体系都应以此为原则进行制定，充分体现制度文化的人性化和服务性特征。

（三）自觉生成的终身学习行为

行为是指人和客观世界发生关系时作用于对象的活动。行为文化是终身学习风俗习惯、学风教风、文明举止、学习活动层面的文化。终身学习行为是一定时期终身学习观念在终身学习实践中的体现，在终身学习风尚的潜移默化中生成，并成为识别终身学习文化的一个重要外显特征，也是终身学习文化的一个重要方面。可见，终身学习行为的转向，应是终身学习价值观念诉求与终身学习风尚重塑的必然结果。

　　长期以来形成的学习风俗、学风教风、学习舆论规范，引导着学习生活方式，是终身学习文化的重要构成。良好的学习道德、文明举止能提高学习的效率，保证学习的秩序。终身学习的行为文化是生命自觉生成的学习行为所形成的一种文化氛围。社会公民是终身学习文化的实践者，终身学习文化转化为行动需要依靠每一个公民。自觉生成的终身学习行为需要从每一个人生阶段、每一个学习习惯的养成开始。个体需要有终身学习的意识，对于学习乐在其中，渴望通过学习完善自我，并且要把学习当成生命、生活的一部分，并融入每一个活动中。

第四章 终身学习的内容

人的全面发展是人类对自身发展的最高追求。尤其在如今，人们物质生活越发丰富多彩的情况下，人们开始关注精神世界和自我的全面发展。终身学习是实现人的全面发展的主要途径，个体通过探索如何学习、如何生存、如何生活、如何成长，获得物质的满足和精神的升华，进而实现终身成长。

第一节 学 会 学 习

终身学习时代，学会学习已经成为满足个体全面发展的基本要素。只有学会学习才能使学习进入良性循环，突破学习浅层的意义，增长智慧。但大多数人经常会陷入三个误区。第一个误区是将学习等同于"解决问题"，把过多的注意力放在发现并改正外部环境的错误上，从而忽视自我反思与批判。第二个误区是把学习和奖励挂钩，过于强调学习的外在福利，使人们过于追求奖励，而忽略学习的内在福利，更没有享受到学习带来的快乐。第三个误区是认为学习是年轻人的事情，老年人不需要再学习。这一认知没有把老年人当作成长的个体，认为人的成长只局限于成年前，也没有看到老年人学习给自身和社会带来的深远意义。

学会学习不等同于学习，你可能会自主进行学习，但是否真正会学习就值得考究了。学会学习不是简单学会一节课、一项技能、一个知识点，而是拥有热爱学习、积极探索的态度，养成受益终身的学习习惯，掌握不同类型的学习方法、策略并能够灵活迁移。现如今，凭借固定知识和技能就能生存下去的观念已经被束之高阁，教育不仅仅是为了传递知识，更是为了促进人的个性发展。具体而言，传统教育往往把对学习者的培养和塑造幽闭在狭窄的对已有知识的重复和记忆上，相对忽视人的个性和情感的全面发展，重知轻能，这样容易造成教育脱离现实。只注重分数和选拔，容易培养出来模式统一、失去创造力的人。学会学习即"掌握一种在自己整个求知道路和文化生涯中能得心应手地运用的方法"①，从而度过有意义的人生。

人要学会学习的原因如下：第一，人是普遍性和特殊性交织的个体，是具有"物质的、理智的、有感情的、有性别的、存在社会精神的"②个体的存在。通过学会学习可以最大限度地开发个体多方面的潜力，缩小人与人、人与社会之间的差距，不断提高自我独立性和社会适应性，构建稳定和谐的社会环境。第二，社会历史条件的变迁，迫使人们学会适应诸多变化。社会变迁日益加快，未来存在更多的不可知性、不可复制性。通过学会学习，个体可以提高自我预判能力和对未来风险的抵御能力，增强自身安全感，以迎接社会的变化和挑战。第三，学会学习是实现相对自由的前提条件。通过学会学习，可使人们在学习、生活、工作过程中学会利用时间和实现自我控制，进而获得更多的自主选择权。总之，学会学习是开展终身学习的基础，当个体真正学会学习，便能够更好更快地学会生活，学会生存，自然也能得到成长。

一、了解学习的模型、资源与步骤

要学会学习，重点在于要了解学习模型、学习资源和学习步骤。模型是规范的样式，提供理想方案；资源是"武库"，提供工具和能源；步骤是途径，提供具体的行动路线。

学习模型是对学习总体过程的简要概括。在学习之前了解、掌握学习模型，能够对接下来学习什么、如何学习有一个清晰的认知。针对不同主题的学习和不同的学习目标，学习模型也会有所不同。但大多时候，教育者不能够提供具有实际意义的学习模型，还需要学习者自己建构。学习者在建构时应该注意紧紧围绕自己想要达到的目标，需要提前熟悉学习主题和学习工具。有的学习类型已经有固定的模型，只需要借鉴过来，转化成自身受用的模型即可。

终身学习涵盖了正式与非正式的学习方式，所需要的学习资源亦是丰富而多样的。学习资源包括学习知识、学习工具、学习策略。学习知识包括语言类、自然科学类、职业技能类、生活百科类、保健养生类、家庭理财类、文化涵养类等。

① 保尔·朗格朗. 终身教育引论. 周南照，陈树清，译. 北京：中国对外翻译出版公司，1985：49.
② 赵祥麟. 外国教育家评传. 上海：上海教育出版社，2002：360.

学习工具包括教材、图书著作、期刊论文等资料，手机、电脑、平板等电子设备，还有一些学习平台如在线学习网站等。随着学习工具以及网络通信设施的完善，学习者能够较容易地进行正式学习和非正式学习的有机结合，实现人人、时时、处处学习。学习策略包括学习工具的选择和使用、学习方案的设计、学习知识的先后顺序等。掌握了适合自己的学习策略便可能事半功倍，通过运用恰当的学习策略能够将学习工具更好地与学习目标结合起来，服务学习需要。

学习步骤最为具体、灵活和个性化。因为每个人的学习习惯不同，在学习过程中的行为也会有很大的不同。学习步骤的设计应该贴合学习者的学习特点，具有操作性，并且在学习者遇到学习困难时能够继续进行下去。终身学习者应该拥有制定学习步骤的能力，不需要写出来但需要在头脑中形成具有逻辑性的思考结果，能够指导学习的整个过程。学习步骤既具有个性又不失共性，就是能够在原有步骤的基础上很快针对新的学习任务得出新的学习步骤，以避免生疏，在熟悉了原有步骤后只需稍微做出调整即可。

二、熟悉终身学习的内在逻辑

终身学习是从婴儿到坟墓的学习，包含人生的各个阶段。终身学习的内在逻辑是与个体发展和人类进步紧密相关的，熟悉终身学习的内在逻辑有利于促使终身学习者认清终身学习是一个持续的、终身性的实践活动，进而为所处的人生发展阶段进行规划，并考虑如何与下一个阶段更好地衔接。这也是为何终身学习的内在逻辑难以把握的原因，不仅各阶段特色分明，而且跨度比较大。作为终身学习者，必须熟悉终身学习的内在逻辑，并以此积极开展终身学习活动。

未成年时期重在养成终身学习的意识和习惯，为终身学习奠定基础。未成年时期个体具有可塑性，年少时对学习的态度将影响一生。一方面，培养对学习的兴趣，满足未成年个体的好奇心，积极鼓励其感知与探索世界，激发其对事物的求知欲，树立终身学习的意识，为其一生的学习塑造良好的开端。另一方面，培养学习能力，使未成年个体掌握学习的技能、方法，养成终身学习的习惯，为后续阶段的学习奠定基础。

成年时期重在积极践行终身学习，扩展生命维度，延续生命价值。成年时期个体步入社会，学习时间变得更加灵活，学习方式变得更加个性化，学习内容更加趋向于经验性，与社会密切相关。其一，成年个体具有多重社会角色，需要不断学习以提高社会生存能力。个体通过积极参与社会培训、参与成人高校或继续教育、自主进行学习活动等途径增进与社会的联系，提升自我技能。其二，成年个体是社会发展的重要参与者和推动力，需要不断学习，提高社会参与能力。这个阶段个体通过公民教育了解国家时事政治和社会热点，更新社会理念，以更好地参与社会生活，提高社会责任感、使命感。其三，成年个体不断追求精神价值的提升，需要持续学习，实现充盈的个体生活。尤其老年人因生理机能退化、语境变化，更应该学习，以发展闲暇旨趣，提升精神生活质量，加深对生命的体悟。

三、实现自我导向的学习

自我导向学习是自主式的学习，是聚焦于自身发展而开展的学习。自我导向学习更强调学习方法的规范化和科学化，学习计划的具体性和可调控性，学习内容的适切性和适量性，不能急于求成而违背自我发展的规律。终身学习是以自我导向学习为基础的，但需要个体坚持终身性的学习并做出灵活的调整，以满足自我的完善。通过自我导向学习，建立学习契约，使学习者形成自我约束的习惯，保持自主学习的稳定性。从本质上讲，获取自我导向学习技能意味着学习者进入终身学习的世界。

朗格朗认为："现在存在着大批的手段、技术、辅助手段和工具，如果人们能了解和使用得当，那么，它们就会向我们提供许多不可轻视的方法。"①一是通过小组学习，使每个人的知识、技能和才智得到相互交流，以达到共同成长和进步的目的。二是采用美国心理学家罗杰斯的非指导性方法，发挥受教育者在教育过程中的创造性，弥补传统教育在这方面的缺失。三是恰当使用课堂讲授法，打破其原有的教育核心地位，发挥其间歇辅助作用。四是充分发挥传播媒介中语言和形象的独特作用，革新传统的单一讲授方法，实现多种形式的信息呈现，激发人们的创造力。这些方法区别于传统的利用外在动力实施的教育，强调通过自我教育促使个体主动实现自我改造。实践这些新方法的目的，在于改变思维方式，调整知识结构，培养学习者提出新问题、解决新问题的能力，促进新理论、新观念和新学科的诞生。②

诺尔斯构建了自我导向的终身学习模式。诺尔斯是在关注学习的基础上，强调自我导向的学习。在诺尔斯整个思想发展过程中，他对于成人教育的理解逐渐转变，认为其是一种自我指导的学习模式。根据诺尔斯的观点，自我指导学习是

---

① 保罗·朗格朗. 终身教育引论. 周南照，陈树清，译. 北京：中国对外翻译出版公司，1985：112.
② 钱露. 保尔·朗格朗终身教育思想及其现代意蕴. 宁波大学学报（教育科学版），2019，41（6）：49-54.

一个过程。在这个过程中,学习者主动参与学习,自主诊断学习需求,根据自己的学习目标,利用各种资源和策略,最后进行自我测评。诺尔斯在学习目的中引入了"淘汰"的概念,他认为现代社会发展周期已经远远快于学习者的学习周期,想要不被社会淘汰,个体必须学会终身学习,将学习看成是一个终身的过程。因此,在自我导向学习者的基础上,诺尔斯对学习者的学习加上了一个"终身"的周期。诺尔斯提出的自我导向的终身学习理论不但给成人学习者提供了一种看待学习的崭新视角,而且还提供了一种有效学习的技术模式。自我导向的终身学习的提出不仅为传统教育带来了全新的变革契机,同时对成人学习模式做出了合理的定位,为学习化社会的创建指出了一条科学的发展道路。[①]

第二节 学会生存

人类天生具备待开发的无限潜力——学习力,而学习,是开启和催化人的潜在功能的唯一钥匙。[②]现代社会对人的素养要求,除了道德和人格以外,莫过于学习力了,学习力日益成为个体在当今社会生存的决定性要素。人与人的不同,就在于对学习力的开发和组合不同,学习决定着"人"成为真正的"人"。

与任何时代相比,当今社会最为突出的特点是整个世界的瞬息万变,人们无法只用一种程序来塑造自己。人类需要变化来推进本身的演化,而这种变化又具有非线性的复杂意义。人类的存在是一种高级的存在,因为不同于其他动植物,不是只要生存就好,还有情感和思想的需要。这也是"狼孩"为什么不能像人一样在社会中生存下去,原先他一直采用狼的交流和思想方式,所以很难正常与人交流,很难像人一样产生思想共鸣。人的生存不是简单地维持生命体征,在社会上生物意义的存活,随着年龄增加逐渐衰老直至死亡,而是讲求与社会有良好的互动,能够被理解、被关注,实现自身的价值。其实,每个个体的存在都有独特的价值,挖掘自我的潜能,找寻新的自我,都是学会生存所要明白的真谛。反之,当一个人感受不到自己的社会意义时,便觉得毫无存在感,只能感觉到生命的渺小与廉价,难以很好地在社会上生存下去。

每秒每分,世界都在发生着万千变化。有新生命的诞生,有生命的逝去,有竞争,有合作……因此,在这变化多端的世界中生存就要顺应变化,保持自身与

---

① 吴静静. 马尔科姆·诺尔斯成人教育学思想研究. 南京师范大学, 2019: 54-57.
② 赵幼华. 创建学习型党组织需突破认知瓶颈. 企业文明, 2013 (6): 72-73.

外界变化的相对动态平衡。而自身的提升只有通过终身学习才能一直继续下去，不然个体只能停留在原有水平和高度，不会有本质的变化。所以说，终身学习的核心内容之一就是学会生存，未来社会的生存状态也不会一成不变，而是别无选择的学习化生存。

一、适应生存环境变化

人的本质是一切社会关系的总和，人的生存不可避免受社会环境的影响。学会生存便要学习适应生存环境变化，理性分析环境中的影响因素，抓住时代的变化契机，顺应时代做出改变，从而迅速成长。只有与时代同步，发现时代变化规律，顺应时代变动的趋势并积极地投身其中，才能够适应生存环境变化，更好地立足社会。

朗格朗认为，为了迎接未来的诸多挑战，"教育必须在它的具体目标、内容和方法上不断进行更新"①。人类生存环境的恶化，极端天气的出现，瘟疫带来的世界格局的变化，都影响着人们的交往方式、学习方式、生存方式的变化。人类在内卷和彷徨中寻求技术创新和技术提升。教育面临着如此多的挑战，学习也一样。学习需要适应个体生存环境的变化，适应自身需求的变化，适应人际关系的变化。这些千丝万缕的变化要求个体树立终身学习的理念，因为只有在终身成长和发展中个体才能更好地生存。

适应生存环境变化，不是简单地适应自然环境的变化，更重要的是适应社会环境的变化。人是群居动物，从出生到死亡与他人的交流相处从未间断，需要建立纷繁复杂的人际网络。在人的成长过程，主要活动的场所发生变化，社会环境也在改变。这就需要个体适应社会环境的变化，学习接受各式各样的文化并将这些文化吸收消化形成自己的文化，还要学习结交不同的朋友并建立牢固的友谊，以及学习自主切换并适应不同角色的需求，从而自在生活。

二、和谐"人、心和环境"

生存不是被动的适应，而是一个主动使生命和谐的过程，更是一个个体让自己的心灵与自然环境和社会环境和谐的过程。这个过程通过学习反思而实现。当然，这个过程也是一个不断接受终身教育的过程。

---

① 保罗·朗格朗. 终身教育引论. 周南照，陈树清，译. 北京：中国对外翻译出版公司，1985：33.

朗格朗认为终身教育是统一的、整体性的教育，从出生直至死亡。[①]从整体性和完备性方面来考虑，终身教育包含一系列非常具体的思想、实验和成就。[②]朗格朗将终身教育置于一个三维空间内，从时间的维度上，教育不是不同时间段内教育行为的物理连接，而是不同教育相互联系、相互作用，形成时间上的有机整合；在空间维度上，终身教育将学校教育、社会教育和家庭教育视为相互联系的统一整体；在内涵维度上，终身教育强调"人、心和环境"[③]的统一，旨在使人的个性得到发展。终身教育贯穿于人的全部生涯，人生决不能机械地被割裂成"学习期"和"劳动期"[④]，适当的教育结构和方法能够促进人之一生不断学习，不断丰富个性。

相较于终身教育，终身学习更强调学习的主动性和能动性。终身学习是持续一生的活动，学习敬畏自然，学习与自然和谐，学习适应社会，学习与社会和谐，学习尊重他人，学习与他人和谐，学习了解自己，学会与自我和谐……学习在这个意义上是智慧的提升，也是生命格局的提升，更是生命价值的提升。通过不断学习"人、心和环境"如何和谐，使得个体这个存在于环境中的有思想的生物，达到本体、心灵、外界环境的平衡。身处社会的烦扰之中，内心和本体是逐渐脱离的，本体在不断地追逐奔跑，内心却早已疲惫不堪。不断学习就是一个不断疗伤的过程，通过学习抚慰内心的疲惫和不安，消除外界带来的烦恼，净化人的心灵。重新建立本体与内心、我与他人、我与环境的系统空间，寻找最佳平衡点。我们的成长、生活的过程就是与自我、与他人、与环境和解的过程，最终获得和谐相处。

三、拓展学习成长的空间

人如果要尽快成长成熟，就更需要一种待成熟状态，以让学习力拥有充分的发育成熟条件。形成和拥有怎样的学习力，个体就成为怎样的一个人。由于学习力的发展是无止境的，随着客观环境的变化而不停地"重塑"，因此人的存在就无可避免地成为学习的存在。"学习化生存"既是一种人的存在方式的体现，又是社会发展的一种必须。

朗格朗的终身教育面向社会全体成员，涵盖了各级各类教育，拓宽了人们训练、学习和进修的进步空间，使民主原则能落实在教育实施上，促进人全面而充

① 保罗·朗格朗. 终身教育引论. 周南照，陈树清，译. 北京：中国对外翻译出版公司，1985：15-16.
② 高志敏. 终身教育、终身学习与学习化社会. 上海：华东师范大学出版社，2005：5.
③ 赵祥麟. 外国教育家评传. 上海：上海教育出版社，2002：357.
④ 高志敏. 终身教育、终身学习与学习化社会. 上海：华东师范大学出版社，2005：15.

分的发展。朗格朗认为："当我们谈到终身教育的时候，我们头脑里经常考虑的是教育的整体性和完整性。"[①]针对此，朗格朗提出进行生命的教育，根据不同年龄阶段的规律，充分发掘不同阶段人的潜力，达到教育成效化。

朗格朗主张终身教育应着眼于两大方面。其一，学前教育、初等教育、中等教育和高等教育相互联系，前后衔接，前一级教育是后一级教育的基础，后一级教育是前一级教育的延伸。其二，正规教育与非正规教育相互补充，普通教育、成人教育和职业教育相互渗透，学校、家庭和社会教育相辅相成、紧密结合。譬如，在职业生涯中，有意识地在教育中融入职业，二者相互融通，人们可以获得更完善的教育；在家庭教育中，将重心放在父母与孩子关系的教育上，可以增进亲子关系，消除误解；在休闲时间里，终身教育可以发挥协调工作和休闲的功能，在整体上提高职业素质并充实个性。可见，终身教育可以满足人们对艺术、体育、文化等方面的需求，使个体的人生更完美。

终身学习则强调学习的整体性和完整性。随着社会的发展和人们生存所需，单纯靠学校内的学习已经远远不够。不论在人生的哪个阶段，个体都应把学习当作必需，感觉到自身欠缺哪一方面的知识都应自觉地学习。所以，现在学校的学生不只是年轻人，更有耄耋老人。学习内容也不单是理论知识和文化知识，还有关于生命实践和技能训练的内容。学习形式也更加多样，有线下面授，还有在线直播，观看录播……人们担心的问题不再是没有学习资源和学习渠道，而是如何运用好这些资源和渠道，选择自己需要的内容进行学习。年龄也已经不是学习的限制，有专门的老年大学、继续教育学院、老年干部学院。当下存在的问题是社会大众比较浮躁，加上由于网络信息的即时性和更迭速度变快，人们把更多的时间投入移动端，进行碎片化学习。但这种学习多数是低效的，因为很多知识是断层的，没有内在逻辑，甚至许多粗俗低劣的知识挂着博人眼球的标题，丝毫无法提升人们的综合素质，反而阻碍了人们思想的进步，无形之中消耗着人们的生命。因此，终身学习不是一种无效学习，而是成体系的学习，需要静下心来去仔细思考自己需要什么样的知识和技能，需要沉下心扎根到自己热爱的领域去探索。

拓展自己的学习空间不仅要向外，更要学会向内。养生先养心，我们改变不了环境，但我们可以调节自己的认知；我们改变不了他人，但我们可以扩展自己的心量。《黄帝内经》有言：恬淡虚无，真气从之，精神内守，病安从来？古代

---

① 北京教育科学研究院，成人教育科学研究所. 终身教育理论与成人教育实践. 北京：首都师范大学出版社，1999：14.

真至圣贤，自我宽慰，自我疗伤，自我愈合，努力让自己达到淡定空灵之境界。我们要谨守我们的心胜过其他的一切。拓展学习的空间就是拓展成长的空间，拓展发展的空间，拓展成功的空间，也是拓展价值的空间。学习在这个时代比任何时代都成为生存的必需品，学习无时不在，无处不在。

第三节 学 会 生 活

后现代主义重视人的情感、意志、本能，重视人的生活。学会生活教导人们建构正确的生活态度，使人们在追求生活的感受时不危害生命的健康和存在。学会生活的本质在于让人们处理好人生中"生命与生活的紧张"，使人们深刻地意识到自我生活内涵的多面性、丰富性，从而能够正确地体认生活的美好，确立正确的生活态度与目的。

一般而言，生命是人生的存在面，而生活是人生的感受面；生命是人们过去、现在、未来存在的合和体，而生活则是当下此在的感受。因为，一个人没有过去的生命，不可能有现在的生命；没有未来的生命，则是一个"死人"。而人之生活的感受则是易逝的，过去的生活感觉已经过去——不存在，未来的生活感觉还没有产生——也是不存在，所以，一谈到生活感受，就是当下此在的。这样，在人生过程中，人们生命与生活的两个向度形成了"线"与"点"、历史性与当下性、普遍性与个别性的关系。但从本质上而言，人之生命是生活的基础，人之生活则是生命的表现，两者统一，构成完整的人生。

一、学习社会与多元学习

以个体交往为主要内容的生活世界，缺少一个具有稳定本质和规律的自然对象，于是传统哲学在思考生产世界时所能捕捉到的确定性、外在性一下子就消失了。相反，在后现代主义哲学的视野里，由个体自主交往活动而构成的生活世界，处处是个性、异质、多元、偶然、分延、循环、变动和选择，物质与意识、主观与客观、本质与现象等二元论模式中的范畴再也无法说明这个没有实体也没有中心、千变万化而趋向无限可能的世界。于是，摧毁传统哲学理论模式，重新理解和重新阅读作为现实生活主要方面的生活世界，成为各派后现代主义哲学的共同任务。

后现代主义重新理解和重新阅读作为现实生活主要方面的生活世界是以尊重个性、多样性和差异性为前提的，因为人的主观性和多样性非常复杂，并且时刻处于变动之中，所以应该以多样性泛化目标建构知识智慧。另外，社会文化发展的多元化趋势是后现代思潮赖以形成的重要社会背景，其对多元性、异质性的弘扬又进一步对社会文化多元化的进程起到推波助澜的作用。特别是随着信息和通信技术的发展，文化可以超越时空阻隔得以储存、传播。因此，对于曾长期习惯于接受单一文化影响的人来说，更需要学会以主动的姿态理解、适应周围的多元文化。

生活教育从形式上体现多元文化属性的教育。它反对把科学认知方式当成哲学思维的样板，反对把丰富多彩的世界还原为一种基质，反对用一种僵硬的思维模式解决不同性质的问题，反对在宇宙和人类中预设中心，这些都是与哲学的使命及本性相合的，因为哲学思维的前提就是反思和批判，不承认一切先入之见。它不以同一的眼光、同一的方法读解生命，不追求普遍的、放之四海而皆准的"同一"教育。生命教育承认因为各国各地区所处的社会发展阶段不同，人们的价值观、生死观有差异，在这个前提下，最大限度地体现不同文化背景下生命具有的丰富性，采用多样的形式体现多彩的生活景观，展现人类世界的复杂现象。

在传统的哲学思维下，人们都在努力追求普遍的、放之四海而皆准的"同一"教育，似乎大家都认为一种整齐划一的教育体系更能适应和促进人类自身的发展。事实并非如此简单。人类及人类文化的多元性决定了人的发展、人类的发展、人类文化的发展都是极其复杂的，追求"同一"教育方式的思想与这种多元性是相违背的。"以不变应万变""放之四海而皆准"的教育思想在人类的多元性面前是苍白无力的，一元化的教育模式无法适应多元化的人类。把事物简单化、统一化只能使它变得更复杂，使人类的工作更艰难，如今人类对错综复杂的教育现象的反思已经证明了这一点。

赫钦斯认为，人停止学习无异于死亡，人的一生都应该学习。[①]以前社会通信的闭塞以及社会发展的缓慢，靠代代相传，一个人学习的知识虽十分有限，但也能简单地过完这一生。但是，在当下社会以及今后的社会里，靠有限的知识难以过好这一生，甚至可能会被时代所抛弃。现在每天手机上的信息量我们已经阅读不完，如果不加快了解实时信息便不能很好地与社会保持相对同步，长此以往便滞后于时代。所以说，未来人人都需要学习，学习成为一生的任务。学习社会是一种充满个人闲暇与自由时间的社会，受教育对象可能是任何年龄的群体，接受教育是每个人的基本权利，人人都能享受平等的自由教育，这为每个人终

---

① 赵红亚. 赫钦斯成人通识教育思想与实践. 高等函授学报（哲学社会科学版），2007（1）：69-72.

身学习创造了机会。

朗格朗认为："终身教育显然并不是传统教育的简单延伸，它包含着对每个人生活的基本问题采取新的态度、新的观点和新的方法。"[1]20世纪六七十年代，持续不断的技术革新和不断增长的人口数量对当时的政治、经济和社会生活产生了诸多挑战。基于此，朗格朗提出，终身教育的内容应该渗透人生的方方面面。具体而言，他认为终身教育包含生命的教育、职业中的教育、闲暇教育、亲子关系的教育、艺术教育、体育教育、公民教育等。朗格朗的教育内容多元化思想不仅回应了教育人口增长对革新传统教育的需求，反映了教育家们对消除社会伦理道德危机的不断求索，更体现了人们重塑社会生活模式的美好愿景。

赫钦斯和朗格朗的终身教育观念都是符合个体终身学习需要的，也只有终身教育的发展才能推动终身学习的进行。终身教育的内容同样是终身学习需要掌握的知识，不过终身学习更强调个体将外部知识转化为内部知识。例如，通过生命学习了解人和事物发展的一般规律，根据规律科学地学习，充实地度过人生每一阶段；职业教育中将职业技能训练和文化课程学习结合起来，不断增进技能和文化积累；利用闲暇时光，掌握更多的生活方法和技能，在闲暇中实现个性化的发展；学习经营父母与子女之间的关系，懂得相互尊重与理解，明白沟通是代际交流沟通的钥匙；通过绘画、歌唱、舞蹈等艺术形式，提高自身素养，陶融品性；把体育融入日常生活，让运动变成一种习惯，以此提升身体机能；学习承担作为公民的责任和义务，遵守国家法律法规，维护国家形象，具有传承国家文化的能力。

二、学习社会与雅闲学习

学习社会中，人们对于学习的理解和行动不只停留在工作或职业需求方面，还追求自身的发展和精神生活的丰富。老人在退休之后也不是只待在家里养老，而是在老年大学、社区学院里学习，弥补自己年轻时欠缺的专业知识，或是发展自己的兴趣爱好，自发组建学习小组，一起学习跳舞、养生、摄影等。因为老年人不断地去学习，代际交流变得更加融洽，老年人的退休生活也更加多元和有趣。随着网络化和信息化的发展，农民也开始学习直播卖货和新型种植技术，通过学习摆脱农产品滞销时坐以待毙的窘境，他们不再满足于简单地种地干活，而是享受作为农民的快乐，也懂得变通，通过掌握新技术从而使收成和收入都大幅提升，

---

[1] 保罗·朗格朗. 终身教育引论. 周南照，陈树清，译. 北京：中国对外翻译出版公司，1985：53.

生活质量也随之得到改善。学习社会中，不懂得学习的家长和老师已经不能科学地培养和教育孩子，因为知识的更新换代太快了，知识也变得更加容易获得。所以，家长和老师的作用也不再是单纯传授和解惑，而是引导和树立榜样。要做爱学习、会学习的家长和老师，主动接受继续教育，紧跟时代潮流，了解最新的知识动向。这样孩子便钦佩家长和老师的能力，乐于跟家长和老师互动交流，甚至吐露心扉，更愿意向家长和老师学习，学习他们的好习惯，学习他们不断学习的精神。

人的全面发展涉及德、智、体、美、劳五个方面，学习社会更强调这五项内容的相互衔接和融通，对人们关于这五项内容的掌握和运用的能力也有更高的要求。高尚的道德是立人之根本，若只有高智商没有高品德，这样的人对于社会的威胁将是巨大的，高智商犯罪的案例屡见不鲜；健康的体魄是革命的本钱，培育一个人才需要家庭和社会付出巨大的精力和资源，而没有健康的身体所有的一切将变得毫无意义，飘忽不定；高雅的审美情操是个体享受生活的基础，若不能享受生活、生命的美好，其他一切也会黯然失色，现在不乏许多扭曲的审美观，喜欢一些粗俗污秽的作品，这对个人和社会的影响是恶劣的；劳动更强调的是一种行动和实践的能力，通过劳动才能把前四者转化为实际，通过合理的劳动能开发智力，体验劳动人民的辛苦，感受到劳动的快乐和美好，更能提高身体素质。因此，学习社会必须把对居民的雅闲学习作为重要内容。雅闲学习不是单纯的休闲，而是强调在生活的空闲中学习各种知识，比如通过接受"五育"，提高人的品德，增强人的知识储备和涵养，提升审美的知识和能力，激发劳动热情，从而使人们更加热爱和尊重今天的美好生活，更加充实和健康。

健康学习、交往学习、旅游学习、茶艺学习、烹饪学习、财务学习……人们要生活得有趣、有序、有味，就需要向身边人学习，向过来人学习，向陌生人学习，向自己的孩子学习。只有不断学习，个体才能不被淘汰和边缘化。

第四节　学会成长

后现代主义哲学为我们提供了学习的新视野。第一，回归以人为主体的生活；第二，从人的主体这个层面来展开，重新审视人与自然、人与人、人与自身之间的关系。以此哲学为思维方式和表达方式，我们需要重新审视学习的目标。无可置疑，学习的最终目标是促进人和人类的发展，那么人的发展是什么？人类的发展又是什么？这关系到学习应该在怎样的逻辑起点上展开的大问题，是应该在一个物质生产的世界层面展开还是应该在人类的生活世界层面展开？是应该在一个客观的规律性的世界展开还是应该在一个主体的多元的生活世界展开？是背离人的情感、意志来展开还是顺应人的心灵轨迹而展开？这是关系到将人培养成工具性的存在还是培养成主人式的存在的大问题。

一、学习社会与新造生命

学习社会主张教育要超越社会并引导社会，教育的社会功能在于促进人类文明的变化，实现人生的真正价值，而非功利性的社会适应。从本质上和目的上讲，人是道德的、理性的、精神的存在体。人通过不断学习提升道德水平，增强理性修养，升华精神境界，从而到达道德、理性、精神的高度融合，更新个体生命，实现人生的蜕变。

人们逐渐认识到教育投资可以有力地推动经济发展，教育资本能够拥有丰厚的回报率。全社会对教育的关注和投入力度一度加大，但是还仅停留在实用化和功利化的层面。学历提升、升学考试辅导、职业资格培训等占据了一定的教育市场，这给学习者及其家庭都带来了一定的负担。当面对别人的孩子穿梭在各个辅导班的情形时，一些家长也不愿让自己的孩子落后于他人，也选择报辅导班，但这样无疑造成不良的社会影响，也没有尊重孩子的个人意愿，违背了孩子的身心发展规律，同时加剧了家长财力和精力的流失。还有在校大学生，其内卷化程度愈演愈烈，无论升学还是评奖评优，都需要多项荣誉证书和技能证书，这就在一定程度上造成了证书的泛化。不少人抱着这样的心态，疯狂且盲目地加入到各种考试中，没有时间做自己真正喜欢和应该做的事情中，最后毕业考取了一大堆证书，而缺乏理论和实践结合的能力，仍可能因实践经验短缺依旧找不下工作。

在美国早已出现以上的情况，所以赫钦斯警告美国人不要追随"适应论"，因为这样会导致国人思想的贫瘠，理性准则的荒芜，最终使社会陷入无穷的冲突和混乱之中。赫钦斯认为，教育要解决的问题不是教人如何去适应变化的社会，而是通过"永恒教育"[①]，使人们心领神会人类社会"永恒"的基本原理和观念，认识和改造变化中的社会。缘此，终身学习也不是为了让人们不断地去参加考试，而是为了更好地生存、生活、成长，保持生命的动力和健康。通过学习生命知识，

---

① 华东师范大学教育系，杭州大学教育系. 现代西方资产阶级教育思想流派论著选. 北京：人民教育出版社，1980：43.

感受生命的脆弱与珍贵，珍惜每一个鲜活生命的来之不易，能够坦然接受生离死别，直面死亡，同时能够给予生命关怀和温暖。通过学习情感知识，懂得每一段感情都是有价值的，能够独立处理诸如两性矛盾等感情问题。通过学习自然科学知识，尊重自然规律，尊重万物生长的自然法则，不去触碰大自然的底线，学会与大自然、万物和谐相处，维护好生态圈与人类社会的平衡。疫情的暴发就带给我们很大的警示，一味开发、剥夺大自然的资源和能量，会破坏生态平衡，同时会受到大自然的反噬，从而给人类带来沉重的打击。

学会更新自己的生命，从自怜中解放出来，更多地付出，更多地祝福他人；学会爱人，学会理解他人，理解与自己不同的思想和感受，提高自己换位思考的能力；学会节制，过感恩的生活，养成惜福简朴的生活态度……一切的一切，都让生命充满感动，让生命与众不同。而学习是开启这一切的钥匙，拥有终身学习的习惯必将受益终身。

二、学习社会与理性培育

后现代主义否定和怀疑的理论本性，对科学技术的效果也进行多方面审视，认为"技术发展"可能根本就不是发展。生命教育信仰多元，认为人之生命与动物不同，不仅有自然的生理的生命，还表现为社会的生命、精神的生命和超越的生命；认为人与动物的生存也不一样，不仅有本能的活动，更有受到精神意识支配的感性生活；认为生命来之不易，生命对于每个人只有一次，所以要认识生命的意义，使人生充实，焕发光彩。基于此，人们应能深刻地体悟并增强应对挫折的勇气，培养笑对困难、挑战挫折的乐观精神。因此，形成良好的学习习惯很重要，人们可通过学习培养积极的处世态度，不断充实自己的生命，不断增加生命的分量。

人的发展不是技术的发展，而是心灵的成长，是理性的成长。学习社会以培育理性为目标，这样可以致使个体防患于未然，让个体在遇到困难时能坦然面对，不急不躁，纵然没有恰当的举措也不至于惊慌失措；个体会成为遵纪守法，有社会责任感和共同体意识的国家好公民；个体会成为更优秀的自我，在学习中不断进步，不断超越曾经的自我。赫钦斯认为，经验源于生活，教育应侧重于理智训练，培育人的智慧比训练技能良好的工人更重要[①]。培育理性比教授知识要难得多，因为理性更强调思维和品行的修炼，一旦拥有缜密的逻辑思维，知识的获得、记

---

① 吴遵民. 现代国际终身教育论. 上海：上海教育出版社，1999：96.

忆、应用便变得比较容易，从而大大节省学习的时间，提升学习的成效。赫钦斯强调理智训练，其意图是将现在社会变成"学习社会"①。学习社会中人人都在不断学习，学习不再只是谋生的本领，更是一个人成就自我、成就他人、成就社会的能力。在康德看来，理性意味着成熟，也意味着自由，人要实现自由必然要符合自然律，唯有此，才能让人得自由。理性精神背后有人类关乎二律背反规律的深刻智慧，这也是理性和自由两者相联系的内在原因，也是人通过理性达到更大自由的智慧选择。

学习社会的美好愿景需要理智的个体去实现，理智往往能够提供给个体智慧，助其寻找到最佳的问题解决策略。这也是为什么理智的人看起来总是那么成熟。理智不会使人迷失自我，能够保持清楚的头脑，权衡利弊得失后做出决定，而不是面临困难就慌乱、手足无措。个体的理智也只有在终身学习中才能得以维持，因为不学习，人的思维就得不到锻炼和提升。长期待在舒适区，人的思维会变得固化甚至退化。学习为人们打开了通往新领域的大门，能够带领人们走出舒适圈，迎接新的考验和挑战。

三、学习社会与人际相处

当以人际关系为主要矛盾的生活世界出现在后现代主义哲学视野中，传统哲学二元论的理论模式就立即暴露出它的种种缺陷。因为，作为征服对象和控制对象的自然客体和社会客体从哲学视野中退隐，所以，主体与客体二分对立的思维方式就失去了效用。哲学只有超越客体自在性和观念自明性的主客二元论，才能理解具有自主性和选择性的生活世界。于是，以主体间关系为内容的新理论模式，成为后现代主义哲学的思维方式和表达方式。

在后现代主义哲学中，我们经常看到的是展开于人际、人与自我意识或自我创造物之间的理解问题，而不是指向客观对象的认识问题，即认识论转向了理解论。认识论追求的是透过现象看本质，而理解论追求的是在语言与符号中领悟意义。本质是外在的和确定的，而意义则是内外难分的、生灭不定的。本质可以被看作同人的价值评价无关，而意义则无法同人的价值评价分开。认识论力图排斥人的情感、意志、本能，主张从传统、成见和时间间距中超越出来，以便建造出一个普通的、绝对的知识世界。理解论则充分肯定人的情感、意志和本能等被视为非理性因素在理解中的作用，认为传统和成见不可超越，时间间距不仅不能湮

---

① 赵红亚. 浅析赫钦斯的学习社会思想. 河南职业技术师范学院学报（职业教育版），2007（1）：70-73.

没意义，反而能使意义更加丰富，承认这些因素就是肯定了不确定的具有无限可能性的相对的生活世界。

人的发展就是人自身身心的健康成长，在大部分人生中能够体验到幸福的存在。人类的发展就是人类在人的个体发展的基础上，进一步促进整个人类群体的进步，消除饥饿、疾病和差别，在和平的世界氛围中与世界的所有因素共同和谐生存，与他人和谐相处。

学习社会之所以不同于之前的社会，特殊的地方在于追求人性的进步和完善，能够为学习者提供良好的学习氛围和环境，整个社会是和谐、上进的。因此，学习社会是今后要实现的新的教育和社会形态。学习社会的构建不是靠国家的力量就能够成功，还需要借助社会各界的力量，汇集有效资源，发动大众广泛参与才可以实现。每个社会成员都应致力于做终身学习者，把自己的资源和力量融入进学习型社会的建立过程中。例如，企业可建立完备的员工培训体系，成立各种学习圈和学习型组织，鼓励员工基于共同的兴趣爱好就一个主题展开讨论，增进彼此之间的交流。

人类存在的特殊性在于其社会性，在于其交往性。与自己和谐，与他人和谐，是我们一生学习的功课。我们不仅在职场需要这样的学习，在学校需要这样的学习，就是在家庭中也需要这样的学习。学习与人沟通，学习尊重他人，学习赞美他人，学习信任他人，学习与他人互动，这些似乎不仅仅是意识和技巧的问题，更重要的是一种态度和境界，是一种修养和人格。

第五章　终身学习的途径与方式

终身学习强调人人、时时、处处、事事的学习，相比传统社会较为单一的学校学习、师徒学艺等，终身学习时代的到来倡导更加多元的学习途径和方式，要求贴合人的身心发展规律，满足不同学习群体的学习需求。

第一节　终身学习的途径

终身学习的途径是指学习者获得知识、感受、体验所依仗的路径和通道，或阅读、对话，或体验、创新，或游学、阅历，学习者凭借这些途径开阔眼界，延展生命，塑造品性，实现成长。终身学习的途径不止于学校、家庭或社会，而存在于生活的每一个角落，无时不在，无处不有。

一、阅读与对话——打开世界的窗口

阅读与对话是自我通向世界的两种重要的途径。通过阅读，可以获得大量的知识储备和丰富的二手经验；通过对话，可以获得对世界、他人、自我的洞悉，唤醒觉知，在关系交互中获得有用信息，获得自我能力与价值的提升。

（一）阅读

阅读是一种对文字信息感知、理解，进而产生共鸣的复杂心理活动和复杂的语言实践活动。①随着时代的发展，科技创新势不可挡，知识更新日新月异，终身

---

① 顾琳. "品质阅读"：为学生终身学习发展奠基. 基础教育研究，2012（3）：35-36.

学习已成为必然，阅读正是学习者实现终身学习的最佳路径之一。

1. 阅读有益

阅读能提升理解能力，使学习者掌握语言的表达规律、理解语言的构成及其所蕴含的深层含义。阅读启发人的思考，可以把学习者带进一个全新的境界，让其接触新鲜事物，充分领悟和理解，逐渐养成爱思考的习惯。阅读能令人心情愉悦，学习者一旦养成阅读的习惯，就会从不同的阅读材料中产生不同的感受，获得不同的营养，从而让自己更愉快、更丰富、更充实。人是有限的，阅读能够延展人的有限性，激发人的想象力和思考力，使人不断反思、不断探寻，最终找到最真的自我。[①]阅读是影响人一生精神生活的重要因素，学习者可以通过阅读了解社会，找回本真，从而解除烦恼，保持快乐，解锁更高层次的生命意义。[②]

2. 提高阅读能力是终身学习的有效途径

阅读能力非常重要，是学习者学习能力的重要体现。阅读能力包含阅读兴趣、方法、速度等，其中阅读兴趣是第一要素。阅读能力是终身学习的基本功。我们正处在一个不断变革的时代，知识更替非常快，阅读能力是个体一定学习能力的体现。良好的阅读能力有助于个体更好地开展学习，接受更先进的知识和信息。

3. 推进全民阅读，提高公民素质

书籍是人类不可或缺的"营养品"，学习者通过阅读各类书籍，可以获取各方面的知识，增长见识，开阔视野，扩展兴趣和爱好，提升能力与气质，进而提高自身的综合素质。通过阅读来提高人们的文化素质早已成为共识。不断的阅读有助于传播先进文化，全面提升人的思想、道德水平，不断增强全民素质。一个民族的精神境界，很大程度上取决于全民的阅读水平。民族的灵魂是文化，通过阅读，人们在不断接受教育和自我超越的过程中，能把个人的成长与民族的进步结合起来。全力打造以全民终身学习为主要特征的学习型社会，将阅读融入人人、时时、处处，是构建社会主义和谐社会的重要内容。[③]

（二）对话

对话是一种平等、开放、自由、协调、富有情趣和美感、时时激发出新意和

① 游哲钫. 阅读的意义与课外阅读习惯培养探赜. 成才之路, 2021（35）: 64-66.
② 赵玉玺. 提高阅读能力, 适应终身学习需要. 中小学图书情报世界, 2003（9）: 59-60.
③ 董少广. 创建学习型城市从终身阅读开始. 中国经济导报, 2006-06-17（B02）.

遐想的交谈①，是平等者之间一种共生的交往关系。纵览古今，东西方的对话大师比比皆是。孔子与弟子的对话，创生了一部经典的对话录——《论语》，彰显了"启发式"教育的魅力；苏格拉底通过引导、质疑、问难的讨论，引导人们发现真理，创立了著名的"产婆术"。巴西教育家保罗·弗莱雷认为，人类的对话不仅是交流，精髓之处在于反思与行动，二者相辅相成，不可分离。②在 21 世纪的今天，对话的内涵更加丰富，已成为一种时代精神，生存在对话中展开，生活在对话中铺就，生命在对话中敞亮。对话不仅指人与人之间的语言沟通，还包括人与世界、人与自我的平等交流。总之，对话是一种渗透于人类一切行为与一切生产和消费方式的意识或哲学。③从对话的视角看，学习者的学习就是其不断与客观世界对话、建构意义世界的活动，与他人对话、构建社会关系的活动，与自我对话、探寻与塑造灵魂的活动。④

1. 与客观世界对话

学习是个体主动与外部客观世界不断对话的过程。学习者与客观世界对话所获得的知识，应是他们自身主动建构、由内而外信服的，是真正属于他们的知识。所有的知识都是在个体与外部世界的相互作用中，通过个体与经验世界的对话而建构起来的。⑤学习者同客体的对话是一种文化性、认知性的实践。在这一过程中，学习者既要用已有经验赋予认知对象以心理意义，获得直接经验；又要自主地通过操作、思考、交流等探索活动学习新知识，建构意义世界，获得间接经验。对学习者来说，直接经验和间接经验同样重要，都是非常重要的学习资源。学习者要积极改造直接经验，辅之以观察与实践，把间接经验整合转化为直接经验，使之成为自己的知识。

2. 与他人对话

学习者同他人对话是探究对象意义的行为，也是一种学习的过程，具有社会建构的特征。现代社会中信息更迭突飞猛进，书本知识已远不能满足学习者的成长需求，学习者若想获得长足的发展，就必须积极主动地与他人对话。因为人们

① 滕守尧. 对话理论. 台北：扬智文化事业股份有限公司，1995：22.

② 保罗·弗莱雷. 被压迫者教育学（50 周年纪念版）. 顾建新，张屹，译. 徐辉，审校. 上海：华东师范大学出版社，2001：37.

③ 王向华. 对话·人类存在·教育——对话教育研究之引论. 山东师范大学学报（人文社会科学版），2007（3）：114-117.

④ 王向华. 学习的意义及其实现——对话视野中的学习观. 高等教育研究，2009，30（2）：19-24.

⑤ 任长松. 探究式学习——学生知识的自主建构. 北京：教育科学出版社，2005.

的生活经历、知识背景、认知方式等的不同，学习者在与他人平等对话的过程中，自身的知识、他人的知识、互动中产生的缄默知识等都在影响着学习者，使其不断地激活或重构自己的知识结构、改造或超越已有观念，最终获得新的知识，促进意义的生成。对话性的人际关系是以平等的人际关系为前提的①，其中学习者的独立思考意识很重要，合作精神也不可或缺。因此，平等对话不只是信息的交流，更是思想的碰撞、多种视界的融合和心灵的沟通。思想的碰撞和交流能使学习者开阔视野，激发智慧和灵感，培育学习者的健康个性。讨论和磋商能使学习者学会表达、倾听和理解，学会接纳、分享与合作，提高学习者的交往、协同等能力，培养公共精神。

3. 与自我对话

自我对话建立在学习者与客观世界、与他人对话的基础上，是同自我内心世界的对话。"自我对话"意味着自己同世界、同他人关系的内化和结构化，由此逐渐展开以自我为对象的元认知思维，重构自己内部的各种关系和与客体世界对峙的自身。自我对话属于内部对话，发生在学习者个体的心灵深处，其实质上是一种反思性对话。反思不是陷入虚无主义，而通过自我监控、检测、思辨等活动重新审视自己，这是对自己之所以不同于他人的合理性追问，也是一个人形成自我感的重要方式。正是在这样的复杂的自我对话中，产生了一个不同于过去、不同于他人的"新我"。学习者时常有意识地进行深层次的自我对话，多方位、多角度地进行反思性学习，不但能够提高自身的反省思维能力和学习质量，还能够不断地完善自我，提升人文品格。②

二、体验与创造——收获工作场所学习成果

工作场所学习有效默会的过程中，潜藏着三组关系，即师傅与学习、师傅与徒弟、徒弟与学习，三者彼此之间存在着微妙的相互对立且相互建构的关系。协调及超越实现对立双方的创造性生成，抓住主要矛盾，协调彼此之间的关系，努力达成思想的共识、优势的整合与力量的汇聚，生成的动态形式即超越。传承及创新实现对立双方的文化性生成，工作场所学习的有效默会是人与人精神的契合，要使工作场所学习的文化功能和对个体生命灵魂的铸造功能融合起来，使师徒双方放手于实践中的历练，让师徒在学习的传承与创新中成长与发展。觉知及顿悟

---

① 佐藤学. 学习的快乐——走向对话. 钟启泉, 译. 北京: 教育科学出版社, 2004.
② 王向华. 学习的意义及其实现——对话视野中的学习观. 高等教育研究, 2009, 30（2）: 19-24.

实现对立双方的支配性生成，把握工作场所学习精神的血脉，于合作研究中，反思思维方式，唤起并调动潜意识，激活工作场所学习的无形线索，建立起工作场所学习的完整操作思路，以此来实现对立双方工作场所学习的有效默会与生成。

工作场所学习是个体的"日常"行为，此处所言工作场所学习的有效默会侧重于指工作场所中那些缄默的、高度个人化和情境化的学习存在。跳出学校组织的边界重点来考察工作场所学习与主体间进行有效默会的过程，着力从工作场所学习本身所具有的创造性、文化性与支配性出发，以师徒制为载体，通过挖掘工作场所学习在师徒之间进行有效默会的途径，用所推崇的创新和生成的视域试图提出一些途径作为贯通这一鸿沟的尝试，为工作场所学习实现有效默会搭建有效的通道。其实，所谓工作场所学习的有效默会与生成，不过是于工作场所中人与人的主体间的交流活动（尤其是老一代的师傅对年轻一代的徒弟），包括所要习得的知识内容的传授、主体间生命内涵的领悟以及主体间意志行为的相互规范与激励。[1]

（一）协调及超越实现创造性生成

生成的静态形式即习惯，动态形式即超越。生成就是习惯的不断形成与不断更新。工作场所学习可以通过师徒之间的动态默会生成一定的显性和新的隐性学习形式，由此在辩证发展的动态的"场"中产生和创造出新的学习形式。从这个意义上讲，工作场所学习具有创造性或动力性。这就要求我们在总揽工作场所学习与师徒关系全局的基础上，协调学习与师傅、师傅与徒弟、徒弟与学习之间的关系，努力达成思想的共识、优势的整合与力量的汇聚，不断超越，进而实现对立双方的创造性生成，促成工作场所学习的有效默会。

在学习与师傅的互动关系中，工作场所学习的创造性生成，需要师傅通过社会化、外在化、整合化、内化四个阶段的交互运作，使自身与工作场所学习的隐性和显性形式不断地转换与重组。首先，通过对事物进行观察和模仿，分享他人的经验体验，将一种隐性工作场所学习转化为另一种新的隐性工作场所学习，完成学习的社会化。其次，通过多种途径，努力将隐性工作场所学习转化为显性工作场所学习，完成学习的外在化。再次，通过分析、分类、重组等一系列方法，将零散的工作场所学习汇总起来形成更有价值的、更加系统化的工作场所学习，完成学习的整合化。最后，通过吸收、消化和应用新的显性工作场所学习，在实践中逐渐把显性工作场所学习进行思维和经验加工，再进一步把显性工作场所学

---

① 雅斯贝尔斯. 什么是教育. 邹进，译. 北京：生活·读书·新知三联书店，1991：1-6.

习内化为更加程序化的、自动化的新的隐性工作场所学习,从而实现工作场所学习的新一轮融合和上升,完成工作场所学习的创造性生成。[①]

工作场所学习具有创造性。师徒作为实现工作场所学习有效默会的两个直接主体,通过师徒默会,进行工作场所学习的良性互动与再造,不仅可以碰撞出学习灵感的火花,还可以实现师徒主体间的相互造就。在工作场所学习中,师傅应尤为关注学徒的学习潜力如何被最大限度地调动起来并加以实现,以及学徒的内部灵性与可能性如何充分生成。师徒的学习交往过程是一种创造"自我"的过程,在这个过程中,徒弟向师傅学习的目的是向优秀转化、演进他"自己"。同时,对师傅来说,学习交往的过程既是对徒弟学习方法与经验的传承过程,也是对自己学习理念更新与智慧生长的过程。[②]他们之间任何一方的发展都会带动和促进另一方的发展,最终实现工作场所中师徒双方的共同发展与学习的创造性生成。

在工作场所中,徒弟与学习之间存在着复杂与微妙的关系,徒弟是工作场所学习的主要默会者,徒弟对工作场所学习的默会不仅包括对工作场所中单纯学习的默会,也包括对师傅多年从工作场所中积累的学习方式的默会。在这样的一个过程中,徒弟对工作场所学习的有效默会会实现徒弟自我的创造性生成,同样,工作场所学习的有效默会也是学习自身生命力的一种创造性生成。拥有充足的学习经验、对技术保有正确认知和积极态度的学徒不仅能够对工作场所学习保持高度的敏锐性和需求力,还能基于已有经验对外来信息进行新意义的建构、个性化的解读,从而激发自身的创造潜能,促进个体积极进行新的工作场所学习的再默会与再创造。

潜意识活动对工作场所学习具有隐性的创造作用。作为工作场所学习默会主体的工作者可以在潜意识水平上针对工作场所学习的显性和隐性特点处理所习得的形象。康德把创造活动分为酝酿、潜伏、恍然和完成四个阶段,其中酝酿和完成可归属为意识活动,潜伏和恍然则为潜意识活动。工作场所学习实现有效默会恰恰会经历这样一个过程。工作场所中,工作者可能会针对工作难题进入紧张的思索和酝酿期。在这个时期,潜意识的思维活动上场,长期积累的学习经验在违反常规的方式下相互碰撞,实现思维中的"顿悟",形成解决工作场所学习中难题的新方法和新途径。[③]

---

① 竹内弘高, 野中郁次郎. 知识创造的螺旋: 知识管理理论与案例研究. 李萌, 译. 高飞, 校译. 北京: 知识产权出版社, 2012: 52-67.

② 顾绍聚. "同课异构"让师徒结对走向共生. 教学与管理(小学版), 2007(11): 20-21.

③ 王家忠. 灵性·潜能·创造——个人潜意识研究. 北京: 中国社会科学出版社, 2010: 4-6.

（二）传承及创新实现文化性生成

工作场所学习的默会是人与人精神的契合，是文化得以传递的活动，要使工作场所学习的文化功能和对灵魂的铸造功能融合起来。[①]工作场所学习的文化性指的是它与文化传统中人们共有的概念、符号和知识体系的习得密切相关。

在工作场所学习中，师傅身兼文化传承与创新的使命。学习是社会化的，工作场所学习会在实践互动中生成自身的社会文化性。工作场所学习中，真正的学习来自于行动者的亲自体验，只有在行动中，在人与物之间不断的磨合过程中，才能形成真正带有个体独特烙印的学习方式。紧接着，对寄存在师傅身上的学习方式与方法进行传承与创新就显得尤为重要。为此，应积极唤醒师傅对隐性工作场所学习的意识，引导和鼓励他们有意识地将隐性工作场所学习中所习得的方式方法进行自我总结和概括，激励他们在最大程度上对其进行理论知识层面的整理与文字性转述。这就要求师傅自身要有一定的理论知识，具备一定的知识涵养，善于对学习方法进行逻辑性和系统性的梳理，养成终身学习的习惯。

在工作场所学习中，师徒作为双主体，要对工作场所学习的方式与方法进行交互性的传承与创新。人与人的交往是双方的对话，在此过程中，既能理解他人和历史，也能理解自己和现实，这种我与你的关系是人类历史文化的核心。下一代人总会从上一代人那里继承传统文化，又在其中注入新时代的内容，创建出更适合自身生存与发展需要的新型文化形态。工作场所学习的传承亦然，在社会发展进程中，人类会创造和积累起愈来愈丰富的工作场所学习方式，促使工作场所中技术种类与技术活动领域扩大，建构起支撑现实文化生活的技术世界。师徒制是自古就有的技艺传承方式，工作场所学习的有效默会可以在师徒之间的技术传递模式上得到完美的体现。

工作场所学习在师徒之间实现有效默会涉及观察、示范与模仿、面对面交流、实践练习等关键环节。观察，要求学徒耐心、细致地观察和领会隐含在师傅技术操作中的学习存在。示范与模仿，要求学徒在师傅有意识的提醒和点拨下，从师傅操作的程序中、从对细节的处理中、从与其他成员的合作方式以及对情境的相互作用中体悟到大量的学习存在。面对面交流，要求学徒在与师傅进行这种非正式的面对面交流过程中，从师傅的身体语言、面部表情和声音语调中得到某种细微的暗示等。实践练习，要求学徒在师傅的指导下进行有目的、有针对性且有充

---

① 刘黎明，莫利桃. 论雅斯贝尔斯的教育观及其当代启示. 内蒙古师范大学学报（教育科学版），2011（12）：9-12.

分反馈的实践练习，并自觉地反复练习一些出现频率较高但并未习得的操作技能，最好能将刻意学习与附带习得结合起来。因此，在工作场所学习中，学徒要善于凭着果敢的行动和非凡的洞察力，积极领悟和消化其中潜藏着的学习方式，助力实现工作场所学习的有效默会和文化生成。

师徒双方必须经过实践的体悟和知识经验的长期积累，才能深刻理解渗透于工作场所学习中的文化精髓，以及它同个体心理结构和人文性格的内在联系。工匠精神是长期的技术实践活动在社会意识层面积淀与结晶的结果，构成了工作场所学习的文化核心和灵魂。工作场所学习在师徒之间实现有效默会需要工匠精神的引领。在工作场所中，师徒应秉持这种精神，接受高标准的历练，唤醒内心的热忱与灵魂的本真，不断改善自己的工艺，追求完美和极致。在这样一种精进工艺的和谐的工作场所中，必然能建立起学习的有效默会机制，真正实现工艺的有效传承和创新，真正实现工作场所学习的文化生成。

（三）觉知及顿悟实现支配性生成

所谓顿悟，是与人的理智相关的概念。工作场所学习的默会与生成就是引导顿悟的艺术。[①]工作场所学习是非常重要的一种学习方式，其内化过程漫长，成果潜在无形，但最终会演变为主体的一种习惯性动作或类本能反应，从而被主体所掌握和默会，这也是其支配性所在。自动化般的决策就是工作场所学习支配性的体现，工作场所学习可以很好地支配个体和组织向预期目标努力并最终实现预定的目标。为此，我们要把握好觉知，为顿悟创造条件，领会工作场所学习的每一部分所蕴含的精神实质，实现工作场所学习精神的默会，服务于生命觉知的唤醒与生命的抚慰。

工作场所学习的本质是一种方法性学习。刘庆昌在其《教育知识论》中提出了一个整合方法性学习的新概念：教育操作思路。他指出，教育操作思路是人对教育活动的理论构思，构思以理解为前提，从思维活动的角度看，理解是一种理论思维活动，构思则是一种类工程思维活动。[②]在此，借鉴其理论对工作场所学习的有效默会进行阐释。一个完整的教育操作思路包括教育操作的哲学基础、模式和原则，哲学基础是如此操作的理由，模式是存在于主体头脑中的"怎么做"的方法和自动化程序，原则是对使用模式的主体所提出的要求。

① 冯建军. 生命发展的非连续性及其教育——兼论博尔诺夫的非连续性教育思想. 比较教育研究,2004(11):1-6.

② 刘庆昌. 教育知识论. 太原：山西教育出版社，2008：79.

　　工作场所学习的有效默会需要建立起一个完整的教育操作思路。首先，师徒在进行工作场所学习的有效默会过程中，徒弟需要将工作场所中所涉及的理论知识和师傅易于表达出来的知识进行有效的理解与消化，即对如此操作的理由做到心中有谱；其次，徒弟需要在实践中有目的地进行反复练习，积累足够的经验，以满足使用模式所提出的各种要求；最后，徒弟自身真正知道"怎么做"，即自然而然地过渡到对学习模式的了然于胸，灵活应用。①建立起工作场所学习的完整操作思路，助力师徒实现工作场所学习的支配性生成。

　　在工作场所学习中，借助逻辑推理，有效激活工作场所学习中的无形线索，要将个体一生的所见所闻与个人的内心活动相结合。工作场所学习是内隐在主体身上，与主体的心智、体验、活动等融合在一起的学习。现代学徒制中的学习是学徒在跟随师傅学艺的过程中，个人通过不断地自我感悟习得的并与周遭环境不断磨合而形成的重要方式。在这个过程中，渗透着很强的主体性，主要靠主体对学习的逻辑性体认来掌握。它给人们的启示是，在默会工作场所学习时，不妨给出一组实际工作的操作框架，然后根据工作场所学习的情境线索和支撑作用去默会工作场所学习，继而借助逻辑推理筑造起一个个连贯的工作操作环节。

　　个体的学习方式深深地植根于那些不能充分表达的经验过程之中，充斥于我们的想象力、思想以及活力的空间之中，更多地来源于个体对外部世界的心理判断和心理觉知，对其进行有效理解与默会的基础是个体的心智模式。工作场所学习是指在操作活动过程中，外在的物化技术及其运转反作用于设计者或操作者，转化为他们的动作技能、习惯、行为规范、思维模式等内在因素的过程。在工作场所学习中，有经验的技术工人经过反复多次练习，会不断建构起有关操作技能的复杂认知活动，直至形成熟练技能后，头脑中储存的是一种完整严密的动作映像系统。这种完整严密的动作映像系统可能难以用语言简单言说，其激活与再应用可能更多需要依靠主体的心理觉知和顿悟。因此，隐藏在工作场所中的学习得靠主体自己去发现和挖掘，需要通过一系列的隐性手段参与对其进行活化与加工。

　　工作场所学习的有效默会，以工作场所学习特有的创造性、文化性以及支配性为着力点，依托师徒制，通过师徒主体间性的协调及超越实现对立双方的创造性生成，实现师徒与工作场所学习的有效默会，完成师徒与工作场所学习的相互造就。在工匠精神的引领下，师徒双方放手于实践中的历练，思考于矛盾的根源，回归于彼此的成长，通过技艺的传承与创新实现对立双方的文化性生成。在把握

――――――――――
① 刘庆昌. 教育知识论. 太原：山西教育出版社，2008：79.

工作场所学习结构的基础上，调动和激发师徒主体潜意识的威力，运用理性逻辑，建立起较为完整的教育操作思路，使工作场所学习的内化过程最终演变为一种身体的习惯性动作或类本能反应，通过觉知与顿悟实现对立双方的支配性生成。整个过程中，贯穿其中的是生命个体的欲望、需求、意志和情感，工作场所学习实现有效默会的每一步都离不开它们之间的相互勾连和相互作用，意志以目的性和自觉性的特点把理智、冷静和激情统一起来，用理智调控情感，又用情感、热情激活理智，从而使生命个体能够排除外在的和内在的干扰，积极实现属于自己的心之所向，达成有效默会工作场所学习的目标。

三、游学与阅历——学习高质量发展的内在动力

游学是古今中外教育的一种形式。游学精神可以追溯到 2000 多年前的春秋晚期，伟大的教育家孔子打破了"学在官府"的传统，率弟子周游列国，开启了游历式教学的新篇章。阅历的过程就是历练的过程，就是增长才能的过程，就是学习知识的过程。由于人的阅历具有不确定性，所以在阅历中学习是一个宽泛的概念。[①]总之，游学和阅历跨越了时间和空间，增强了学习开放性和灵活性，能够有效缓解生活和学习的矛盾。

近年来，游学热潮在中国市场中悄然兴起，成为推动我国学习高质量发展的内在动力。其中，老年人作为游学的重大群体之一，具有较强的代表性，本小节以老年游学为例，阐述游学与阅历作为个体学习高质量发展的内在动力。

老年游学是老年学习在形式和内容上的创新，是集知识习得、文化熏陶、情感养成、技能训练为一体的活动，教育元素是其核心内容。在 2018 年首届世界老年旅游大会上，国际老年大学协会主席弗朗索瓦·维拉斯教授提出，老年游学是老年学习的创新方式，老年学员可以参加老年大学的课程并感受游学目的地的文化和自然景观。[②]也就是说，老年游学的本质是教育，它不同于普通的老年旅游，也不是简单的旅游和学习相加，而是借助旅游的团体组织形式使老年人在游学目的地系统地进行学习，增长知识技能，并通过开展一系列活动展示自身风采。"游"是实现手段，"学"才是最终目的。目前，老年游学项目的一个突出问题就是"重游轻学"，观光游览所占比重较大。如何把学习与旅游有机结合起来，开发出针对性强的老年游学项目，关键就在于深入挖掘教育元素，做好项目的规划、推广

① 李玉华. 教师应构建阅历即学习观念. 吉林教育, 2011 (36): 35.
② 崔华. 对老年游学的认识与实践. 老年学习 (老年大学), 2019 (5): 16-19.

和宣传，在项目全过程潜移默化地实现教育目的。

（一）深入挖掘项目的教育元素

老年游学作为老年学习的一种创新形式，可以为老年人创造"老有所学"的社会环境。目前市场上的老年游学产品繁多，乱象丛生，从内容的设置上来看，很多产品只是传统观光旅游稍作修改后的衍生品，并没有凸显教育这一核心内容。一个好的老年游学项目不是景点之间简单的排列组合或者生搬硬凑，而是以教育为核心，依托旅游组织形式，将游览与学习、休闲与体验完美结合的参与过程，教育元素要深入贯彻到游学活动的始终。

作为老年学习的主办机构，老年大学应该在教学计划中增加游学环节，设计教学的三维目标，深入研究教学大纲，以老年人的实际需求和兴趣爱好为背景，系统开设与游学相匹配的课程。为了使游学项目取得较好的效果，老年大学可采用理论与实践结合的方式，提前组织理论教学，使老年群体对游学目的地的自然、历史、文化等有初步了解，明确游学中的任务，并在游学过程中进行实践验证。游学过程中可采用"听、观、触"全方位立体化的教育方式。"听"是指在游学过程中听研学导师、导游、专家的讲解，在讲解时要体现趣味性、故事性，避免教条刻板的知识背诵；"观"是指参观游览，利用形象思维加深老年学员的感性认知；"触"是指触摸体验，让老年人可以学以致用，亲自动手参与，近距离接触学习对象，开拓老年人自主探究学习的能力。

此外，老年大学和旅行社需要共同对游学路线蕴含的教育元素进行梳理。为了与老年大学开设的课程相呼应，游学项目要多以文化类和地方特色类为主，文化类游学包含山水文化、历史文化、建筑文化、饮食文化等，地方特色类游学则需要因地制宜，根据当地的实际情况进行系统的归纳。[①]游学中的教育元素不仅包括可以用语言文字传递的知识，而且还有品味体验的实践活动，这就是潜在的深层次教育资源。

（二）认真做好项目的组织规划

老年游学项目是在特定的时间、资源和成本限制下，由一系列目标明确且相互关联的活动组成的，因此流程设计至关重要。组织一次有价值、有意义的游学活动，必须确立鲜明的主题，选择富有特色的路线和景点，采取适宜的教学方法，

---

① 高洪波，景圣琪，马素萍. 社区老年学习游学项目实施策略研究. 高等继续教育学报，2018，31（4）：73-75.

营造良好的教育氛围，形成寓教于乐、寓教于游的充实体验。规划工作是项目实施中最关键的一部分，需要从宏观角度出发，集中分配人力、物力、财力，保证各环节有条不紊地进行。

首先，要做好游学项目的准备工作。参与游学项目的所有人，包括教师、学习者、导游、项目负责人等都需要提前做好准备。可参考学习美国的"老人游学营"，以6—7天为一期，人数控制在20—40人，每期都有不同的主题，上课、实地参观和娱乐活动交错安排。[①]教师根据主题明确学习的目标和内容，设计教学的重点和难点，注意启发引导，使教育性、参与性和趣味性并重。学习者要明确游学目的，在活动前奠定良好的理论基础，增强安全意识，根据自身实际情况准备好生活必需品和药品。项目的其他参与人员也要掌握必要的知识和技能，落实好接待工作。

其次，要选择好游学项目的路线。游学项目要根据主题来选择，形成"点线面"合理安排的行程规划。在选点方面要首选当地有代表性的特色产业、观光农业、文博馆等，或是自然资源和人文资源丰富、有较高艺术价值的游学目的地，突出科普、环保、文化等要素。路线的选择要充分考虑到老年人的身心状况，避免长途跋涉和过度疲劳，以深度慢游为主。项目的整体安排要井井有条，将各个游学景点联系起来，观光、讲座、实践、汇报交错进行，使之具有协调性和连贯性，避免行程乏味和审美疲劳。在初步完成项目规划书后，应邀请相关专家、学者进行事前评估，保证游学项目的可行性。

最后，要安排好游学项目的反馈。游学过程中组织老年人开展不同形式的汇报工作，如才艺展示、游学沙龙、实践操作等，让老年人相互竞技、互动交流，增加游学的成就感。在游学结束后，师生要共同做好总结工作，包括游学目标是否完成、重难点是否掌握、学员取得的成绩及存在的不足等，形成研究报告。游学项目的主办方要组织学员呈现游学成果，如举办摄影绘画比赛、展示优秀的游学文章、制作游学回忆录等，及时搜集老年学员的反馈意见，了解满意度，检验游学项目的成效，根据他们的建议来不断提升项目的质量。

（三）探索资源整合的共享模式

老年游学项目是一项系统工程，涉及到老年协会、老年大学、政府、旅游企业等多个参与主体，各个利益相关方要积极配合，相互沟通，探索开放、可持续

---

① "老人游学营"——边旅游边学习. 成才与就业, 2009（5）：60.

发展的资源共享模式。老年学习游学项目的资源共享模式是以国内外老年大学协会为平台，各地的老年大学为游学组织机构，旅游企业为服务提供方，在政府的相关政策和标准规范下，让参与主体主动分享研究成果，实现资源的有效流动来满足资源稀缺方的需求，具有非营利性的特点。

老年大学协会要牵头抓总，加强与相关组织机构的联系协调，定期召开以游学为主题的研讨交流大会，分享老年游学的项目进展情况，推介优质的游学项目，统筹、调度、推动游学事业的发展，形成工作合力。为了促进游学项目的快速发展，可充分利用中国老年大学协会下设的游学部，搭建信息共享平台，定期推送游学的优质案例和工作经验，鼓励广大的专家团和老年学员建言献策。[①]全国各地的老年大学要加强对老年游学的理论研究，制定老年游学的发展规划和指导意见，发挥各自优势，开展校际合作，拓宽游学产品的开发路径。政府和社区管理部门要认识到老年游学的重要性，加强顶层设计，完善相关的政策，健全游学体系，通过出台场馆、景区、景点门票的优惠政策，给予游学项目资金补贴。旅行社和景区要根据老年人的文化背景和经济情况开发多层次的游学产品，满足不同老年人的需要，合理安排活动过程中的交通设施、餐饮服务、客房住宿和医疗保障等，培训专业的游学接待人员，提高游学的满意度。同时要加强国内外游学课程、基地、产品、研究成果的宣传与交流，实现各类优质老年游学资源的整合，共同推进游学项目的顺利进行。

在具体的实施过程中，可借鉴旅行团的相关经验，采取有效的措施保障老年人的安全，这是老年游学项目能够长远发展的关键。必须充分考虑老年人的身体状况，研究安全保障问题，如选择有资质的旅行社、提前告知老年学员可能存在的风险、签订免责协议书、做好应急预案等。此外，老年游学活动要积极与国际对接，在本地区以及周边地区建立不同类型的老年游学基地，并与其他基地互联互享，如山东烟台天马维拉斯老年大学的世界游学基地、哈尔滨市老年人大学在亚布力的森鹰生态游学基地和在博鳌的游学基地，都成为老年游学的示范基地，吸引世界各地老年人来参观交流。

（四）引领品牌发展的创新空间

老年游学是响应我国文旅融合政策的新途径，要充分利用丰富的旅游资源，

---

① 张晓林. 关于推进老年游学的几点意见——在老年游学与老年学习研讨会上的讲话. 老年学习（老年大学），2019（6）：11-12.

探讨老年学习与旅游的协调发展之路。老年游学要以老年人的实际需求为导向，坚持正确的教育理念，办出精品、高端、有质量的老年游学项目，实现文旅共赢。我国的老年游学还要学习借鉴国际先进理念和实践经验，在开展传统游学的过程中，不断地总结经验教训，利用本土特色优化游学项目，开发设计出更加适合老年人的特点、顺应时代发展的游学服务产品。例如，2019 年在山东召开的以"老年游学，点亮世界"为主题的世界老年旅游大会中，烟台积极响应大会号召，努力探索老年游学需求，凭借独特的气候和地理位置，以及浓厚的文化氛围和历史传说，成为国际老年游学基地。

检验游学项目成功的标准之一就是老年学员的参与度，让老年人获取相关资讯和参与方式是游学项目实施的重点，关键在于创新品牌营销方式。老年大学和旅游企业除了线下的广告投放、发行游学手册和宣讲会之外，还可以采用线上推广的方式，如建设专属的老年游学网站、拍摄宣传视频、制作游学小程序等，通过微信、抖音、微博等大众传媒及时发布游学动态。[①]

近年来，国家开放大学"看江山"大型游学活动开展得有声有色，这个项目以"慢游、乐学、静居"为理念，依托丰富的学习资源，实现线上学习课程、线下组织活动。"看江山"游学活动以行前导学、实践游学、文化体验的形式开展。比如在湖南的游学过程中，以"古镇苗风，光影创课"为主题，在摄影导师带领下历时六天，经过八个摄影实践基地。老年学员们积极参与课程学习与文化体验，跟随游学导师及领队学习摄影、文化等课程内容，行期结束时认真细致地完成了结业作品，并提交感言，对游学活动给予了高度评价。[②]

老年游学满足了老年人终身学习的愿望和对高质量生活的期盼，它融合了文化学习和旅游度假，已成为一种崭新的学习和生活方式，有利于积极老龄化社会的建构。在我国老年学习改革发展的要求和文旅融合的政策下，其发展前景是十分广阔的。

我国的老年游学事业任重而道远，只要我们认真做好项目的规划和设计工作，统筹安排景区、景点和路线，探索可持续发展的资源共享模式，打造我国专属的游学品牌，用创新引领发展，就一定能够使老年学习游学项目实现规模化、产业化的发展。

---

① 刁元园. 市民游学：社区教育体验式学习新载体——基于成都市民游学项目的实践探索与思考. 终身教育研究，2018，29（1）：32-37.
② 山东老年大学. 老年游学的实践与探索. 中国社会工作，2019（23）：38-39.

四、活动与节日——公民学习的重要载体

唯有社会全体成员参与学习，形成人人学、时时学、处处学的学习化社会，才能促进现代社会和社会成员的全面发展。政府推动创新多种活动方式、创建人人皆学的大舞台，对我国构建全民终身学习体系具有重要意义。

（一）中国的全民终身学习活动周

全民终身学习活动周是 2005 年由中国成人教育协会、中国联合国教科文组织全国委员会秘书处发起的全国性活动。这项活动是将终身学习理念转化为广大民众社会实践的具体举措，是落实党和政府推进学习型社会和和谐社会建设的具体行动。各地在学习周活动中开展了政策法规、文明礼仪、人文历史、旅游民俗、书法绘画、音乐体育、科普知识、生活百科、医药保健、动植养护、职业技能等群众喜闻乐见的学习活动。

各级领导部门需要关注学习周工作方案的落实，通过签订工作责任书，为每项工作制定工作方案，在实施过程中采取文件配合、及时下发工作简报、提供思路、通报工作进展情况、定时或不定时进行检查落实、保证经费等措施，进一步保证学习周各项工作顺利推进。一系列的政策保障、组织保障和执行保障形成了一股强劲的监督力量。在此基础上，狠抓落实，层层落实学习周方案，并将这些方案汇总整理成册，定期进行检查、交流、考核、评比、表彰，确保工作落实到位，为科学规范、扎实有序地开展学习周活动提供有力的保障。

各地通过广泛的舆论宣传，推广终身教育思想，引导群众树立终身学习的理念，推动鼓励全市机关、企事业单位、社会团体和基层社区共同参与到全面终身学习的活动中来，形成良好的学习氛围，营造文明、和谐、健康的社会环境，为学习活动周的举办打下广泛而又坚实的社会基础。我国全民终身学习活动周的举办，不仅能够检阅我国目前的终身学习成果，还可促进地区间的经验交流、分享和特色学习品牌的挖掘。

（二）科克市的终身学习节

爱尔兰科克市历史悠久、文化底蕴深厚，享有"欧洲文化之都"的美名。科克市一直将自己定位为"学习型城市"，从 2004 年开始举办"科克终身学习节"（Cork Lifelong Learning Festival）。学习节期间，政府会在市内主要场所设置免费学习项目，供市民学习与培训技能。川流不息的人群观摩、咨询、交流，呈现了

"人人皆学，处处皆学"的学习情景，全员参与的终身学习理念深入人心。[①]对我国的启发如下。

1. 发挥政府职能，建立有效的社会参与机制

终身学习的成功展开需要社会各方协作配合、共同努力。各级政府应建立有效的终身学习参与机制，完善基础设施，拓展经费筹措渠道，扩充学习资源，满足学习者的学习需求。社会各部门、机构、组织也要发挥各自职责，缩短学习与生活场所距离，为学习者提供时时、处处的学习机会。

2. 营造学习氛围，激励全民参与

应营造热烈的全员学习氛围。例如，可以定期组织丰富的全员学习活动，培养社会成员的参与、求知和行动意识；打造多彩的全民学习场所，激发人们的学习原动力；构建学习型家庭，倡导家庭成员多维互动的代际学习，激发家庭成员的学习积极性；关注弱势群体，为他们的学习权利保驾护航。

3. 整合教育文化资源，打造社会化学习体系

终身学习冲破了学校学习的围墙，将社会系统中教育文化资源全部整合起来。建议家校社通力合作、资源共享，实现各级各类教育间的沟通和衔接；开发社区教育功能，构建现代化的社区教育信息系统；免费开放公共教育设施，打通各种社会学习渠道，形成全社会贯通的沟通学习网，营造学习型社会。

（三）澳大利亚的终身学习活动周

澳大利亚于 1995 年首次举办旨在促进和宣传终身学习的终身学习活动周活动。该活动由澳大利亚成人学习组织统筹，多元主体共同参与，用以庆祝终身学习成果。活动呈现以下特征。

1. 国家协调，部门参与

该活动采用利益相关者组织模式，即由政府部门和各社区利益相关者共同规划和组织。参与组织、协调及资金支持的个人与组织的数量持续增长，参与的组织和部门也由最初单一的教育部门发展为市民健康部门、博物馆部门、环境部门等共同参与的格局。[②]

---

① 陆瑛. 全民参与终身学习的有效途径研究——爱尔兰科克终身学习节的启示. 常州大学学报（社会科学版），2011，12（4）：28-31.

② 王春晓. 中澳"终身学习活动周"比较研究. 华东师范大学，2016.

2. 主题鲜明，风格各异

该活动每年的主题通过网络平台征集而来，皆是围绕当年终身学习的热点问题确定的。例如，2011 年的主题"边听边学习"是建议大家使用电视、广播和收音机等方式进行学习；2012 的主题"数字技术普及"呼吁大家掌握信息技术；2014年的主题"代际学习"关注到了家庭教育中老年人、成年人及儿童间的交流与学习。澳大利亚各地因经济、文化和历史差异，终身学习活动周的活动也存在着明显差异，尤其原住民的学习庆祝活动更具特色。

3. 内容充实，民主参与

活动不仅邀请国际嘉宾开展终身学习主题演讲，各种组织和社区部门还开展丰富的学习活动，活动内容极为充实。参与分为现场参与和网络参与两种形式。其中，各学习组织与机构提供免费课程，如酒吧的调酒讲座、电子阅览室的免费课程等，市民可以根据自己的需求，现场参与或网络参与，自如选择和体验。灵活、自由、开放的参与方式体现了澳大利亚对"学习"的新理解，即在舒适的氛围中，自主选择内容与方式，学习适配自己的知识与技能。[1]

（四）西班牙和法国的大众大学

西班牙和法国的大众大学在公民权、社会平等和变革等方面的话语权和实践性超越了欧盟终身学习在政策上的体现。两国的大众大学存在很多共同点：大众大学作为一个开放的终身学习项目，都强调社会包容性和多元性，对全体公民开放，不分年龄、出身、宗教信仰等，并承诺特别为处于边缘化的或贫困的人群提供服务；都满足社区需求，迎合更广泛学员的利益，包括儿童和家庭主妇，少收费甚至不收费，带来经济福利的同时，提高人们的生活质量；都强调艺术和手工艺课程，注重享受生活和与同龄人之间的交往、友谊。大众大学构成了终身学习的愿景和现实，有利于帮助人们提高参与文化活动和文化表达的能力，以及参与和享受文化活动的能力。[2]

（五）新加坡的技能创前程计划

新加坡技能创前程计划通过强调从个人终身学习的选择、开发全面且高质量的终身学习体系、制定技能创前程技能框架、营造终身学习文化氛围等方面，促

---

① 王春晓. 中澳"终身学习活动周"比较研究. 华东师范大学, 2016.
② 程建山. 大众大学：欧洲终身学习的新模式. 重庆广播电视大学学报, 2019, 31（6）：27-33.

进新加坡终身学习进入一个包容性、系统性及连贯性的新阶段。

该计划以职业生涯周期为主轴，以职业阶段为划分依据，为不同阶段的公民提供个性化的服务，包括在校学生、职场新人、全体公民等。其主要从开设培训课程、提供课程学习经费支持、制定技能框架、营造支持终身学习的文化四个方面展开，逐渐显现了明显的特征：开发多元化弹性课程，鼓励全民参与终身学习；制定职业技能框架，明确行业的技能要求；提供各类终身学习津贴，支持全民终身学习；重视部门间伙伴关系，营造终身学习的社会氛围。[①]

第二节　终身学习的方式

终身学习的方式具有多样性。合作学习、自主学习、远程学习和现代培训等是进行有效学习的重要方式。

一、合作学习——终身学习突破的有效方式

合作学习是以小组为单位，在明确的责任分工指引下，学习者通过互助性学习来共同完成教学目标的一种教学策略，具有互助探究、自主思考、整合内化的动态开放特征。[②]合作学习包括同伴互助合作、小组合作、全员合作三种主要形式[③]，包括正相互依赖、个人责任、社交技巧、小组自评和混合编组五个因素[④]。合作学习是促进终身学习的有效方式，合作学习中学习者得以培养的合作能力是终身学习能力的重要体现。

（一）合作学习对终身学习意识的唤醒

终身学习意识是终身学习的先决条件，其不只是想学习新知识、新技能的意愿，而是作为主体的学习者主动转换角色的意识，这种意识的转换需要经过不断的训练才能形成。在合作学习课堂中，教师仅仅是主持者和点评者，学习者才是课堂活动的主导者。合作效应的发挥有赖于共同体中的学习者思维、品质的互补

① 陈雪芬，郭腾飞，甘立. 新加坡终身学习发展历程及动向分析. 职业技术教育，2020，41（12）：76-80.

② 王坦. 合作学习论. 北京：教育科学出版社，1994：18.

③ 王鉴. 合作学习的形式、实质与问题反思——关于合作学习的课堂志研究. 课程·教材·教法，2004（8）：30-36.

④ 曾琦. 合作学习的基本要素. 学科教育，2000（6）：7-12.

程度及学习任务的分解、量化程度以及探讨结果的互动、整合程度。①合作学习方法能够较好地激发学习者的主动性，体现其主体地位。过程性、积淀性、长效性的合作学习主张由学习者自己围绕主题进行主动学习和延伸，分工完成具体任务。合作学习方法能够激发和唤醒学习者的主动学习意识，这有利于学习者开展自我导向式的终身学习。

（二）合作学习对终身学习能力的促进

终身学习能力内容丰富，包括规划与执行能力、信息决策能力、自主学习能力、人际交往能力等。合作学习是促进终身学习各项能力有效发展的重要途径。

合作学习有利于提升规划与执行能力。分工是合作学习过程中的前沿环节，关系着任务完成的效率和质量。这就需要成员们总体规划学习任务，结合各自优势分配和领取，逐个击破，直至最终完成学习任务。合作学习提升有利于信息决策能力。学习任务完成的路径不只局限于课本，还应将眼光放长远，吸取书籍、网络中的信息，这就需要成员们广泛搜集与甄别有效信息，助力任务的完成。合作学习有利于提升自主学习能力。合作学习中，学习者拥有高度的自主性，需要自主学习新知识，最终将新知转化为已知。合作学习有利于提升人际交往能力。学习者需要不断地与同伴商量，经历倾听、争辩、认同甚至是妥协的过程，既有口头表达，也有书面表达，既提升语言运用能力，也提升人际交往能力。最根本的，合作学习有利于提升合作能力。合作贯穿学习始末，学习者共同经历挫折与悲伤、成功与喜悦，成果牵动每一位成员的神经，人人全力以赴，合作能力的培养不言而喻。②

二、自主学习——终身学习提升的重要动力

自主学习是个体在学习目标、过程及效果等方面进行自我设计、调节、检测及评价的过程或能力。③时代呼唤自主学习，学习者若想更好地实现终身学习，应对生活和工作中的挑战，就应贯彻自主学习理念，发展自主学习能力。④

---

① 王坚. 合作学习由课内向课外的迁移延伸——合作学习内涵的本源性回归. 当代教育科学, 2010（24）: 33-36.

② 葛炳伟. 基于终身学习理念的合作学习研究. 中国成人教育, 2018（3）: 99-101.

③ Ponton M K, Carr P B. Understanding and promoting autonomy in self-directed learning. Current Research in Social Psychology, 2000, 5（19）: 1-13.

④ 康和平, 车向清. 成人学员自我导向学习策略探究——基于终身学习的视角. 中国成人教育, 2011（13）: 26-28.

（一）自主学习品质提升终身学习品质

自主性贯穿终身学习始终，从学习需要到资源和计划的选用，再到学习策略的运用，直至结果的评估，每一步的自我控制、自我负责及自我约束都体现了学习者的自主性。[①]自主学习适应终身学习的特点，是人们实现终身学习的重要手段。自主学习的学习动机是自我激发性的，学习方法灵活多变、自动调整[②]，相对应地，自主学习者便应具备自我接受性、计划性、主动选择性、灵活性、自主性、自我监控性等品质。

（二）自主学习能力是终身学习能力的基础

终身学习的主要特征是自我导向性，要求个体具备自主学习能力。学习者自主学习能力的培养是一个长期的系统过程。一方面，自主学习能力有利于个人提升社会适应性。当今社会，信息爆炸、知识浩若烟海、竞争无处不在，为了适应不断变化的社会环境，保证个体终身可持续发展，个体必须主动学习，掌握科学的学习方法，提升自主学习能力。另一方面，自主学习能力的养成需要个人培养良好的学习习惯。学习水平是学习习惯的直观体现，习惯伴随、影响着人的一生，拥有良好自主学习习惯的人，通常是勤学好问的、独立思考的、合作学习的。养成良好的学习习惯就是要形成比较稳固的学习行为方式，使自己的学习品质、能力、方法具有长期适用性。[③]

（三）自主学习践行保障终身学习实现

自主学习在构建服务全民终身学习的教育体系中扮演着举足轻重的角色，因此，有必要采取措施来保障学习者的自主学习。一个人要做到自主学习，一是要具有主动学习的心向，二是要知道如何学习，即"想学"和"会学"。一方面，贯彻自主学习的理念。学习者应培育乐于、善于自学的基本学习态度；培养持续、自主学习的态度和探索的习惯，始终保持好奇心，多方寻求答案；培养自我更新的习惯，挣脱固有思维，不断完善自己的知识认识和能力。另一方面，发展人的自主性学习能力。一是制订学习计划，一个完整可行的学习计划是学习顺利进行

① 雪伦·B. 梅里安，罗斯玛丽·S. 凯弗瑞拉. 成人学习的综合研究与实践指导（第 2 版）. 黄健，张永，魏光丽，译. 北京：中国人民大学出版社，2011：283.
② 辜芝兰. 成人自主学习的意义及策略的探讨. 继续教育研究，2010（1）：43-44.
③ 温国兴. 终身学习理念下自主学习能力的培养. 教育与职业，2013（14）：171-172.

的重要保障；二是寻找必要的学习资源，这是一项重要的准备工作；三是进行学习活动，这是将学习计划和学习资源应用到学习过程中的关键环节；四是评价学习结果，对学习结果的评价既是对学习过程的总结，又是为以后的自主学习积累经验。[①]为保障终身学习的实现，学习者需在学习过程中融入自我的所思所想，才能真正实现对知识、技能的内化，实现更高阶段的质疑、反思、探索和改进。[②]

三、远程学习——终身学习实现的重要保障

远程学习是计算机技术、互联网技术应用于教育领域的一种全新的学习方式，是学习者利用计算机和互联网提供的多样式的媒介来主动参与、进行的自主性的、线上线下相结合的、教授者和学习者随时随地交互的一种学习方式。

（一）远程学习促进了终身学习体系的构建

现代远程教育也称开放教育，是依托计算机和网络技术提供的开放的入学机会和自由选择学习服务形式的一种包容、公平有质量的终身学习新模式。20世纪英国国家开放大学模式的建立，为世界高等教育改革提供了范本，国家开放大学所倡导的开放的教育观念、开放的办学方式、开放的学习对象和开放的教育资源，为每一个社会成员提供平等接受高等教育的机会和服务。我国对开放大学模式的初步探索起于1978年建立的中央广播电视大学，随后与各省区市建立的地方性广播电视大学共同构成了我国"远程开放教育"的中国特色高等教育模式。随着我国教育体系建设的逐步完善，2012年6月教育部批准将原中央广播电视大学转设为国家开放大学，并逐步在我国其他省份推广该模式，形成了地方性的国家开放大学分部。以现代计算机和网络技术为支撑的开放大学的建立为学历教育和非学历教育并举的格局搭建了有益桥梁，促进了终身教育体系的形成。

（二）现代教育技术的应用实现了学习资源的共享

信息技术能够促进教育资源的充分融合和共享，是解决我国教育资源分布不均衡问题的一种重要支持。教育发展滞后地区利用现代教育技术引入形式丰富的高质量学习资源，可有力地推动教育的均衡化高质量发展。远程学习不受时空限

---

① 康和平，车向清. 成人学员自我导向学习策略探究——基于终身学习的视角. 中国成人教育报，2011（13）：26-28.

② 耿立娜. 终身教育理念下成人自主学习模式创新研究. 中国职业技术教育，2018（2）：29-33.

制，是保障任何人、任何时间、任何地点、任何方式和任何途径开展学习的终身学习新模式。对施教机构来讲，有助于节约教育成本，整合教育资源。对学习者来说，能够更便捷地享受传统线下学习无法提供给的教育资源，并降低了学习的成本。

四、现代培训——终身学习服务的重要引擎

当前，知识的快速发展和信息的立体传播带来了一个更加富有竞争性的世界，而国与国之间的实力竞争，也越来越集中于人力资源的竞争。新的培训理念及其促生的现代培训活动正是人力资源开发的基础，人力资源开发本就致力于通过培训提升人的能力和潜力。现代培训涉及社会各行各业的从业人员，超越了传统的阶段性学历教育，以帮助学习者更新知识、眼界和能力、提高技能为己任。

（一）"以人为本"是其价值取向

以人为本，基础是尊重人性，以人性为本；关键是完善人格，以人格为本；实质是顺应人心，以人心为本；核心是保障人权，以人权为本。以人为本的价值取向强调学习者的主体性与目的性相统一。以学习者为主体应是培训的起点和归宿。培训应把学习者视为学习活动的主体，尊重学习者的意愿、情感和需要，关注学习者的主体性作用、个性的发展、潜力的挖掘，同时应在师生之间建立良好的人际关系，形成和谐的学习情境和氛围。①现代培训遵循"以人为本"的价值取向是现代科学和人文精神整合发展的需要，也是学习者人文素质全面发展的需要。

（二）灵活性是其制度性保障

现代培训对培训模式的弹性化和可选择性提出较高要求。弹性学习的培训方案和培训方法的制定，都要以人的发展为出发点和归宿，围绕着不断促进人性和人的素质的丰富与提升这一目标，充分考虑和反映学习者的切实利益和个性化需要。同时要建立民主互动、灵活多样的培训管理制度，以实现个性化与社会化、适应与创新、主动与被动的统一。②现代培训的灵活性培训模式包括以学分制为特色的弹性管理体系、以学习者为中心的课程体系、以互动为特征的培训方法体系、以发展性和个性化为特征的评价体系、以现代网络信息技术为基础的支持体系等。

---

① 孙晓雷，牛金成. 现代成人培训理念与培训质量. 中国成人教育，2010（18）：30-31.
② 丁东红，劳凯声. 现代培训：全民学习和终身学习的重要形式. 中国培训，2016（6）：1-4.

为了保证灵活性的实现，培训体系的设计应尽可能地体现多样性和包容性，尤其是培训内容和培训方式，最大程度地覆盖当代各知识领域和前沿领域。

（三）开放性是其本质属性

从根本意义上看，现代培训的开放性正是世界和人类社会生活多样性的一种折射。现代培训是开放的培训体系，学习者可以在各类培训组织、场所之间流动。培训资源的提供需要社会参与，如与海内外高等院校、工商界、社区、信息科技等各界的合作。培训的各种要素如师资、教材、课程、方法等都是开放的，能够在不同的培训机构间实现教育共享。在培训过程中，参训者与培训者之间应该是一种新型的、开放性的关系。这种开放关系不仅体现在具体培训过程中二者的身份可以互换，更体现在参训者对于微观和宏观培训过程的把控上。培训对象也具有多层次的包容性。对不同社会群体进行持续的、大规模的教育培训和开发，可使之真正适应以知识创新和信息互动为基础的经济和社会发展要求，成为国家发展的重要人力资源。

面对新的现实挑战，我国需进行创新和改革，打破原有的相对封闭的学校教育体制，运用多样化的培训模式，逐步走向全民的和终身的学习体制，这也是现代培训的题中应有之义。[①]现代培训的开放性意味着标准化建设的重要性。受教育部委托，中国成人教育协会成人教育培训机构工作委员会组织专家组完成了《成人教育培训服务术语》《成人教育培训工作者服务能力评价》《成人教育培训组织服务通则》等三项国家标准的制定工作，并于 2012 年 10 月正式发布，于 2013 年 2 月 1 日正式实施。这是我国首个成人教育培训国家标准。三项国家标准的问世，意味着我国继续教育特别是成人教育培训服务标准化建设取得了突破性进展，也意味着我国培训事业将纳入法治化轨道。

---

① 丁东红，劳凯声. 现代培训：全民学习和终身学习的重要形式. 中国培训，2016（6）：1-4.

第六章 终身学习者

　　每个人都是终身学习者，在生命的不同时期有不同的学习任务，遵循不同的学习规律，体现不同的学习特征，彰显不同的学习风采，收获不同的学习成果。

第一节 未成年时期的学习及特征

　　根据我国法律规定，未成年人是指未满 18 周岁的公民。相应地，未成年时期主要指 0—18 岁的人生阶段，起始于胚胎脱离母体成为独立生命个体的时刻，终止于成年的时刻。其包含了个体从婴幼儿到青年的每个时期，具体包括婴幼儿期（0—3 岁）、学前期（3—6 岁）、学龄期（6—12 岁）和青春期（12—18 岁）在内的四个时期。[①]未成年时期是个体成长和学习的关键时期。这一时期学习成果奠定了成年早期起点的高度，很大程度上影响生命未来发展的方向。

一、未成年时期学习的影响因素

（一）内部因素

　　内部因素主要包括生理因素和心理因素。在生理方面，未成年时期的个体活力最佳，总是体力充足，精力充沛；个体生长迅速；这一时期结束时，个体身体绝大部分发育，基本成为定式。从大脑结构来看，婴幼儿期神经细胞开始生长，并在大脑中建立起联结；学前期大脑逐渐长得更大，神经联结继续发展，出现了

---

　　① 罗伯特·费尔德曼. 发展心理学——人的毕生发展（第 6 版）. 苏彦捷，邹丹等，译. 北京：世界图书出版公司，2013：15.

功能单侧化；后续阶段大脑一直不断发育但趋于缓慢。[①]总体上来看，这一时期个体精神状态和各方面的能力发展较为迅速。

在心理方面，未成年时期认知和人格发展都极为迅速。认知发展方面，随着成长，婴幼儿开始理解物理世界中的客体永存，逐渐能够使用表征和符号，信息加工和语言能力发展迅速；学前期儿童表现出自我中心思维、中心化，记忆、注意的广度和符号思维有所提高，直觉思维开始出现，语言能力飞速增长；学龄期儿童懂得进行逻辑运算，慢慢懂得守恒和转变的原理，开始去中心化考虑多种观点，记忆的综合能力和元记忆的控制能力有所提高，语言和元语言都有所发展；青春期个体个性和抽象思维能力越来越强，开始使用形式逻辑考虑问题，相对思维占主导地位，能通过元认知对思维进行监控，发展出自我中心主义，使青少年总觉得自己是别人注意的焦点，认为自己不会受伤，容易忽视危险的存在。[②]

人格发展方面，婴幼儿期开始由新生时的气质相似展现出不同的气质和活动水平，能够理解他人的面部表情并通过面部表情表达情绪，开始能够体验他人的情感变化；学前期个体的自我概念及同一性开始出现，儿童开始有独立的意识，喜欢自己去尝试一些东西，并且对于相似的同伴拥有浓厚的兴趣，逐渐开始发展友谊，懂得遵守道德及进行合作，社会技能和本领开始增强，性格爱好愈发凸显，此时与儿童的沟通变得重要起来；学龄期儿童自我感知能力开始增强，开始通过他人的反馈及自我认知来界定自己，道德认知中认为被社会尊重并接受的事物才是正确的，男女生交友模式差异变大，男生倾向于群体式交往，女孩倾向于单独或成对交往；青春期自我概念变得更有组织和精确化，并反映了他人的知觉，同伴压力会加强从众行为，对自主性的寻求会造成与父母之间的冲突，同一性成为成长的关键任务。[③]总之，随着成长，个体的内心情感更加丰富细腻，认知能力逐渐提升，心理因素对个体学习的影响越来越大。

（二）外部因素

由于受行为能力的限制，未成年人的主要活动场所是家和学校，因此，这里主要分析来自家庭和学校的外部因素的影响。

---

① 罗伯特·费尔德曼. 发展心理学——人的毕生发展（第 6 版）. 苏彦捷，邹丹等，译. 北京：世界图书出版公司，2013：94.

② 罗伯特·费尔德曼. 发展心理学——人的毕生发展（第 6 版）. 苏彦捷，邹丹等，译. 北京：世界图书出版公司，2013：165.

③ 罗伯特·费尔德曼. 发展心理学——人的毕生发展（第 6 版）. 苏彦捷，邹丹等，译. 北京：世界图书出版公司，2013：173.

　　家庭是未成年人成长和赖以生存的场所，他们受到家庭成员的保护和关爱，同时家庭成员以及整体的家庭氛围也在影响着未成年人的身心，进而影响未成年人的学习。例如，相关研究结果发现不同性别的婴幼儿社会情绪能力没有显著差异，但婴幼儿期女孩在依从性、移情和亲社会同伴关系上显著高于男孩，12—24月龄和 25—36 月龄婴幼儿在注意力、模仿或游戏、移情上存在显著差异。①家庭成员应认识到其在家中的情绪表达对婴幼儿社会情绪能力发展的重要影响，努力为婴幼儿创设积极的家庭成长环境，为其社会情绪能力健康发展奠定良好基础。

　　学校是未成年人主要的学习场所，学校教育起着学习行为规范、价值观塑造及知识获取的重要作用。学校教育管理制度、教师素养、校园文化等都对未成年人的学习有直接或间接的影响，如我国近年提出的"双减"政策更好地规范了学校及校外培训机构的教育实践，增强了学校教育的服务水平，进一步保障未成年人学习权利，有利于未成年人全方位的发展，更加体现了以学生为中心的教育观。

二、未成年时期的学习特征：基础学习

　　未成年时期是终身学习的初级阶段，是知识积累和价值观形成的重要时期，基础学习是这一时期的主要学习特征。未成年时期学习内容的系统性和学习形式的集体性决定了这一时期的学习特征为基础学习。在人出生时心灵就像白纸或白板一样，只有通过不断学习、不断积累经验才能使人生得到充实。未成年时期个体学习的内容较为系统、全面，需要学习技能、知识，从而德、智、体、美、劳全面发展，成为独立自主、生命自觉的人。其一，技能方面。从学说话、学走路，学习简单动作等基础的技能，到发展兴趣爱好、培养特长技能，再到精细化深入学习，发展专业技能，同时包括对终身学习能力的培养，以更好地进行终身性的学习。其二，知识方面。从简单的听、说、读、写到开始系统学习基础科学文化知识，初步构建起系统的认知与知识体系，为以后深入学习、认识世界、改变世界奠基。其三，道德方面。从学习自我相处和情绪管理，到学习人际关系的处理及遵守社会秩序，初步建立正确的价值观、人生观、世界观。

　　在学习形式方面具有突出的集体性特征。未成年时期个体生活与学习环境相对简单，主要依托在学校内接受基础教育，更多以同伴交流、小组讨论、集体活动的形式展开。在集体中，未成年个体学会如何扮演在集体中的自身角色，懂得

---

　　① 李雪莹，李杨卓. 父亲情绪表达与婴幼儿社会情绪能力的关系：婴幼儿气质的调节作用. 学前教育研究，2018（4）：28-39.

与同伴和睦相处，从集体中能够获取自我成长的有利资源。通过集体性学习，有助于未成年个体更好地明自我、明他人、明社会，为未来发展做好基础准备。

三、未成年时期的学习策略

（一）积极模仿

模仿是未成年时期个体学习的主要方式。未成年时期个体对于任何事物都具有极大的好奇心，处在建立人际关系、适应外界环境、构建认知体系的阶段，任何事物都成为其进行学习的重要资料。在模仿外界事物的过程中，未成年个体逐渐认识自我、认识他人、认识世界。

一方面，未成年个体通过观察模仿，构建自身行为范式。未成年个体具有对外界极敏锐的观察能力和学习能力，通过观察模仿完善语言交流系统，掌握日常行为规范，不断提高自身自处能力和对外界的适应能力。

另一方面，通过沟通模仿搭建自身思想体系。未成年个体处于人生观、价值观、世界观的形成与建立时期，通过与他人的交流沟通，丰富精神世界，学会明辨是非，形成独立思维，进而塑造完整、系统的思想体系。模仿是重要的信息获取方式，在个体社会经验、成长经验相对缺乏的时候，通过模仿可以帮助自身认识本我，形成自我，并进一步实现超我。

（二）持续激发

未成年个体身心处于由不成熟向成熟的过渡期，此阶段个体认知能力不断提升，具有极大的发展可能性。此时需要不断激发自身潜力，以促进自身成长。

首先，树立标杆，激发个体进取心。未成年个体尚未形成独立的认知体系，具备独立的判断能力，榜样是引导个体学习行为产生的重要指向标。通过树立榜样，在未成年个体学习群体中营造良好的竞争环境，以不断激发其进取心与上进心。其次，丰富形式，激发个体求知欲。未成年个体的成长过程是不断探索的过程，他们对任何事物都充满好奇与新鲜感。通过建立合适的最近发展区，在契合个体认知水平的基础上不断丰富学习内容，提升学习趣味性，启发个体不断思考，可形成极强的求知欲。最后，交流诱导，激发个体创造力。未成年个体在逐渐成熟过程中具有极大的发展空间。通过与个体交流，并不断给予正向引导与反馈，在开放、灵活的对话过程中可激发其无穷的创造力、想象力。

（三）及时强化

及时强化是巩固学习成果的重要途径。人脑对任何事物的记忆都逃不过遗忘规律。强化对于保持头脑中的知识不被遗忘、能够准确快速提取至关重要。对未成年时期个体而言，每天都在学习新知识、新技能，如果不及时强化便很容易造成知识、技能的遗忘和混乱。因此，未成年时期个体学习离不开及时强化。根据艾宾浩斯遗忘曲线，记忆后刚开始几天是遗忘速度最快的时间段，这时候提高复习、练习的频率，不断强化，能够极大地提升记忆保持效果；再之后按照每周一次、两三周一次、一个月一次这样逐次降低的频率进行一定强化，便能够进一步减缓遗忘的速度，巩固学习成果；随着记忆更加牢固深刻，应用程度更加熟练，便可以逐渐改变强化周期。同时，应注意伴随强化周期，适时改变强化方式，贴合未成年个体的身心发展规律，提高其学习成效。

第二节　成年早期的学习及特征

从年龄分布来看，成年早期在我国一般指处于 18—35 岁的生命阶段。[①]成年早期是个体由未成年时期步入成年时期的第一个阶段，社会角色、学习内容、学习环境、学习方式等均发生明显的转变，面临着一定的学习矛盾与冲突，此阶段的学习呈现出转化学习的特征。

一、成年早期学习的影响因素

（一）内部因素

生理因素。成年早期个体在身体上达到了一生中最强壮、最完美的时期。一般在 22 岁左右，人已经发育得完全成熟，达到了生理上的黄金时期，身体的各项指标和能力都处于最高发展阶段。听力、视力等感官能力都处于最为敏锐的时期。

心理因素。成年早期的个体相对于未成年时期心理更加成熟健全。认知方面，处于成年早期的人群，由于生理机能、思想观念等的影响，能够积极适应信息社会的发展，紧随时代步伐，优越的捕捉信息、理解信息、分析和利用信息等方面的能力是他们开展终身学习的基础。人格方面，处于成年早期的个体大多刚刚离开学校，步入社会，社会角色逐渐发生转变，包括情感、家庭、职业等方面，角

---

① 叶忠海. 现代成人教育学原理. 北京：中国人民大学出版社，2015：91.

色的初变化使他们情绪多变。但相比于青少年时期，其更善于控制情绪、忍受压力，心理更成熟，少了一些孩子气，多了一些独立性。成年早期的人群，由于对未来学习、工作和生活充满了好奇，始终保持着相对积极的情感，学习效果较好。

（二）外部因素

成年早期终身学习的外部影响因素主要体现在职业和家庭两个方面。

职业方面，成年早期的个体经历了选择、发展和成就职业或事业的过程。为了顺利步入职业生涯，成年早期的个体会选择努力提高自己的终身学习能力，通过持续学习增进职业适应力，促进职业生涯可持续发展。因此，工作也就成为学习者的外部积极动机。

家庭方面，成年早期是恋爱、结婚、生儿育女的阶段。处于成年早期前期阶段的个体，大多处于恋爱阶段，尚未步入婚姻，因而家庭因素还是指原生家庭。一般来说，父母都会支持子女完成学业。而对于已经结束学业、步入社会和婚姻的个体来说，家庭在很大程度上会成为影响终身学习的一个重要因素。

二、成年早期的学习特征：转化学习

进入成年早期，个体开始面临着学习环境变化、身份更新的困扰，这一系列的改变持续地冲击着其原有的认知结构和经验模式。个体旧的经验认知体系与不断变化着的环境产生矛盾，需要进行转化学习，化解认知冲突，以适应社会变化。转化学习的过程是元认知的过程，是个体由于认知需求刺激原有认知结构，产生怀疑和疑惑导致引发认知冲突，通过不断反思、修订、补充和完善认知结构，从而化解矛盾的过程。[①]所以，成年早期的个体需要转变传统的学习理念与模式，开展转化学习，经过一系列的检验、反思与修正，达到认知结构的质变，从而加速角色转换，提高社会适应能力，更好地承担自身责任，履行自身义务，促进个体长远发展。因此，成年早期的学习具有明显的转化学习的特征。

转化学习作为终身学习的重要方式，对于成年早期个体的意义不言而喻。通过转化学习，可以促进个体激活认知储备，令新旧经验充分结合，从而有效化解认知冲突；可以帮助个体协调好工作与学习的关系，适应学习型社会的要求；可以促使个体凝练智慧、提升德行；可以协助个体深刻领悟生命内涵，同步生命成长。总之，转化学习有助于成年早期个体的知情意行的转变，取得实质性的学习

---

① 杨优先. 成人学习能力研究反思. 成人教育，2015，35（7）：12-15.

效果，实现人生蜕变，获得真正成长。

（一）助益成人激活认知储备

转化学习势必经历知觉环境的不断重组与经验的往复联结和解构。[①]处于成年早期的个体，当原有角色与新的职业角色本质特征的不同带来预期和实际体验的巨大差异时，可能难以很快投入新工作，甚至可能威胁其尽力维持的认知的连续性。这种预期与实际的不相符，可能导致个体角色失调，陷入两难困境，转化学习也由此开始。成年早期个体通过充分的批判性思考、理性交谈，调动原有认知，转变不合理的观念意识，重新建立正确的认知观，从而及时化解认知冲突，发生真正意义上的实质变化。

一方面，两难困境触发成年早期个体自尊。新入职者在工作中急于表现自己，赢得领导和同事的认可。而面对工作中棘手的问题，其一时间可能没有办法消化、处理，使自己置身于尴尬地步。强烈的自尊心需要维护，迫使其主动进行自我资源开发。在寻求突破困境的过程中，个体积极启用自身丰富的知识储备和先前积累的大量经验，将以往所学的专业知识充分调动起来处理实际问题。另一方面，积极思考带动思维转变。固有思维模式造成的认知冲突令个体停滞不前。为摆脱发展瓶颈，其需要积极思考，谋求新出路。成年早期的三观正处在形成—稳固时期，经常思考、叩问与质疑，可以审查出固有思维的局限性，使认知冲突的原因暴露，从而有利于个体化解自身认知冲突，形成正确、稳定的三观。

转化学习的过程是成年早期个体打破固有思维、重塑认知平衡的过程。成年早期个体在解决工作问题时，努力找寻有用经验，大脑深处的记忆被唤醒，旧知识被挖掘并重新调度到中心区，原有认知被激活。批判性思考令成年早期个体发现根本性的矛盾，产生新观点。转化学习重点是依托认知思维的转变，故成年早期个体通过转化学习必然能激活原有知识储备，锻炼思维，促进认知冲突的消减。

（二）助益成人协同工作与学习

转化学习旨在解放思想，释放劳动力，使得学习者获得生存所需的技能和核心能力，摆脱生存困境，赢得生存自由。[②]作为价值主体，人的存在和发展需要从他人和社会得到物质和精神的满足感。迈入成年早期，个体被赋予更多的是"社

---

① 安德列耶娃. 西方现代社会心理学. 李翼鹏, 译. 孙晔, 校. 北京：人民教育出版社, 1987: 179.
② 乔仁洁. 浅析成人的角色冲突对成人学习的影响. 江苏广播电视大学学报, 2007（6）：9-11.

会人"的属性。通过转化学习，个体将自身与社会、工作与学习协同发展，使得自身文化修养符合社会大的文化背景的要求，自觉回应已然到来的终身学习时代，和谐多重身份角色。

人的生存是一个无止境的完善过程和学习过程[①]，在健全终身学习服务体系的过程中，全民应深刻领会终身学习的理念，在人生的各个阶段都要持续学习，以更好地学会生存、完善自我、促进终身发展为目的。特别是成年早期的个体，学习的目的已经不是纯粹地接受知识，而是通过学习改变自己，破茧成蝶，成就更好的自我。随着"职业无边界化"态势的蔓延，边工作边学习已然成为常态，这就需要转变传统的学习方式，转换惯有的学习理念。在平时工作生活中留心观察，将终身学习理念贯穿到自己的一切行为中，让学习成为习惯，做到时时处处都能够去学习。转化学习理论支持学习者在实践中产生问题，然后带着问题去学习，接着把所学的知识应用于工作，在实践中检验知识。这样的学习符合成年早期个体的实际需求，使学习者置身于真实的情境，对其系统思维能力的历练作用显著。

在转化学习过程中，当处于嬗变逆境，成年早期个体从实际需求出发，自主自发地学习职业技能、做人处事、如何生活等各方面的知识；自觉地边做边学，做学合一，以匹配多重身份，适应社会变化、身份变化；主动建立工作与学习的融通机制，打通学习与工作的壁垒，工作学习化，学习工作化，以尽快完成身份转变，实现自我统一。

（三）助益个体转知为智，化智成德

知即知识，智即智慧，德即德行。知识在乎是否博学，智慧在乎能力问题，道德在乎素养问题。经由转化学习重组后的意义结构会让个体的思维、情感、知觉及认知等构成的参照框架得到应有的修正和改善，从而引起世界观、人生观、价值观的转变。[②]个体一旦进入成年早期便加入了成人行列，外界不再以青少年的标准要求他们，对其赋予的期望会全面提高，这也意味着成年早期个体具备的能力与品质亟待提高。在转化学习中，那些被修正的恰恰就是个体生命境界提升的核心要素。成年早期个体通过质疑与修正、学习与实践，可以使知情意行获得不同程度的转变，所以转化学习对于成年早期个体提升生命的境界至关重要。

英国哲学家怀特海认为，"对知识的掌握便是智慧，是可以获得的最本质的

---

① 郑娟新. 成人中期的职业发展和学习. 职教论坛，2006（17）：38-40.
② 汪栅. 转化学习：工作场所中成人实现自我增值的学习方式. 终身教育研究，2020，31（2）：42-48.

自由"①。由此可见，智慧是超越知识的私人化的存在。相同的知识可以被不同的个体掌握，但是却没有个体拥有相同的智慧。转化学习中个体将外界知识内化为自己智慧的过程即为"转知为智"。成年早期个体能够从学到的知识中分析、比较、提取、凝练，将知识成体系地吸收，变成自己的智慧。智慧是个体处理问题的聪明才智的反映，尤其是把专业知识转化成专业技能的能力。"化智成德"是内在智慧外化的过程。个体的知情意行必须是积极的且高度统一的，才可以形成内流于外的良好素养，获得内在的成长，这也是成年早期学习所要达到的质变。在转化学习过程中，成年早期个体不是被动、机械地接受专业知识、技能等方面的训练，而是开始对影响自身生活的社会文化变革获得一种深刻认识。②其在掌握了工作能力的基础上，对于职业发展中的道德迷惘开展深刻的自我检验，制定计划并积极实践，在新思维的指导下产生崇高的德行。

综上所述，生命境界的提升离不开转化学习。转化学习能够促进成年早期个体自身知识的转化，增进智慧和德行，有利于综合能力的大幅提升，从而自如地解决各种突发事件。同时，可以助益成年早期个体增长智慧，修炼德行，很好地发展自己。转化学习不仅可以帮助学习者解放双手，解决生存问题，而且可以破除思想禁锢，解放思想。③个体通过转化学习，能够以点带面地带动知情意行的正向改变，获得能力品质的持续提高，转变、改善现有状况，转劣势为优势，进一步完善自我。

（四）助益成人领悟生命内涵

转化学习能够帮助个体进一步强化对命题的理解，深化观点，并在澄清、解构原有经验预设的基础上接受新想法。④人的自然生命是唯一的且不可逆的，要想使有限的生命更有价值，就要实现生命全面的、自由的、终身的发展。⑤终身学习的宗旨在于使人成人，成为完全的人，即德才皆备、身体与灵魂相和谐的主体。⑥成年早期个体在进行转化学习的过程中，能够深入剖析自我，产生直达灵魂深处的审问，对于生命内涵的认识会得到持续转变。在转化中懂得同步生命成

---

① 怀特海. 教育的目的. 徐汝舟，译. 北京：生活·读书·新知三联书店，2002：54.

② 蔡婷. 企业员工职业转换中的质变学习研究. 江西师范大学，2015：39.

③ 高志敏，李裙. 转化学习理论及其发展述略——基于莉莎包格纳的研究报告. 河北大学成人教育学院学报，2005（4）：5-9.

④ 李楠. 基于转化学习理论的成人教学研究. 河北大学成人教育学院学报，2012（3）：20-23.

⑤ 路日亮. 人的生命价值与人的全面发展. 中国特色社会主义研究，2012（5）：36-41.

⑥ 原魁社. 陶行知"每天四问"教育思想的生命价值观意义. 教学与管理，2014（27）：13-15.

长，予以个体生命充分的尊重、自由的选择、有序的改造。①

生命的意义就是要整合生命。成年早期个体理智化发展过程中应该重视自我生命的整合诉求，坚持学习马克思主义生命价值观，以抵消异化劳动带来的生命存在的无意义感，建立完整的自我认同感与健全的自我认知感。成长是持续的，"是一个过去、现在、未来的动态过程，是没有完结的"②。所以成年早期的成长不是单独一个或几个阶段的事情，是不能分裂的。转化学习是一种生命学习，需要不断学习不断转化，才能持续获得力量，生命的格局才会完整打开。转化学习的过程能够让成年早期个体重新认识自我，不至于在物欲横流的社会潮流中陷入成年早期角色转换的迷茫中，形成"物的依赖性"，沦为异化劳动的奴隶和施暴者，对生命的价值产生怀疑甚至漠视生命。转化学习可以调动成年早期个体行为、态度、经验、个性多方面的参与，这一过程中将个体的诸种能力与人生的价值目标的发展整合在一起，对维持个体生命的和谐与秩序、获得生命成长的意义深远。

转化学习令成年早期个体的经验不断生长，感悟逐渐深刻，三观趋于稳定。同时由于成年早期个体需要兼顾各方面的需求，情商与智商得到考验，能够系统地组织好周围的关系，包括自己作为主体与客体之间的关系和事物之间的关系。在协调精神世界、生活世界、思维与行为的过程中，成年早期个体对于生命的见地加深，更加理解生命内在的力量，生命成长与自身发展更加协调。

三、成年早期转化学习的路径选择

运用皮亚杰的认知发展观解释转化学习的过程，其模型可以表示为：首先，外界触发性事件刺激原有认知。其次，个体怀疑是否符合自我认知。如果是，个体可以很快适应环境变化，将外部刺激转化为内在经验知识（即同化）；反之，个体产生冲突，形成认知矛盾。主体的旧图式不能同化客体，必须建立新图式或调整原有图式，使主体适应环境。然而，转化学习是一种反思性学习，是一种经验性学习，也是一种互动性学习，更是一种发展性学习。③这时就需要通过反思全面检验自身，提出疑问；通过汲取，积累知识，增长经验；通过体验，具身感知，丰富情感；通过实践，验证新理论，获得新创造，从而帮助个体完成顺应，促使思维转化，消除认知困惑，产生新认知、新情感、新行为，使自身持续进步。

---

① 朱德威，李玉俊. 从"生本思想"到"生命理论"的传承与跃迁. 教育理论与实践，2018，38（19）：13-17.
② 钱中文. 巴赫金全集（第3卷）. 晓河等，译. 石家庄：河北教育出版社，1998：336-367.
③ 李米雪，白滨. 转化学习与经验学习辨析. 中国成人教育，2016（13）：9-13.

（一）"反思"促进成年早期个体转化学习

反思是对自己的思维过程、思维结果进行再认识的检验过程。[①]它是转化学习中不可缺少的重要环节。反思强调个体自发性地剖析自身及其他事物，从而形成新的认知。转化学习中的反思不是一般性的回顾或重复，而是深入、彻底的反思，批判性的反思，可以从深层次、广角度进行思考，产生直达灵魂深处的叩问。另外，转化学习中的反思具有"持续性"，即对于问题在不同阶段的演变形态能进行长久不间断的思考，直至问题得到解决，进入下一个环节继续思考。因此，个体需要一直保持反思这种行为，使之习惯化，即主体遇到特定刺激、产生矛盾冲突时可以自动反思。反思是转化学习的检测器，有效的反思能够检测出转化学习中存在的问题，会促使个体获得正向的转换解释。[②]

古人云：吾日三省吾身。可见古人认为反思、自省对人的成长至关重要。通过反思可以检查自己的得与失、对与错，帮助自己全面认识自我。一代文学大家鲁迅，正是由于懂得反思才意识到之前的所学无法从根本上拯救没落的旧中国，故而毅然决定弃医从文，用文字唤醒吾国民众的意识，振奋民族精神，最终在文学上造诣匪浅。个体懂得反思便能对已有的学习活动进行批判性的审视、思考与判断，可以修正关于自身和他人的一些特定假设，可以完善自身的意义观念，直至达到转化学习目标。成年早期个体的主要任务不再是纯粹学习经验知识，而是如何解释新经验的合理性。"不断反思去创造新的意义观点，进而塑造新的学习型态"才是成年早期个体转化学习的基本状态。[③]转化学习是一种借助批判反思促使个体逐渐形成个性化信息解读的学习方式。成年早期个体借助反思可以加深其对于问题的思索，发现问题核心；有助于检验思维转化成果，修订以往扭曲甚至有悖于真理和现实的假设和见解；有利于转为用新思路、新方式解决当下问题，并将新观点作为一种新经验知识纳入图式，下次类似情形发生时作用于其他事件。概括来说，基于经验的反思令成年早期个体重新认识与判断了自身的意义结构，从而形成了更具合理性、包容性的参照框架。

转化学习理论强调学习者的自我批判性，主张突出个体的能动性，关注学习个体质疑与反思的能力。比起"他为"，更看重"自为"，要求主体主动发展。[④]

① 郑菊萍. 反思性学习简论. 上海教育科研，2002（8）：43-46.
② 窦刚. 成人发展与成人学习. 昆明：云南人民出版社，2012：65.
③ 吕文雁. 转化学习在成人高等教育教学中的应用研究. 陕西师范大学，2018：33-36.
④ 刘奉越. 转化学习理论及其对成人教师专业发展的启示. 河北大学成人教育学院学报，2012，14（2）：28-32.

在学习的过程中，成年早期个体应强化自身主动进行批判性反思的意识并将反思贯穿始终。此外，对于之前经验知识的彻底反思需要从内容、过程、前提三方面进行。所以，在转化学习期间，成年早期个体自我反思应该从"是什么"的角度判断事件的正确性以检验概念内涵；从"怎么做"的角度判断做法的合理性以检验策略；从"为什么"的角度判断质疑的有效性以检验问题本身。前提反思是反思的核心。成年早期个体应该尽量进行前提反思，有利于从根本上质疑问题的根源所在。[①]自我反思越到位，转化学习进行越成功。

（二）"汲取"促进成年早期个体转化学习

麦基罗认为，经验是个体转化学习的来源。[②]汲取则是获取知识经验的有效行为。成年早期，多数人由于初入职场、初为人父母，角色的转变致使其急需理解和掌握大量关于工作和生活的信息知识，自身成长带来的认知需求的不断刺激，激发其学习动机。然而就现状来说，这方面的知识却鲜有专门的老师去教，也鲜有"父母"学校可以去上。解决就业、生育的困惑主要还是通过学习者自主学习，查阅相关资料，加深认识；或主动去请教同龄人或者处于成年中期的人，吸取他们的经验；或模仿身边人的操作，重复他们的行为。凭借上述途径，成年早期个体可以掌握一定的方法、技巧，弥补先前经验的不足，从而使自己尽快适应职场氛围，适应父母身份。成年早期个体由于实际需求引发的学习，能够增加内在转化动力，使得新鲜的知识能够及时转为解决当下问题的策略。

摆脱青少年时期的稚嫩与无知，展示成年人的成熟与睿智，是每个步入成年早期的人的心之所向。然而，足够的量的累积才可引起质变的超越，所以华丽的蜕变离不开成年前期源源不断汲取的积极的能量。不管正式还是非正式的汲取，个体有目的地从多方面互动中获得知识、技能与经验的倾向，制造了使外部潜在的理性逻辑转化为内在发展养分的契机。[③]当学习者基于某一个主题进行查阅或者请教时，既会促使其提出更有利于问题解决的方案，又会使其完成一次有意义的经验累积。所以，无论采取何种方式，汲取这一路径所蕴含的经验都是个体完善知识结构的来源。虽然日常的汲取并不能立刻引起个体观念的转化，但是由他人或自身经历造成的对于经验联结的思考能产生新的经验释义。向他人请教的汲取

① 杨月圆. 转化学习：成人学习的新方式. 中国成人教育，2016（8）：13-16.
② 杰克·麦基罗，爱德华·W. 泰勒等. 成人教育实践中的转换性学习：来自社区、工作现场和高等教育的顿悟. 陈静，冯志鹏，译. 北京：北京师范大学出版社，2016：183.
③ 汪栅. 转化学习：工作场所中成人实现自我增值的学习方式. 终身教育研究，2020，31（2）：42-48.

方式不单单是经验和生活经历的传递，因为有沟通，个体还会在无意识之中进行思考、评判。因此，通过汲取，成年早期个体可以吸取有用的经验，快速复制别人的方法为己所用，从而为后续转化提供新鲜材料，加速转化学习的开展。如果不懂得借助汲取的途径，头脑中的认知经验将不会增加，转化学习只能在原有的认知结构上进行，最终将很难有大的进步和新的突破。唯有不断汲取，个体的认知才能得到持续积累，从而促使转化学习的完成。

转化学习最重要的就是解决认知冲突。个体如果拥有丰富的理论知识和经验储备，相应的方法武器也就增多了，对于问题的认识也会更深刻，产生的困惑、不解会减少。这意味着个体在转化学习过程中，应时刻注重理论知识和间接经验的积累，只有达到一定的认知高度，转化学习才能完成。因此，当之前的知识、经验储备不足时，成年早期个体就需要从现有的环境中汲取有利于自身成长的资源，并使用这些资源去发展自我、完成蜕变，通过汲取接受新事物，融入新思维，为转化学习提供新能源。此外，转化学习强调有意义的学习，所以这里的汲取不是单纯的接收。成年早期个体还需要理解、吸收这一部分知识，明白方法背后的原理；需要找出与自身经验的相似处，使得新经验与原有认知紧密结合；需要持久学习的信念，积极主动地去接受广博的知识。

（三）"体验"促进成年早期个体转化学习

所谓体验，心理学层面的解释是指以个体的内部知觉为基础建立的一种特殊的活动，"是对经验带有感情色彩的回味、反刍、体味"①。然而，转化学习是一种情境性的学习过程。情境体验带动"全人"的卷入，建立完整的场景，统筹个体思想、感觉、情感、身体融入学习活动，催化转化学习的完成。②体验是具身感知的活动，涉及参与、合作与交流。体验转换并创造知识的过程就是转化学习的过程。体验不同的情境，有利于新神经突触的产生，使得大脑接受信息、传递信息的能力大幅增加。在真实的情境中，成年早期个体可以切身感知现状，观察事物变化，更易于理解形而上的概念。而且，在社会活动的整体性参与中，成年早期个体可以与其他客体产生互动，彼此进行分享交流，有利于新经验、新知识的获得，加深对于事物的原先认识，甚至产生顿悟。

成年早期个体参与体验能够产生积极的、正向的主观心理感受，即获得感，

---

① 钱旭升. 教育科学，2003（1）：45-48.
② 张瑜. 体验学习：关注学生生命在场的学习方式. 扬州大学，2011：44-56.

在学习、职业等方面产生极大的提升感和成就感。[①]在学习方面表现为，其一，体验贴近生活的情境，有利于激发成年早期个体求知欲，调动其学习积极性，转被动为主动。其二，作为体验者，可以与外界客体相知相遇，有利于实现内外部交流沟通，实现知识转化，从而领悟生命的意义。其三，体验是个体与环境之间交互作用的过程，可以提高转化率，促进学习者把冗繁复杂的内容转化为自己易理解的。在职业方面表现为，其一，针对自身职业需求开展的体验活动，能够帮助成年早期个体在获得的知识与职业之间建立联系，提高知识的利用率，促进职业反思，加深对职业的了解。其二，通过体验活动，成年早期个体可以积累许多有用的经验，并能够较好地将这些经验转化应用于接下来的工作中，从而获取更先进的经验，形成转化的良性循环过程。其三，转变原本的角色，融入体验活动之中，更有利于成人早期个体对职业萌生新的认识，更加明确自身职业定位，对未来工作开展产生新的想法、新的方向。总之，成年早期个体通过体验既可以具身感知事物发展的整个过程，充分掌握所应用原理的本质，又可以丰富情感，促进爱智统一。尤其是高尚的精神体验，可以带来灵魂上的洗礼，使个体超脱于世俗的限制，享受精神自由。

经验是没有中介的感觉输入所产生的无形的、前语言的东西。[②]在体验中，成年早期个体的经验会经历碰撞与融合，从对方的经验中获得启发。作为学习主体，成年早期个体应该积极主动参与各种活动，不同情境的转换增加不一样的体验，在情境体验中推动知识转化。特别应该做到沉浸式参与，全身心投入情境中，让自己乐于体验。随着对各种领域各种场景的体验的增加，情感、意志等多方面都能得到历练，能够不断缩短脑海中形而上的理论和实际生活的距离。亲身体验可以使抽象的概念变得具体，使头脑中的认知变成内心真实的感受，令心智发展协调一致，促进成年早期个体转化学习，实现可持续发展。

（四）"实践"促进成年早期个体转化学习

实践是改造社会和自然的有意识的活动，是检验真理的唯一标准。一切认识均来自实践，"格物致知"。实践必须付诸行动，行动是实践的基础。学习者在发展早期内心对世界充满了好奇，加上身体感官处于一生中最敏感时期，精神饱满，体力充沛，十分愿意去尝试。尤其遇到新的事物，爱实践，爱挑战。正是由

---

① 潘红玉. 成人体验学习的获得感研究. 华东师范大学，2019：45-68.
② 雪伦·B. 梅里安，罗斯玛丽·S. 凯弗瑞拉. 成人学习的综合研究与实践指导（第 2 版）. 黄健，张永，魏光丽，译. 北京：中国人民大学出版社，2011：72.

于成年早期的实践精神，在这个时期，学习者在各方面会有持续的进步，取得学业、事业及爱情的成功。同时，因为不停地实践，成年早期人们的生活变得不那么稳定又充满无尽可能。经过自身实践，成年早期个体能够转变已有思维获得新行为、新创造，取得实质性的突破，这对于成年早期个体的发展意义深远。

从实践检验真理的过程层面分析，实践必定经历肯定—否定—否定之否定的螺旋式上升过程。这意味着其涉及对现有知识的破坏以及对创新能力的要求。转化学习不是停留在表层，而是追求深入学习的一种学习策略。它注重由表及里，层层深入，以探究概念核心要义，发现事物本真为目的。在实践中，成年早期个体的思维能在现实互动中进入解构、重构的循环往复的转化流程，进而能够帮助其在已经获得的知识架构的基础上进行验证，提高判断原有经验框架中信息有效性的能力。从实践是理性的行动层面分析，根据行动学习理论，实践是学习者主动对信息加工处理、建构知识表征的过程。①此过程中，他们会运用已有的知识经验理解和学习，将新旧经验充分联结而非被动的接受他人的观点。通过行动，成年早期个体获得理论的转换能力，使新知识图式与现有行动形成完全有效的融合。由于成年早期个体身份的特殊性，需要以工作、任务和问题为导向，通过实践建立起工作与学习的立交桥，缩小内需与外需之间的差距，达到学习目的实用性、职业性。综上所述，实践对于转化学习而言，相当于桥梁。成年早期个体在实践中能够验证先前观点，打破思维瓶颈；能够跳出现状去分析问题，抓住矛盾根源，探究事实真相；实现从感性认识到概念认识到本质的理性认识，产生新行为、新创造。最后，面对过渡期的恐惧，成年早期个体经过仔细揣摩自我内心的变化，实践探索，顺利过渡到下一阶段。

转化学习是一种追求意义创造的活动。罗杰斯认为"颈部以上的学习是无意义的学习"，要想让头脑中的知识变得有意义，还需要去行动，接受社会的检验。那么作为行动者，成年早期个体首先要尽量选择与所学专业相关的工作，因为工作中的一系列行动会刺激其原有知识与现有问题的联结，在理论与实践反复的循环中，将有效的资源转化为能运用于实践的条件。其次，要敢于实践，大胆探索，不怕失败。这样才能超越原有高度，产生质变。不主动实践永远都是纸上谈兵，对于问题的处理也是隔靴搔痒，不能从根本上解决。在多次实践中才能够总结属于自己的经验，反思行为的不足，发现理论和实际的差距所在，有所创新。最后，要学习与理性行动相一致，使理论与实践有机结合起来，让原有经验能及时向外

---

① 欧阳忠明，任鑫. 行动学习：理论基础与实践. 河北大学成人教育学院学报，2015，17（4）：40-45.

在行为转化，同时又可以通过外在行为获得内在生长。

　　总之，借助转化学习理论，成年早期个体能充分调用认知经验，点燃学习激情，极大地化解认知矛盾；也能够遵循这一时期学习的特征，满足身心发展需要，协同好工作与学习；可在一定程度上促进成年早期个体重新审视生命，为更好的生活、成长提供帮助。借助反思、汲取、体验、实践这四条路径，成年早期个体可检验转化过程、增强转化动力、加快转化速率、提高转化效果，最终促进转化学习的高质量完成，使成年早期个体能够真正开启智慧，爱上学习，实现质变，回归生命本真。

第三节　成年中期的学习及特征

　　成年中期，又称中年期，一般指处于 35—60 岁的生命阶段。其中，35—49岁为中年前期，50—60 岁为中年后期。[①]

一、成年中期学习的影响因素

　　（一）内部因素

　　生理因素。第一，感官能力的变化。成年中期，大多数人都能注意到感知能力的退化。大约从 40 岁开始，个体的视敏度、听敏度开始下降，但大部分人的听力衰退并没有视力衰退那么明显。听力障碍存在性别差异，男性大概从 55 岁开始出现听力障碍，一般会早于女性。第二，更年期。女性更年期一般在 45—55 岁出现，男性更年期一般在 55—65 岁出现，这一时期个体由于生殖系统变化而易出现生理和心理的波动。

　　心理因素。第一，认知发展。成年中期、前期甚至是晚期的个体仍旧保持着良好的智力水平。成年中期个体具有基础扎实的元认知、稳定而成熟的人格、丰富的人生经验，总体智力水平不会因年龄而下降，在部分内容的学习能力上要比青少年学习者更占优势。从记忆上看，中年人多采用意义识记、有意识记和抽象识记，其识记质量在一定程度上超过未成年人。就想象力而言，中年人拥有比较丰富的社会生活和生产实践的经验，为各种联想提供来源，这样看来，中年人的想象力比青年人更具有科学性和可实践性。就思维力而言，中年人辩证逻辑思维

---

① 叶忠海. 现代成人教育学原理. 北京：中国人民大学出版社，2015：91.

能力要远超于未成年人。他们在分析和综合、抽象概括、比较判断、演绎推理等能力上的表现要更突出。成年中期群体可以发挥晶体智力的优势来弥补流体智力的下降的弱势，因而总体的智力功能并未因年龄而产生重大改变，从而使其智力水平长期处在相对稳定的高水平的"高原期"。

第二，人格发展。①情绪具有相对稳定性、隐蔽性、深刻性、社会性和紧张性。成年中期人群处在一个生理、心理和智力相对稳定的阶段，但复杂的社会角色和责任以及更年期等情绪的影响因素较多。成年中期比较稳固的人格特质已形成，个体的人格意识十分鲜明，对客观世界的评价和批判具有强烈的个性色彩。②获得创生、避免停滞感是成年中期的主要任务。一方面，成年中期个体通过对社会做出一些贡献，完成个人目标，会产生一种自我价值感，这是人类进化过程中高级心理需求的表现。另一方面，社会也为中年人的发展提出了责任要求，即他们要为下一代人做好为人父母、老师、领导等的责任表率。③心理发展倾向具有内倾外倾的一体性。根据荣格的观点，内倾者更重视内在的主观世界；外倾者重视外部的客观世界。从个人的整个生命历程看，前半生的发展外倾性表现更突出；进入成年中期，进入后半生的生活后，个体的心理发展倾向发生逆转，内倾性表现更为突出。成年中期群体在以探讨自我为核心内容的基础之上形成了对外界更为深广的看法。

（二）外部因素

职业。成年中期个体的家庭、社会责任比较重，时间规划较为紧凑，一般以在职学习为主，利用业余时间进行学习。来自工作的制约因素包括工作压力、工作不稳定、内部竞争、职位调动、工作时间、工作强度等。

家庭。成年中期的个体，婚姻已经相对稳定，但是也面临着家庭新的任务和挑战，表现为重新审视两性关系、抚育子女、赡养老人等。其中，后两者更为严峻。这个时期个体面临的是子女学业、就业、家庭组建和老人生命健康等重大问题，学习精力有限。在中年后期，不少中年人在身体活动上的休闲时间比较少，更多的是静态的、独立的活动，比如看书、看报、看手机、看电视等。

社会。中年人承担着多重社会责任。成年中期是人这一生中最佳的创造时期，富有生产力、潜力，是最有可能实现人生目标的时期。成年中期个体社会任务繁重，是自我发展与社会交互频繁发生作用的生命阶段，同时也大量集中了各种矛盾，如学习与工作的矛盾、生理矛盾、心理矛盾、家庭矛盾和社会矛盾等，每个矛盾都应予妥善解决。因此，中年人对时间的珍视感要比以前几个阶段更强烈，这在一定程度上锻炼了中年人的协调能力。社会文化在很大程度上制约着成人的学习效果，终身学习文化使成人越来越注重自己的学习和发展。

二、成年中期的学习特征："危机"学习

成年中期个体不可避免地面临生理机能的衰退，角色冲突和职业危机等问题也接踵而至，这些因素极大地阻碍、束缚了他们的学习过程，故这一阶段的学习者体现出"危机"学习的特征。伴随着灰色中年、角色冲突和职业危机等客观条件，成年中期个体面对的危机中蕴藏着较大的不确定性和可能性，同时也呈现出如学习能力下降、学习效率降低和学习动力衰竭等问题。

（一）灰色中年阴影下学习能力下降

生理因素是终身学习能力发展的基础。首先，不得不承认，随着年龄的增长，生理性机能的衰变给成人学习带来障碍。[①]中年期个体的视、听等感知能力在不同程度上的下降，为其获取信息增添了不小的障碍。此外，还伴随着机械记忆能力的下降，大脑对信息接收、处理、储存能力和速率的变差，反应速度下降，以及更年期的挑战。成年中期学习者能明显地感到生理变化是影响其对终身学习自我认知的最直接和最基础的因素。如果可以保持积极心态，从容面对生理和心理变化，处理好焦虑情绪，坚持继续学习，一定会收获令人满意的学习成果；反之，若任焦虑情绪蔓延，影响身心状况，成年中期学习者的学习能力必然会受到影响。高志敏认为，学习能力是一种人获得知识和技能时内部心理的智力活动特征，是智力、知识、学习方法等多种因素相互作用的结果。[②]这表明智力是判断个体学习能力的重要因素之一。对于成年中期学习者而言，智力逐渐衰退使他们与最佳学习期渐行渐远，与青年时期相比，学习能力有所减弱，需要付出更大的努力。

因为发展阶段的相对稳定，成年中期学习者的自我效能感也处于相对稳定的状态。影响其自我效能感的因素主要包括工作情景和工作成就。成年中期学习者因为生活和工作环境都逐步稳定，较少的环境变化（包括工作内容和工作伙伴等）使其习惯于当下环境，并因此而易产生惰性思维，创新性和探索性欲望会降低，所以，环境较难激发成年中期学习者的学习积极性和主动性。在此阶段，工作成就即成功与否的经验对自我效能感产生的影响最大。成功的经验越多，自信心就

---

① 王玉琴. 影响终身学习的内在因素探究. 湖北成人教育学院学报，2013（3）：47-49.
② 高志敏等. 成人教育心理学. 上海：上海科技教育出版社，1997：50.

会越强，自我效能感也就会越高；反之，自信心会受到挫败，自我效能感也就会减弱。成年中期的学习者已进入事业的稳定期和成熟期，如若在此之前成功的经历较少，个体会认为自己不具备相应的行为能力，对所做事情的心理预期就会降低，为规避失败，个体会倾向于选择放弃、不去做；如若成功的经历较多，在经验积累的同时，个体的自信心也会越强，对外界、对自身会抱有积极乐观的心态，更高的心理预期会驱使个体选择去做。

大多数成年中期学习者的工作、生活已趋于稳定状态，其发展心理也以求稳为主。过往较少的成功经历会使个体不断降低对自己的心理预期，降低对自己的能力判断，慢慢接受现状，从而倾向于拒绝接受新鲜事物，对终身学习也产生抵触心理。内部驱动力不高的成年中期学习者不能够全身心投入到学习中，因而也带来学习能力的下降。

（二）角色冲突影响下学习效率的下降

角色一词最早用于戏剧舞台中，扮演某一特定人物，是个体在本身之外具有一定修饰性的人物存在，与社会生活联系密切，具有灵活性和多变性。成年中期学习者是社会发展的中流砥柱，与其他阶段相比，承担着更加多样的社会角色。首先，在工作中，作为一名职员或领导，繁忙的工作业务会占据个体大量的时间，如何做好本职工作、处理好各种人际关系，是在职场中的必备技能。其次，在生活中，此阶段大多都已步入婚姻，组建家庭，成为人妻或人夫，同时又是子女和父母。如何维系夫妻关系、培育子女、照顾父母是其生活中的必修课。再次，在社会中，作为社会公民，遵德守礼、拥护祖国等是个体必备的基本素养。最后，作为独立个体，如何平衡自身生活、完善自我也需要个体很好地经营。

多样的角色使成年中期学习者的生活、工作、学习面临多重压力，多种角色的同时存在也容易产生角色冲突。多重角色会对成年中期学习者学习产生影响。角色冲突是指个体现有的主导性的角色水平与角色期望不适配而产生冲突的情况，即个体不能完成角色期望而引起的冲突。[1]角色冲突源于角色之间或角色内部发生了矛盾、对立和抵触，妨碍了角色扮演的顺利进行。[2]成年中期的个体处在家庭的"夹心饼干"里，上有父母下有子女，既要照顾父母又要抚养子女，要处理家庭琐事、维系家庭和谐关系；在工作中，既要完成工作任务为单位创收，又要

① 安德列耶娃. 西方现代社会心理学. 李翼鹏，译. 孙晔，校. 北京：人民教育出版社，1987：179.
② 乔仁洁. 浅析成人的角色冲突对终身学习的影响. 江苏广播电视大学学报，2007（6）：9-11.

保证工作收入来支撑家庭开销。所以中年人的生活和职场压力极大地消耗着他们的耐心。成年中期群体承担的各种角色意味着他们要承担与之对应的诸多义务。当众多角色要求的义务产生矛盾时，角色冲突便出现了。例如，年迈的父母或者好动的孩子住院治疗，医生要求家属陪护，而成年中期个体又因工作缠身。这时，子女和父母的角色和工作这个角色就产生了冲突。

多重角色压力会使成年中期学习者学习效率降低。在时间不变、精力有限的情况下，多样的角色担任常常会使成年中期学习者顾此失彼。不论是工作、生活、还是自身的发展，对于个体都是不可或缺的，中年个体忙于应对各种角色之间的转换，身心压力使其难以全身心投入学习，用于学习的时间因而变得琐碎，学习更多保持一种片段化、间歇性的状态，学习战线也因此拉长。如果未能妥善处理彼此之间的关系，势必会影响成年中期学习者的学习效率。

（三）职业危机影响下学习动力的衰竭

职业危机是个人的职业生活由一种工作状态向另一种工作状态转变时面临的不适应状态，也是当前面临的与以前不同的不适应的工作状态。从比较普遍的社会情况看，官场和商场上的管理层一般是中年人，他们拥有社会中相对优质的资源，在一定程度上影响着社会的发展。但居于管理层的只是少数，大多数中年人身居普通岗位。在信息技术革新、知识经济占主场的时代，脑力劳动的潜力和作用愈益被人们意识、重视，谁能掌握先进科技，谁就能获得企业青睐。所以，拒绝继续学习的中年工作者在失去晋升机会的同时，还可能在激烈的竞争中被青年人所替代，从而丧失工作机会，陷入职业危机。就如网络电商冲击着实体市场一样，科技的发展也助长了以网络、计算机为基础的机器作业对传统劳动力市场的冲击。相比青年人，中年人更容易受困于日益严峻的就业形势。以高新科技企业为例，技术、市场类等对技能、学习要求比较高的岗位更青睐年轻人。他们学习能力、操作能力强，能够高效率地认识、接受并利用新生事物。企业从人力成本控制的角度考虑也会更倾向于选择青年人。

一般企业中高层的容量极其有限，这就极大地限制了部分中年人的晋升机会。中年人长期处在职业高原时期，晋升无望，同行竞争优势极度缺乏，长此以往，是否会激发他们重新学习的热情不得而知，但他们肯定会对职业、对自我产生怀疑感与被抛弃感。美国学者朱迪丝·巴德威克指出，职业高原期是个体职业生涯的波峰，是人生向上发展中工作角色义务的相对终止点，陷入了个体职业发展的

"停滞"。①若中年人长期处于工作停滞状态，工作懈怠感、无所适从的感觉更容易产生，生理老化导致的学习能力的下降，愈发让他们可能失去学习的激情，故而工作导致的挫败感更容易助长中年人"破罐子破摔"的心态，使其自暴自弃，最终失去学习的动力和能力。

成年中期学习者在职场工作中学习动力不足，主要源自外部职场激励、引导不足与自身学习内驱力的下降。成年中期学习者在职场中一般具有丰富的工作经验，已形成适合自己的工作方式，基本可在自己已形成的模式中持续工作，在可以满足目前工作需求的情况下一般会延续已有工作模式，比较学习所需投入的时间成本、经济成本和人际成本等，较少会主动去创新、提升自己。此外，一个组织当中如果没有很好的激励机制（如给予福利或者提升职称等），很难调动工作者的学习积极性。如果一个组织的领导者没有意识到学习的重要性而带领大家一起学习，组织内部没有形成很好的学习型团体，工作者居于相对平稳的工作环境中，大多会安于现状，不会主动去探索学习的路径与方法。

三、突破"危机"学习的路径选择

成年中期学习者是社会发展的中流砥柱。了解到成年中期学习者的学习困境后，需要提出相应的解决措施，突破其学习"危机"，为其提供合适的路径选择。

（一）淡化中年印记，更新学习能力

终身学习提倡的是人一生进行学习。年龄从来不是学习的绊脚石，人的学习能力、学习状态不会因为年龄而受到影响，重要的是具备良好的学习心态、掌握良好的学习方法。在中年阶段，人的流体智力呈现下降趋势，表现为反应速度的减慢和知觉能力的弱化等，很多成年中期学习者会因此而否定自身，认为自己失去了学习能力，而忽视了晶体智力对人的影响。晶体智力基于后天发展而不断累积，随着年龄的增长而不断得到发展，教育、工作、生活经验均会提升自身的晶体智力，使其随着年龄增长而正向发展。基于此，年龄带给中年个体的不是学习能力的减退，而是经验的不断丰富，其能力不退，反而可能更强。成年中期学习者要做的不是执着于年龄的变化，而是要不断发现自己的优点，挖掘自身的长处，勇于面对自己，面对社会变化，迎接社会发展所带来的挑战。成年中期学习者一般具有多年工作经历，在处理基础难题、应变突发情况、更好处理人际关系等方

---

① 陆琴. 浅析教师"职业高原"现象及应对. 课程教育研究（新教师教学），2015（33）：283.

面具有丰富的经验。成熟稳重的行事风格和大脑中丰富的案例累积，可以帮助其运用过往经验，更好地应对现在，进行知识的联结。

所以，成年中期学习者应该转换思路，重新认识自己、肯定自己，不囿于生理年龄而充分开发积累的经验，按照自身情况科学、合理地规划自己的学习任务，正确面对自身状态和所处环境，勇于去接受新的挑战，相信自己的潜力。

（二）协调角色关系，提高学习效率

处理角色冲突、协调角色关系本身就是一门人生课程，如果置身于很好的角色关系当中，学习效率能有很好的提升，并更好去推动之后的发展。角色冲突是成年中期必然要经历的过程，如成立家庭、工作关系变动、长辈逝去等情况都是对成年生活的很大挑战，如果不能妥善应对与处理，将会影响其生活状态。而想要处理好角色冲突，首先要保持自身的独立状态，具有完整的人格。只有拥有独立的发展能力，才能保证自己冷静、不冲动，并系统应对自身及自身之外的任何事情。其次，在不同的环境里会产生不同的角色冲突，需要个体合理切换角色，不做情绪和身份带入。在工作中，可能面对上下级之间的冲突，同事之间的冲突；在家庭中，可能面对夫妻之间的冲突，与父母和孩子之间的冲突；在社会当中，也可能面对与某些观念、某些陌生人的冲突。在不同的环境当中，个体需要用对应的身份角色去处理事情；反之，很容易造成情绪带入，造成更难处理的局面。

协调好各种角色，妥善处理各种社会关系，会有效提高个体的生活幸福指数，确保其在各个场域游刃有余，生活井然有序。在这样的和谐状态下，各种事务都会高效完成，同时会留有更多可自由支配的时间，学习效率也会因此而得到很大提升。

（三）重振职业精神，强化学习动机

学习动机是一切活动开始的基础，拥有良好的学习动机可以助力个体以饱满的情绪与精力开展活动。在成年中期，个体不同的发展状态、工作环境与工作需要可能影响其对新知识的吸收、对新技能的掌握和对新生活的开展。个体只有在内部树立终身学习理念，在外部不断产生新的工作需要，营造良好的学习环境，才能强化学习动机，激发学习动力。

首先，终身学习是时代发展需求，是企业发展需求，也是个体可持续发展需求。在新时代，于个体而言，终身学习是重新进行知识建构、提高工作技能并丰富精神内在的有效价值存在。无论是在家庭环境中的个体，还是在工作环境中的个体，通过终身学习丰富知识储备和精神内在，是直接提高自我效能感的便捷方法。其次，从外部环境来说，企业应建立完善的工作激励机制。无论是职称评定还是福利给予，都是对工作者的肯定与支持，可以有效激发工作者的工作与学习热情。最后，建立学习型组织，营造良好的工作环境。组织的支持与良好的学习氛围是个体进行学习的直接动力。组织者要有终身学习意识，鼓励大家持续学习，或在企业内部成立学习小组等，潜移默化地带动大家一起学习。

第四节　成年晚期的学习及特征

成年晚期，也称成年后期、老年期。从年龄分布来看，在我国指的是跨入 60 岁后的生命阶段，其中，60—69 岁为低龄老年期，70—79 为中龄老年期，80 岁及以上为高龄老年期。

一、成年晚期学习的影响因素

（一）内部因素

1）生理发展。成年晚期的个体，生理机能一般明显衰老。视觉、听觉等感觉器官功能明显减弱；大脑萎缩，脑内血流量降低，直接影响老年的思维速度和学习能力；易出现记忆损失、语言退化等，还可能失去走路、坐立等能力。

2）心理发展。在认知发展方面，认知能力下降，开始出现不同程度的衰退；感知力下降，感觉迟钝；记忆力衰退；思维力和想象力逐渐下降。但同时，伴随着经验的积累，老年人的晶体智力不断上升，达到顶峰。在人格发展方面，身心衰退，易产生如孤独感、抑郁感、恐惧感等的消极情绪，情绪多变。避免失望感是成年晚期的主要发展任务。

（二）外部因素

1. 家庭生活

第一，个体对于自己的婚姻生活，满意度一般从中年期到老年期一直上升，到老年期正值最高峰，孩子往往成为共享快乐和骄傲的源泉。同时，有些人会面临丧偶之痛，需靠子女的孝顺和孙辈的关心在一定程度上缓解这种痛苦。第二，与成年子女的关系发生变化。这一阶段，子女一般已成人并组建家庭，两代人之间会存在一定的生活习惯和节奏的不同，老年人应学会与子女相处，注重积极沟通，积极看待文化价值观和生活方式等的代际差异。第三，老年人应学会与年迈父母的相处，多多沟通与陪伴，让老人能够安度晚年。

2. 后职业发展

"后职业发展"是指老年人在参加各种社会劳动和活动的过程中，再创造物质和精神财富及满足自身需要、体现自我价值的过程。倡导老年人后职业发展是构建和谐社会的内在要求和本质体现。工作过程本身就是一个充实生命、感受生活的过程，这种体验的价值并不因年龄而有别。老年人可以通过在新的职业生涯中继续发挥余热，服务他人与社会，从而获得更强的自我效能感，增强老年人的自我价值感。

3. 社会服务

中老年人参与志愿服务等社会工作与退休后的幸福感有着密切联系，它有助于替代个人退出工作领域之后所丧失的社会资本。中老年人服务社会的渠道、形式和内容多样，如社会调查、献计献策，发挥余热、服务社会，推荐人才、再做贡献，进入老年大学学习等。很多老年学校与中小学合作，开展精神文明共建活动，配合学校做好青少年的思想政治教育工作。

二、成年晚期的学习特征：生命学习

伴随人口老龄化即银发浪潮来临，家庭小型化和空巢化现象成比例上升，对老年人内在生命价值的拷问上线。面对无法阻挡的年龄衰老和无奈的英雄迟暮感，面对创造体验的力不从心和意志的假性强势，面对灵魂信仰的精神坍塌和肉体生命的唯物破灭，老年学习价值使命处高临深：让老年人在尊重接纳中创造肯定自我，匡纠生命偏执，点燃生命激情；让老年人在价值信仰中超越唯物小我，拨开生命阴霾，重温生命高贵。

教育是一种价值负载的事务，不同需求主体对教育有着相异愿景，因此就会呈现不同的教育形态。[1]老年学习是伴随着世界人口老龄化、农村空巢化、家庭小型化[2]的现实和终身教育的希求出现的。作为表象上只针对老年阶段而实质扩及整

---

① 吴亚林. 价值与教育. 北京：北京师范大学出版社，2009：173.

② 袁伟菊. 加强老年人生命教育. 光明日报，2015-02-09（11）.

个生命进程的老年学习而言，提升其负载的老年生命的内在价值是其最宝贵的核心价值畛域。在社会转型新时代，不少老年人退休后过上了孤独空乏并深感自我无用的生活，与见识广博、忙碌且难于抽离陪伴的儿女的奋斗状态呈现矛盾和分离。家庭小型化使得年轻子女各方面压力增大，抚养比加大，加速了老龄社会形态的形成。并且，在如今人工智能、大数据架构的知识经济时代，中国文化"为老而尊"的传统、长者经验的权威遭到脱基性削弱。综言之，作为全世界老人最多的发展中国家，老龄问题将成为我国攻坚克难的长期一役，它既会影响未来我国政治、经济的发展，也是难以忽视的社会民生和人口问题，更是关乎文化软实力的关键问题。[①]因此，老年学习不仅是对局部的"医治"，而是纵观全局并致力于整个生命进程的活动。在政府、社会、家庭、个人的协力推进中，将老年群体的教育真正纳入生命进程的轨道，充显贴近老年生命的价值考量，发挥老年群体的作用，才能真正实现老年学习的终极生命价值。

（一）匡纠老年期生命偏执

精神和道德的可持续在老年阶段应该达到成熟的表征。人是精神性的存在，年轻时大有作为、贡献社会，到老时总觉余力未减。不少人退休后脱离工作岗位赋闲在家，自然地被周边人认定为是弱势群体，老当益壮的英雄情结无处宣泄，反而变得敏感自负、违拗无理，这是老年群体精神层面的发展性心理问题。退休之后老年人由社会劳动者转变为社会依赖者，由家庭支配者转变为家庭供养者，容易产生角色不适。有些人渴望充实的晚年生活，但同时还可能要承担抚育孙辈的任务，找寻本真的自我在世俗的传宗接代中游离高隔。凡此种种，使得不少人逐渐趋于小我的场域而回避人际交往，对自己生活的目标失去了方向和责任意识。近几年发生的类似"碰瓷"的倚老卖老事件更是凸显出部分老年人道德的沦丧，他们或利用公众善心对着疲惫不堪的未让座者破口大骂，或反讹帮扶之人。其实，这是老年群体在关注度上的变态表达，也说明老年学习亟须关注老年群体在精神上的关爱需求。老年学习要在真正"使老人成老人"的旅途中披荆斩棘，裨益大众，成长生命个体，从而实现整个社会的真正和谐。

老者之尊，壮心不已。匡纠老年人生命偏执，点燃老年生命激情成为老年生命教育的精神内核。当前我国在基本实现"老有所养""老有所医"的基础上，

---

① 杨晓奇. 运用战略思维应对我国人口老龄化. 老龄科学研究，2017，5（10）：3-13.

对老年人的精神需求则相对忽视。①老年学习的精神赋值应该以多维尊重为前提、以创造体验为关键、以参与自为为目标，把老年群体作为一笔真正的社会财富为社会主义建设所用，同时在文化教育的浸陶中匡纠违拗三观，实现在"老有所乐"中的"老有所学"和"老有所为"。

体验创造中尽显夕阳文化。现如今，老年人能够彰显自身价值、创造更多的生命可能性已成为社会共识。太原市杏花岭区虎啸诗社源于创办人对诗歌的兴趣，随着诗社的活动进入社区，通过讲授传统诗词、现代诗词的相关内容，凝聚了"空巢"老人，活跃了社区文化。尽管水平各异，但是丝毫没有阻碍大家对传统诗词的热爱。老人们利用便捷的互联网创作诗词，跟上了时代的步伐。老人们通过勤耕不辍的写诗活动，在丰富自己精神世界的同时，为社区的和谐暖通带来了巨大的推动力。②太原市杏花岭区坝陵北街社区的学习圈更是效仿瑞典，充分利用居民居住点开设活动，由智者和热心居民担任小组负责人，开展学习活动和帮扶活动，如时事点、文化点、烹饪点、互助点等，实现了睦邻点的畅通联结，营造了你帮我助、共建和谐家园的良好氛围。③可见，老年群体并非没有参与的热情和需求，相反，他们参与社会活动、进行创造体验的愿望非常强烈。在适时引导老年人体验创造、发展兴趣的同时，老年学习要做好顶层设计，维护老年人就业、退休的合法权益，在劳动力市场中规避"信息化排斥"④，充分发挥老年人的价值和作用，挖掘老年特色活动和课程，使老年群体在"老有所乐"中"老有所为"。

参与自为中赋能伦理意志。老年人的社会参与问题是老年人自我发展的需求问题，更是关乎人类发展的终极问题。在联合国《马德里老龄问题国际行动计划》（2002年）中，人们把"独立、参与、照顾、自我实现、尊严"确立为21世纪老龄问题行动计划的基本原则，作为积极老龄化核心和精髓的老年人的社会参与得到了全世界的关注。⑤当前，不少老年人处于一种"非角色之角色"的状态，即认为老年人只能履行无意义的社会职能，从而使其被排斥在正常的社会参与活动之外。⑥为博关注，老年广场舞事件、碰瓷事件、倚老卖老的现象屡见不鲜，部分老年人成为社会不和谐因素的始作俑者，尽管这种被边缘化的变态表达让人心生愤

---

① 周绍斌. 论老年精神保障机制的建构. 广东社会科学，2006（2）：180-183.
② 桑宁霞. 社区教育有效性诊断研究. 太原：三晋出版社，2015：239-266.
③ 桑宁霞. 社区教育有效性诊断研究. 太原：三晋出版社，2015：239-266.
④ 王坤. 积极老龄化视角下低龄老年人再就业研究. 深圳大学，2007.
⑤ 李宗华. 近30年来关于老年人社会参与研究的综述. 东岳论丛，2009，30（8）：60-64.
⑥ 李宗华. 近30年来关于老年人社会参与研究的综述. 东岳论丛，2009，30（8）：60-64.

澨①，但是这也正是老年人想要融入社会、让老年生命重新拥有尊严的呐喊，是权利和正常诉求的主观求索。生命有了岁月，就应该让岁月充满生命的意义，在参与社会活动中助人利己。②例如，太原市响水湾社区组织退休妇女组建"夕阳红"舞蹈队，以"我健身，我快乐"为活动宗旨，多次表演参赛，成为社区志愿者队伍活动的主力军。富力城社区则依托社区老年大学打造富力学堂，居民在这里学习知识、健康养生、愉悦身心，实现了自我参与、自我提高，让社区充满温暖与活力。③享堂社区作为村改居社区，组建"晋剧票友会"，走进社区养老院慰问演出，参加省市电视台的晋剧大舞台，唱念做打、字正腔圆，为山西特色打响战鼓。大北门东社区则发挥驻地单位中心医院的资源优势，搭建"百姓健康桥"，为老年人建立健康档案、开展健康教育等，提升居民的健康意识和身体素质。④综上，我们能够看到太原市在老年学习中充分发挥驻地单位的资源链优势，联合老年正规与非正规教育，双打双击，共同发力，提升老年人自主参与意志，正确引导道德风尚与观念，实现了"老有所学"中"老有所为"，值得效仿。

（二）拨开老年期生命阴霾

"当我们这个行星上的生命具有领悟和理解自身存在的能力时，它才算真正成熟。"⑤老年群体本应助益更多年轻生命极尽成熟生命之能事而兴味无穷，而今天，他们当中有些人痛苦焦虑、愤怒恐惧，本质上都是老年期障碍性心理的表现。一是焦虑性障碍，他们因某些高标准的落空、子女成家立业之事等陷入恐慌和无谓的担忧，所以表现得固执己见，甚至对子女的生活强加干涉。二是抑郁性障碍，是焦虑基础上的无助封闭，可能产生悲观厌世的想法，严重时甚至偏于自残自杀。三是疑病性障碍，这是老年人的标志性心理障碍。他们时常担心自己有病，同时又忧心昂贵的医疗费用，不良心境持续积累，加持阴霾于老年生命。但禁忌"死亡"不是因为对生命终结的担忧，而是源于对生命质量下降所导致的心态急转和弥散性害怕的死亡教育的调试缺失。⑥人到老年，身心下行，如果没有精神架构，没有社会交往、价值感触、信仰加持，也就没有了存在的意义。当前有些老年人或是迷于长生，或是对邪教中的偋谬之词笃信不疑，都是因为过往经历的变故所

① 皮湘林. 老年闲暇的伦理关怀. 伦理学研究，2010（5）：104-109.
② 吴涯. 中国老年伦理问题研究. 重庆师范大学，2005.
③ 桑宁霞. 社区教育有效性诊断研究. 太原：三晋出版社，2015：174-175.
④ 桑宁霞. 社区教育有效性诊断研究. 太原：三晋出版社，2015：174-175.
⑤ 理查德·道金斯. 自私的基因. 卢允中等，译. 长春：吉林人民出版社，1998：1.
⑥ 刘小凤. 老年人生命质量和死亡焦虑的关系及应对方式的研究. 四川师范大学，2017.

致。老年人对生命的体认不应该仅仅只是生理"长命"，而是要拥有"宽命"的智慧；不应该是熬空至死，而是对生命怡悦的恬淡，是价值的创造和满足，是灵魂的充溢和信仰的纯洁无瑕，是超越世俗后的生命重温。

老者仁心，灵信价值。老年生活的幸福程度折射着社会的文明程度，如果说老年学习一开始关注社会、家庭、政府的责任行为的话，那么在今天这样一个重生命个性的时代，更应该聚焦于老年人自身如何看问题。老年学习要适度舍离人性，站在更加理性成熟的场域发出声音，只有这样以生命价值的追寻为点，以生命信仰为线，以生命的超越为面，才能真正由内而外地让老年人自信与乐生，体味出幸福与意义。

价值追寻中摒除生命唯物。生命的价值性是人存在的根本特性，老年阶段的特殊生命价值体现在其一生丰富的"成为人"的过程中。[1]自然生命的有限和生理机能的衰缩无法抵挡有些老人创造物质财富和成果的热情，当前功利主义的盛行让他们拘囿于物质主义的怪圈而不肯舍离，死亡的回望也仅仅是身外之物的丰腴而非精神和灵性的成长。老年学习要引导老年群体延展生命价值的张力，追寻除物质之外的个体自我精神生命的开化和灵性生命的增长。比如宋珮珮等有关"美国高龄老人生活方式与健康状况"的研究，突破了传统的对老年群体"弱势"的界定，对老年人的居住方式、家庭婚姻关系、社会交往程度、社区服务、健康与生活自理状态及个人心理体验等方面进行调查，结果显示，有相当比例的高龄老人愿意主动摆脱孤独无助，继续为社会服务，贡献余热。[2]他们从生命的整体性出发，乐观豁达而不物质。太原市锦绣苑社区建立居家养老服务室，组建老年志愿服务队，同时开展编织、烹饪等制作学习活动，养教结合，使其在这些简单平凡的生活中体验幸福与价值，利用"笑脸墙""锦绣文明一条路"宣传传统文化，实现了老年生命价值的再现。[3]因此，只有在生命创造中体悟生命价值，在有限生命价值的生成、发展、更新和传承中完成生命价值的永恒与超越，才能真正实现老年学习的价值清界。

规划指导拨开生命迷离。信仰情感是基于生命本能或天性所形成的一种心理倾向[4]，没有信仰的生命就像没有能量的躯壳，作为一种精神力量，信仰对于消解

---

① 蒲新微. 透视人生老年阶段的生命价值. 东北师范大学，2004.

② 宋珮珮，尼娜·塞维斯汀，吴蓓. 美国高龄老人生活方式与健康状况研究——对老年价值社会认定的突破. 国外医学（社会医学分册），1999（4）：152-154.

③ 桑宁霞. 社区教育有效性诊断研究. 太原：三晋出版社，2015：174-175.

④ 王瑞军. 民间信仰的社会功能与作用机制研究——基于社会主义新农村建设视角. 南京航空航天大学，2012.

老年抑郁空虚、祛魅生命回降有强大动力。只有助益老年人心有所依，才能真正让老年人在信仰的推动下达到自我心理认同并依乎生命自觉。信仰在一定程度上就是坚信生命美好的积极信念。例如，在上海老年大学的系科规划中，游学系的设立让老年学员兴奋不已，他们在"读万卷书，行万里路"，在亲近、接触、探寻大自然的游学过程中，真正感悟世界，体味到了精神的力量。学校根据老年学员的需求设置摄影、英语、日语等班级，希望学员走出国门开阔眼界。[①]对老年人而言，每一次游学都充实了精神世界和人生体验，也展现了中国老年人的精神风貌和文明素养。再如，美国的退休准备教育制度。20 世纪 40 年代，美国的大企业就为那些临近退休的人员提供个人指导培训，以稳定其职业生涯后期的胜任能力，提升其角色转换和心理调适的能力，最终实现由工作到退休的顺利过渡。其中最有代表性的就是举办"退休准备"研讨会，这类活动在退休前的 2—3 年内举行，在退休前的一年半还会进行退休生活的设计，内容涉及法律、社保医疗、兴趣爱好等，通过这些活动，临近退休的个体能清楚地意识到自己退休后会遇到什么问题以及要如何解决[②]，有助于消除角色冲突。可见，老年学习要尝试一些新的模式，进行前瞻性的规划，使老年人提前可对退休生活进行预判和延时性习得，在心理上顺畅地接受退休，并充实老年生活。

死亡教育消解死亡恐惧。归根复命是宇宙万物的根本[③]，人的生命不应该像树叶一样在被寒霜杀死之前就枯萎[④]。海德格尔认为"人是向死的存在"，只有畏死才能畏生，死亡是人类生命历程中不可缺失的一部分。[⑤]很多老年人并非害怕死亡，他们真正害怕的是见证死亡，害怕与亲人分开，害怕隔离于医院高墙的孤独。美国的死亡教育课程多是安排在校园内的，多以青少年为主要对象；针对老年人的死亡教育，全世界范围内多以临终关怀为主。我们可以效仿美国校园死亡教育课程的设计，针对老年人敏感脆弱、身心下行的特点，在老年群体中大力普及死亡教育，但需要注意不能操之过急，要因人而异地进行。死亡教育还可以结合临终教育，让老年人对死亡形成积极的心态，珍惜并敬畏有限的生理生命。要多倾听与陪伴老人，作出同理心回应、回顾往事，鼓励老人用音乐疗法、经典诵读等方

① 周慧静. 老年学习新探索 海外游学不是梦. 中国老年报, 2015（3）.

② 刘娜, 李汝贤. 论美日退休准备教育对我国的借鉴价值. 中国成人教育, 2014（23）：147-150.

③ 蒲新微. 透视人生老年阶段的生命价值. 东北师范大学, 2004.

④ 皮湘林. 老年闲暇的伦理关怀. 伦理学研究, 2010（5）：104-109.

⑤ 刘娟, 阳丹. 浅析"向死而生"的死亡课程——基于存在主义死亡教育视角. 中国校外教育, 2013（19）：19-20.

式表达情意和未来期待等①，让老人跳出小我，找寻真实存在的大我，让他们在临终生命里创造无限的可能性，并留印于世。

老年学习的生命价值是人性问题，更是哲学问题。它关乎自然生命的悲悯、理解与爱，关乎精神生命的意志、创造与尊重，更关乎灵性生命的超越、信仰与价值。老年期作为社会化程度最高的人生阶段，经验的丰富无需争辩，创造的价值也毋庸置疑。在有限生命结束之际，有的老年人对于生命裹慢的放纵、对于生命偏执的违拗、对于生命阴霾的无知，都让本该智慧的生命阶段黯淡、边缘而甚显病态。老年学习站在生命的场域中论述价值的问题，事实上期冀能给老年群体以博大的格局和态度，正视现存的各种适应性、发展性、障碍性问题，充分利用内在的自我教化力量和外在老年学习的影响力，原力觉醒，调适心态，归正生命裹慢，匡纠生命偏执，拨开生命阴霾，找寻老年生命尊严，点燃夕阳生命激情，重温生命高贵，以生命意识的完满冲击小我的自然生死格局，以生命超越的勇气化归人类生命大我的智慧旅途终点。

英国历史学家汤因比认为，"如果我们的视野不超出正在解体的文明本身，不考虑外部力量的冲击，我们就不能理解衰败文明的最后解体阶段"②。21世纪的今天是全球人口步入老龄化的时代，随着老年人口的加速膨胀，由老龄化产生的冲击将不亚于全球化、工业化等人类历史上任何一次伟大的经济与社会革命带来的影响③，垂垂暮矣的老年群体应该如何自足于世，将不再仅仅是老年生命本身的问题，而是全球关注的社会热点难题。伴随人口老龄化而催生并发展的中国现代老年学习，在实践领域八方试点、全面铺开并有所创新建树，但是在理论和历史研究方面却稍显逊色，释史以阐思，征古以衡今，站在历史的场域中审视老年学习，能够让我们以更加客观的维度明晰老年学习外部力量的冲击和自身的原力觉醒，把握老年学习发展的历史脉络，在历史的回溯中更加坚定今天老年学习大有担当和作为的时代使命，助力绘就老年生命"成长"的长寿蓝图，让老人在"崭新的世界"悦纳自己，让社会在新时代的引领中沿着一条变化和生长的道路砥砺前进。

在以人为本理念显扬的后现代，生命不再仅仅是哲学论域的高空产物，而是真正落地的生活之实。关于生命本身的思考一次次撞击着人们的内心深处，烦躁

---

① 蒋甜. 老年人临终关怀中灵性照顾的个案社会工作介入——以四位老年临终者为例. 南京航空航天大学，2017.

② 阿诺尔德·汤因比. 历史研究（插图版）. 刘北成，郭小凌，译. 上海：上海人民出版社，2005：345.

③ 李超. 中国老龄产业发展研究. 北京：中国人民大学出版社，2015：1.

浮华的信息时代或许只有"家"才能赋予个体灵魂安放的资本和权利。而作为整合家庭的基层社会组织的社区，以及作为家庭精神支柱的老年人，应该是其中最宝贵的物人组合。我们经常说，有老人在的地方才有家的感觉，社区老年学习作为增强这一"软组织"的得力手段，作为增强老年主体生命自信和欣赏生命本真的模式，其使命重大。我们不仅要在老人个人生命存在和发展的问题上给予其辅助，更要在其婚姻家庭协调和代际关系互动中发力，以提高老年人适应生活变化的能力，积极鼓励并组织相应的社区参与活动①，让每一个普通的老年人都能真正重新融入社会，共建共享美好社区和家园。

综言之，在历史的情节中，每一个不同的发展阶段和节点都会或多或少地受到来自经济、政治、文化、社会等不同领域的影响，老年学习在经历了政治制度的变革和经济的改革开放之后，就像顿悟的学习者般，开启了生命觉醒和发展之路，而后又在终身教育理念的确认中，走上了独当一面的自由之路，之后在知识经济和信息网络的辅助中成功实现量质转化，最后回归到社区老年教育的怀抱中，在民主、平等、自由的环境中发光发热，在坎坷的路程中收获丰满、顺然前行，助力老年生命尊严的回归。

三、成年晚期学习的实现：从边缘走向中心

伴随着老龄化社会的到来，大力推进老年学习成为整个社会义不容辞的职责所在。通过理念定位、政策走向、实践探索三个基点，能够揭示老年学习从边缘走向中心的变化历程，以期为新时代老年学习的推进之路提供明晰准确的认识、胸有成竹的自信与发展方向的指引，促进新时代老年学习踏上新台阶，实现跨越发展。

现如今，中国已经成为世界上老龄人口最多的国家，并正在经历着历史上规模最大、速度最快的老龄化进程，老龄问题已经成为影响国泰民安的重大战略性问题。无数老年人面临着身心的老化，社会功能及角色的退让等问题，加之科技的日新月异带来社会的高速运行发展，空巢化加剧导致老年群体缺乏陪伴，这些因素都使得他们焦虑不安、自卑孤独。教育是一项造福全人类的事业，社会发展需要老年教育，时代老人需要老年学习。推进老年学习的发展，既是丰富老龄人暮年生活、实现积极老龄化的主要渠道，也是新时代建设学习型社会、促进经济发展政治民主社会和谐的必然需要。老年学习自产生至今，在我国走过了40年的发展历程。随着1983年全国第一所老年大学的成立，中国老年教育事业从无到有、

---

① 王英. 中国社区老年学习研究. 南开大学, 2009.

从小到大，蓬勃发展，历经了开拓兴起（1983—1995 年）、拓展渐变（1995—2002年）、积极壮大（2002—2010 年）和开放跨越（2010 年至今）四个阶段。①走过了多年不平凡发展历程的老年学习在理念、政策以及实践上都取得了突出成就。从理念定位来看，老年学习的指导理念更加成熟、惠及范围更加全面、价值归属更为宏观；从政策走向来看，老年学习相关政策的发展逐渐完善，呈现出主体多元、内容多样、层层贯彻的共进趋势；从实践探索而言，老年学习的开展形式更加新颖、教育内容广阔丰盛、特色品牌活动日益凸显。这些成果、经验的取得，既反映了老年学习从边缘走向中心的转变，又开启了新阶段老年学习的发展根基。在新时代的社会关注与多方重视下，老年学习的进一步发展势在必行。

（一）理念：从尊重包容到平等参与

截至 2021 年底，全国 60 岁及以上老年人口达 2.67 亿，占总人口的 18.9%，预计"十四五"时期，60 岁及以上老年人口总量将突破 3 亿，占比将超过 20%，我国将进入中度老龄化。②老龄化将成为贯穿我国 21 世纪发展的一个基本国情。老龄人口的快速增长，表面看来似乎只关乎小我和小家，实际上却与全社会的发展休戚相关。从老年人自身而言，随着年龄的增长，生理、心理的老化以及社会功能角色的退化，他们面临健康、情绪、退休等多方面的问题，被尊重与谋发展成为老年人与自己和解的有效之道；于教育事业而言，每个人都享有终身学习的权利，教育面前人人平等，老年群体的生命潜能也应当得到自由充分、全面和谐与持续不断的发展；于社会发展而言，人口老龄化带来了生产劳动率下降、医疗福利负担加重、代际关系矛盾突出等社会挑战，不利于构建和谐社会。可见，保障老年人的社会参与和老年学习的公平包容，对社会的民主和谐至关重要。

教育理念是对教育的理性认识，它指向教育实践，阐明教育理想。③"尊重"是现代教育理念的主流思想，也是一个文明社会对待老年人最基本的价值取向。④作为一种教育理念，它强调要给予受教育者信任和尊重，以树立其自尊自信的心态，实现个人的健康成长与发展。老年人作为身心发展都步入衰老期的群体，对于尊重这一基本需要的满足更为渴望。他们害怕外界的否定，害怕孤独与疏离，

---

① 岳瑛. 中国老年教育发展的背景和历史回顾. 天津市教科院学报，2016（2）：47-50.

② 我国将进入中度老龄化 民政部：养老服务是应对老龄化的重要内容.（2022-10-26）. http://world.newssc.org/system/20221026/001310748.html.

③ 韩敏. 教育理念的价值及其实现. 山西大学，2010.

④ 张洋，韩俊江. 中国老年教育价值追究及发展趋势分析. 教育理论与实践，2015，35（27）：23-25.

希望得到他人的认可与关怀，希望获得情感和归属上的安全感，老年学习产生之初的基本理念取向便在于此。1982 年领导干部终身制废除后，为帮助广大退休干部实现继续学习、奉献社会的雄心壮志，老年大学应运而生，充分发挥其协调转换的功能，满足广大退休老年干部群体持续发展的需要，协调老年人退休生活中的不适与矛盾，以助其顺利实现社会角色的转变，减少孤独自卑，保持社会对其的尊重和认可。这种尊重需要的满足，使得广大退休老年人焦虑不安的心情得到缓解，在休闲娱乐的老年学习中感受到了社会的关心、原单位的照顾以及朋友的往来等人文性关怀，实现了老有所养、老有所乐。身为社会中德高望重的长辈，老年人往往积累了丰富的知识经验与人生智慧，这些宝贵财富都理应得到社会的认可与重视。2002 年，《马德里老龄问题国际行动计划》的发布，更是将老年学习的"尊重""发展"理念上升到国际层面。即使是在老年人身心发展得到关照、内心需求日渐满足的今天，博尊重、谋发展的理念依然应作为老年学习发展的首要宗旨，从而让广大老年人都能在成长发展中实现自我的老年价值，在与时俱进中缓解与子女的代沟矛盾，提升暮年时期的生活质量与生命尊严。

"包容"这一教育理念从本质上来说，就是切实关照弱势群体，将目标定位于所有学习者都平等享有受教育的权利，都能通过持续的终身学习实现生命潜能的自由、充分、全面、和谐、持续发展。人的发展具有终身性，社会发展具有持续性，每个人都是社会的组成部分，都应当共享改革开放的成果，得到社会的关怀与包容，老年人也不例外。法国成人教育学家马塞尔·赖斯纳曾指出，人的社会化过程是一个持续终身的过程。处于人生晚期阶段的老龄人口，更加需要自我提升，特别是在知识更新加速、社交场所的歧视、家人的不耐烦等一些令人不安的现实因素面前，老年人对自身发展充满美好期待。因此，步入拓展渐变阶段的老年学习，已不再停留于为少数退休干部服务的层面，它开始走向基层，将教育范围扩展到全社会，逐渐惠及每一个普通的老年人，帮助其践行终身学习理念，实现精神文化养老。当今世界教育正在发生革命性变化，确保全面、包容和有质量的教育，促进每个人全面享有终身学习机会，成为世界教育发展新目标，老年教育作为其最后阶段，重要性不容忽视。在这个知识更新换代加速度的时代，社会环境不断变化，信息社会如期到来，老年人要适应生活变化、提升生命体验，就必须学习新知识，了解新事物，掌握新技能。"包容"理念的输入，使老年学习的普惠发展成为可能，也使得老年人老有所学的需求得到支持，从而在自我提升中能如愿找到精神上的寄托和慰藉。新时代的老年人，在寿命普遍延长的优势下，仍然具有发展性，老年学习理应给老人以包容，给时间以生命，让每一位老年人在老年学习中汲取新的知识营养，在学习和发展中得到幸福和满足。

随着社会进步发展，社会主要矛盾从对物质文化的追寻走向对美好生活的向往，这一转变反映了当前人民需要的多元化。面对科技的日新月异与社会的飞速发展，人们对精神文化的需求不断增加，终身学习的欲望更加强烈，相比于赋闲在家，老年人更愿意"在学习中养老，在参与中成长"，以满足自己继续发展的需要，过有期待、有价值的生活。老年学习的"参与"理念强调让老年人更多地参与到社会生活中，满足自身需要，回应社会期待。新时代的老年群体，在尊重需要、发展需要得到满足后，便会产生更高层次的参与需求，他们希望继续参与社会发展，为社会创造价值。老年人全方位地参与社会，是积极老龄化的主要途径，也是国际社会普遍认可的解决人口老龄化问题之道。[①]中国是世界上人口最多的发展中大国，如今面临着"数量最多，速度最快，差异最大，任务最重"的老龄化挑战，未富先老的老龄化现状给经济发展带来了巨大压力，在老年人内部需求与外部压力的双重夹击下，"参与""平等"的理念顺势而生。老年人作为社会的重要群体，都与家庭、社区息息相关，他们可以为社会继续创造财富，在促进个人成长发展的同时又为社会和谐稳定发挥重要作用。发展老年学习，促进老年人社会参与，不仅仅是为保障每一位老年人的学习权利而服务的一项紧迫任务，更是为保证全社会民主平等、和谐发展的一项重要民生工程。坚持平等参与、公平发展的老年学习理念，有利于开发和利用老年人身上蕴藏的巨大潜力，发挥老年人余热，化老龄压力为老年动力，使老年人在老有所为的同时还能促进社会持续发展。

"大实在的瀑流永远由无始的实在向无终的实在奔流，吾人的'我'，吾人的生命，也永远合所有生活上的潮流，随着大实在的奔流，以为扩大，以为继续，以为进转，以为发展。故实在即动力，生命即流转。"[②]而每个人不断坚持学习，就能不断发现自己生命的美好，发现自己的创造力，发现自己的价值，感受到生命成长的喜悦，整个社会也因此更加和谐。历史反映现实，现实蕴含发展，纵观老年学习理念的发展进程，从尊重至包容再到参与，从最初服务于退休干部到惠及更多人再至推动全社会和谐进步，理念定位的演变透露着老年学习从产生、发展至今天的历史轨迹，价值的归属折射出其从边缘走向中心的转变。时代在发展，老年学习理念也将不断丰富其内涵，延展其价值。

---

① 王莉莉. 中国老年人社会参与的理论、实证与政策研究综述. 人口与发展，2011，17（3）：35-43.
② 转引自杜寒风. 李大钊《"今"》之"今"论. 唐山学院学报，2018，31（1）：22-27.

（二）政策：从协调统筹到公共治理

伴随着我国人口老龄化程度的加深，不断扩张的老龄群体对社会方方面面的发展都产生了复杂而深刻的影响。同时，时代的进步和综合国力的提升，使老年人对于自身物质生活和精神文化生活水平的提升愈加急切。在人口老龄化的客观现实和老年人的合理需求的双重压力下，国家日渐认识到发展老年学习的重要性，诸多部门开始联合发力促进老年学习发展。老年教育政策作为老年学习的重要保障，对人们的思想观念有导向作用，是国家各级部门开展老年学习活动的运行标准。[1]经过 40 余年发展，我国老年教育政策从单一到多样、从提及到专项，逐渐走向完善。在此基础上，老年教育政策推动着老年学习事业取得了巨大成就，国家政策的资助和扶持惠及数以万计的老年人，政策作用成效显著。于老年人自身而言，积极老年教育政策的出台使得老年人在退休生活中的矛盾得到协调，生活得到关照；于教育事业而言，老年教育政策得到国家统筹安排，老年学习被纳入终身教育体系，迎来发展机遇；于社会发展而言，老年学习的社区建设、社会治理功能逐渐被开发出来，其重要意义不言而喻。

发展老年学习是一个社会的系统工程，既需要足够的经济投入，也离不开其他方面的制度保障和支持，政策的鼓励尤为重要。[2]作为国家老年学习工作的出发点，教育政策的协调作用不容忽视。教育政策的协调功能是指教育政策在社会发展过程中可以对各种教育关系进行协调和平衡，这是由教育政策的本质属性决定的，作为利益的"显示器"和"调节器"，所有教育政策都具有协调功能。[3]我国老年教育政策自 20 世纪 80 年代开始起步。1982 年 4 月，中国老龄问题全国委员会成立，同年 12 月印发《关于老龄工作情况与今后活动计划要点》，提出 1983 年至 1985 年期间活动计划要点，其中涉及老年教育和老年学习。这是老年教育第一次出现在国内规范性文件中，为老年学习发挥其协调性做好了政策铺垫。1996 年 8 月 29 日，《中华人民共和国老年人权益保障法》出台，意味着我国老年学习开始走上"有法可依"的阶段。这一时期内的老年学习刚刚起步，政策也处于摸索期，老年教育政策主要分布于老龄事业的发展文件中，发展的定位集中于为老年人再次融入社会、适应退休生活服务，协调老年人角色转换中的矛盾与不安。随着时代的更迭，"协调"之意义也在不断延伸，逐渐超越了政策对于人与人、

① 孙兴美. 基于积极老龄化理论的城市老年人学习需求及其教育政策意义. 江南大学，2015.
② 黄燕东. 老年学习：福利、救济与投资. 浙江大学，2013.
③ 纪秋成. 构建延边地区义务教育均衡发展的政策保障体系研究. 延边大学，2007.

人与社会的协调，延展至更为具体的层面，诸如不同主管部门之间、城乡之间以及不同老年学习目标之间等多方位的协调发展，以更好地发挥老年教育政策的调节控制作用。

改革开放给社会生活带来的深刻变化，大家有目共睹。老年学习从悄然兴起到快速发展，具有巨大的时代标识意义。在这个过程中，随着老年学习包容理念的发展，老年教育政策也在国家的日益重视下，走上统筹发展之路，最为突出的表现就是将老年教育纳入了终身教育体系。"统筹"一词，在此就是指国家对老年学习事业进行整体规划，进而分步实施，并颁发相关政策推进。2007年，《国家教育事业发展"十一五"规划纲要》发布，第一次将老年教育列入了国家教育整体规划。此后我国老年学习发展的步伐加快，截至2019年底，我国已建立约7.6万所老年大学（学校），在校学员总数超1000万。[①]2010年7月，《国家中长期教育改革和发展规划纲要（2010—2020年）》提出要"重视老年教育"[②]。相较于教育法律，这些政策文件更加具有时效性与影响力，对全国各地老年教育政策制定和实际推进起到了积极的作用。政策上的关照与统筹，于老年学习发展而言，无疑是推动其获得关注、走向中心的关键力量。新时代老年教育政策的发展将会作出更广意义上的统筹，以使老年学习实现更为合理的发展。

作为当下中国社会治理和社会发展的重要内容之一，老年学习对于维护社会稳定、促进社会和谐和保障人民安居乐业具有重要意义。因此，进入老年教育政策的形成与选择期以来[③]，国家各项老年教育政策的发展出现更为关注社区建设、社会治理等关涉全社会发展的倾向。2012年修订的《中华人民共和国老年人权益保障法》规定，"把老年教育纳入终身教育体系，鼓励社会办好各类老年学校"[④]。2016年，国务院办公厅印发《老年教育发展规划（2016—2020年）》，这是我国第一部老年教育专项规划，对老年学习的发展发挥了促进作用。2017年，国务院印发《"十三五"国家老龄事业发展和养老体系建设规划》，要求"落实老年教育发展规划，扩大老年教育资源供给，拓展老年教育发展路径，加强老年教育支持服务，创新老年教育发展机制，促进老年教育可持续发展"[⑤]。2017年发布的

---

① 马皓苓. 我国老年教育研究的热点主题与演进脉络. 继续教育研究，2022（12）：22-28.

② 中共中央国务院印发《国家中长期教育改革和发展规划纲要（2010—2020年）》. 人民教育，2010（17）：2-15.

③ 王英，王小波. 中国老年福利的"新常态"：老年学习的社会政策化. 宁夏社会科学，2015（6）：66-71.

④ 中华人民共和国老年人权益保障法.（2012-12-28）. http://www.gov.cn/guoqing/2021-10/29/content_5647622.htm.

⑤ 国务院关于印发"十三五"国家老龄事业发展和养老体系建设规划的通知.（2017-03-06）. http://www.gov.cn/zhengce/content/2017-03/06/content_5173930.htm.

《"十三五"健康老龄化规划》是我国第一个着眼于老年健康整体工作的专项国家规划，明确提出要"积极发展社区老年教育，引导开展读书、讲座、学习共同体、游学、志愿服务等多种形式的老年教育活动，面向全社会宣传倡导健康老龄化的理念，营造老年友好的社会氛围"①。近年来，在国家政策的支持下，全国各地先后出台地方老年人权益保障法、老龄事业的发展规划，构建老龄事业发展格局，为老年教育事业的发展和老年学习的进行起到了推进作用。

教育政策的出现是为实现教育功能而服务，而教育的根本功能在于促进人的生命成长。广大老年人进行老年学习的过程，是与时俱进地更新自己知识经验的过程，也是提高适应现代社会发展所需能力、不断地完善自我的过程。生命不绝，学习不止，学习的过程使老年人的生命不断成长，生命存在方式不断升华，生命质量有效提升，从而提高了他们的生活质量。作为教育理念的载体，老年教育政策的发展无时无刻不在与理念发展相映衬。从关注协调到统筹发展再至治理，在与老年学习理念呼应的发展中，老年教育政策逐渐走向完善，呈现出政策主体多元、政策内容多样、政策推广多方的进步趋势，促进老年学习从边缘向中心转变。时代不停，步履不止，在迎来最好发展时机的新时代，老年教育政策将继续探寻发展的广阔之路。

（三）实践：从教育学习到品牌活动

发展老年学习是积极应对人口老龄化、实现教育现代化、建设学习型社会的重要举措，也是满足老年人多样化学习需求、提升老年人生活品质、促进社会和谐的必然要求。我国的老年学习虽然起步较晚，但依然取得了斐然成就，短短几十年实现了从无到有、从点到面、从弱到强的转变②，开展形式新颖灵活，品牌活动比比皆是，课程内容琳琅满目，这些成果、经验的取得推动着老年学习逐渐从边缘走向中心。于老年人而言，老年学习实践的丰富，使得老年人日益增长的发展需求得到持续的满足，人生价值得以实现，社会参与能力不断增强；于教育事业而言，老年学习实践的完善，有助于老年学习质量的提升、形式内涵的丰富，继而有助于促进终身教育体系的形成；于社会发展而言，老年学习实践的广为开展，使其得以满足大众化、普惠性老年学习的需要，开发老年人力资源，缓解老龄压力，为和谐社会的构建做出更大贡献。

---

① 关于印发"十三五"健康老龄化规划的通知. （2017-03-17）. http://www.nhc.gov.cn/jtfzs/jslgf/201703/63ce9714ca164840be76b362856a6c5f.shtml.

② 张昊. 我国老年大学教育的成就、问题及对策. 中国成人教育，2016（14）：121-124.

任何教育实践的产生都有一定的时代背景，是特定时代的产物，并折射出时代所需的教育目的。老年学习发展得益于改革开放后经济的快速发展，迎来了科教文卫事业的春天，直接导因则是领导干部制度的改革。初创起步阶段的老年学习实践，只有老年大学一种形式，并且教育目的主要倾向于离退休干部的生活教化。1983年，山东省红十字会老年大学的成立，标志着中国老年学习实践的正式起步，此后，广州、长沙、哈尔滨等市也纷纷兴办老年大学，1985年底，全国老年大学发展到61所，在校学员4万余人。^①1988年，中国老年大学协会成立，标志着全国各地的老年学校已经联结为一个体系，之后该协会通过加强经验交流，总结各地办学经验，形成了"颐养康乐与进取有为"的办学思想。作为老年学习的重要场所，老年大学在老年学习实践开展的路上始终处于主要位置，并在时代的助推下不断扩展其形式、丰富其课程、完善其体系。即使在今天，教化于老年教育而言虽然已不是主要目的，但仍然有其存在价值。老年人从紧张的工作到离岗休息，新的环境产生了新的矛盾，他们心中可能产生对地位、权利和工作环境变化的不适应，也可能对某些新兴社会现象产生困惑和焦虑，还可能因生活环境迅速变化产生怀旧心理和回归情绪。面对纷繁复杂的实际情况，通过有目的、有计划的教育活动，使老年人掌握休闲知识和技能，发展延伸兴趣专长，以造就知情意行与现实社会合拍的新时代老人。

事物的产生、发展和变化所呈现的客观必然性，是由该事物内外诸要素之间的本质联系和相互作用决定的。老年学习实践的丰富发展，既与国家高度重视老龄事业发展的大环境有关，又与老年学习自身的积极探索、尝试创新密切相关。

进入21世纪后，一方面终身教育理念风靡全球，老年学习的存在意义与发展需求逐渐得到认可，老年教育逐步被纳入终身教育体系；另一方面，信息社会迅速到来，各种新事物层出不穷，老年人必须加入全民学习的大军，才能不被时代所淘汰。因此，这一时期更为重视引导老年人积极主动学习新知识、触摸新时代，而不只是被教化或单纯地进行休闲。经过多年发展，老年大学在这一时期已渐趋成熟，主要有离退休老干部办公室为主、民政部门及老龄工作机构为主、教育行政部门为主、文化行政部门为主的四种统筹主体，还有上千万的老年人通过社区居家养老（如上海市"绿主妇"老年工作室）、养老机构办学（如武汉市江汉区老年公寓办学）、远程网络教育（如太原市的终身学习网、上海市老年人学习网的网络学习课程）等多种形式参与学习。除去这些正规的老年学习，"非正规"

---

① 董之鹰. 试论改革开放以来我国老年教育的发展历程. 人口与发展，2009（增刊Ⅱ）：106-111.

形式的老年学习实践也得到了极大发展，有依托于高校、博物馆、文化馆、图书馆等学习场所的老年学习活动、讲座，有老年人自发组织的学习团体（如江苏无锡的"夕阳红之家"），还有通过老年广播电视节目、媒体网络的自学等。丰富多样的形式为老年学习实践的展开提供了强有力的支撑，初步形成了多部门推动、多形式办学的老年学习发展格局。学习是永恒的主题，大力发展老年学习，指引老年人参与学习，从而掌握时代跳动的脉搏，将历史文化与社会现实结合，传递社会文化，对社会的传承发展有着不可替代的作用。

时代在进步，理念在更新，政策在鼓励，老年人跟随时代发展的意识也不断增强，极佳的外部发展环境与老年人内在参与学习愿望的完美结合，成就了老年学习实践欣欣向荣的发展局面。近年来，随着教育改革的深入，在素质教育、参与体验、社会实践等新思路的影响下，老年学习实践活动也变得更为丰富多彩。诸如各种老年主题游学，倡导边旅游边学习，给老年人更丰富的内容和体验，自2013年产生，已经被全国越来越多的老年大学所接受，并积极探索。同时，全国各地的老年学习广为开展，老有所学蔚然成风，形成了一系列各具特色的老年学习品牌活动。例如，上海市的"乐龄讲坛"公益性品牌活动，讲坛具有"短""平""快""活""实"等十分适合老年人学习的特点，老年人可以在区或街道老年协会领取免费听课证，之后凭证自己的兴趣选择性地去听讲座。①再如，太原市杏花岭区胜利东街社区一些喜欢诗歌的老人自发成立的"虎啸诗社"，诗社创办了《虎啸诗报》，鼓励社员发表诗作。诗报每期一个主题，不仅反映国家大事，还整合了和谐社区、睦邻友好、尊老爱幼等理念。他们坚持每周一活动，开展"一讲一评"，宣讲创作知识，畅谈创作体会，很大程度上丰富了老年人的精神文化生活。特色老年学习品牌的发展离不开课程内容的支持，近年来随着老年人需求的增加，老年学习课程的设置日趋多样，语言类、技艺类、文史类、社经类、保健类、科技类应有尽有，形成了多种课程体系，上海、江苏、福建、湖北等地的老年学习课程体系设置尤其突出。丰富的课程体系为老年人自主选择个性化课程提供了可能性，也为新时代老年学习实践的蒸蒸日上打好了基础。

老人安则家安，家安则国安。发展老年学习使老年人在"老有所养"的基础上能够"老有所学，老有所乐，老有所为"，成为会学习有价值的终身学习者，充实愉悦地度过晚年生活。这不仅有助于实现老年人自身的成长发展，也有助于家庭的幸福美满与社会的和谐稳定。纵观老年学习实践丰富完善的过程，教育定

---

① 黄磊，刘夏亮. 最美不过夕阳红——上海探索老年学习多元发展显成效. 成才与就业，2012（11）：4-7.

位从生活教化到参与学习再至实践活动，教育形式从单一到多样再到地区特色，自上而下、由浅入深地构建出了老年学习实践活动的体系格局，也通过最直观的形式展现了老年学习从边缘走向中心的转变。探索的步伐没有边界，教育的开展没有定式，新时代新理念，新实践新发展，老年学习将不断开拓新的方式，实现新的突破。

总之，从边缘走向中心，老年学习在发展的路上不断展现出自身价值。作为积极老龄化的重要途径，老年学习在建设和谐社会中有着重要的地位。随着时代的发展，科学技术突飞猛进，为老年学习带来发展机遇的同时，也带来严峻的挑战。首先，从理念认识而言，诸多老年人存在对老年学习认识不足的情况，特别是乡镇农村的老年群体。如何让不同层次、不同需求的老年人都参与进老年学习，以实现整个社会的积极老龄化发展，是亟待解决的工程。其次，从政策保障来看，多数政策在性质上倾向规划目标，在实践中执行性不强，也不利于规范化，且缺乏对于社会参与的鼓励，不利于全方位老年学习发展局面的形成，也将制约老年学习的推进规模与惠及群体。再次，从教育实践来看，还存在着老年学习资源供不应求、发展不平衡、数字化老年学习尚未普及等一系列挑战。如何站在新的起点上推进老年学习事业健康、可持续、快速发展，是迫切需要解决的新课题。关注民生、改善民生，为老年学习大发展带来难得的历史机遇。只要我们以一种时不我待的紧迫感、责任感和与时俱进、开拓创新的精神，去克服前进道路上的困难，去解决工作中的问题，就一定能够使老年学习发展得更有特色、更有水平，让我国的老年学习取得大发展，为建设小康和谐和现代化社会，为实现党和国家的宏伟目标做出更大贡献！

第五节　终身学习者与系统思维

系统是由两个或两个以上的元素结合而成的，局部的简单相加并不是系统。钱学森将"系统"定义为"由相互依赖的若干组成部分结合成的具有特定功能的有机整体，而且这个系统本身又是它所从属的一个更大系统的组成部分"。[①]思维是心理学家和哲学家热衷的话题，他们认为思维是人脑对客观事物的本质属性和事物之间内在联系的规律性所作出的概括与间接的反应。系统思维是人们审视多样化的世界时，运用系统的眼光去看待认识对象，将认识对象与其所在环境以及

---

① 钱学森. 论系统工程. 长沙：湖南科学技术出版社，1982：138.

身处环境中的其他对象进行整体地把握的一种思维方法。系统思维要求不把研究对象当成一个质点来思维，而是作为一个系统整体来进行考察，从而对于个体乃至社会都大有裨益。

一、终身学习中系统思维的价值

人在终身学习中的系统思维是指学习者在生活或组织中所养成的系统思维模式。这种思维模式下，人习惯于从要素到整体来思考与解决问题，从而使得运用系统整合要素的思维方式或者将整体目标分解成小阶段的思维方式等去认识个人、他人、社会以及世界成为其学习的一种风气。这种思维模式是极具理论与实践价值的，着重体现在学习者在终身学习中系统思维的生命价值、学习价值、组织价值等方面。

（一）终身学习中系统思维的生命价值

雅斯贝尔斯认为：教育是人的灵魂的教育，而非理性知识的堆积。[①]当下，工具理性、实证主义、功利主义等倾向使得学习中对生命价值的关怀大打折扣。终身学习中运用系统思维，培养学习者系统思维能力，对于其在终身学习中感到生命的尊重，在人际交往中感受到沟通的趣味，在组织交流中感受到心与心的碰撞，在互助合作中体悟到集体的力量都是十分必要的。

人的生命价值包括人的生命的自然价值和社会价值两个方面，贯穿人从生命的起始到生命的终结。生命的自然价值是指个体对自己、他人以及社会的意义，是万物之灵的人从母体孕育之时就注定必须回馈的。生命的社会价值是指人为社会的发展所尽的那份心力，是人获得报酬、物质以及尊严的基础。每个人的生命价值都是平等的、普适的、终极的，故而作为一种生命化的学习，其对于生命的关怀以及对生命价值的重视应贯穿学习者终身学习的始终。

生命自孕育之初便承载着无数人的期待与希冀，人活着就注定是有价值的，价值的衡量在于每个人的内心标尺。生命的自然价值简单而言就是要使自己有个健康的体魄，给家人带来温暖和爱的呵护，给周围需要帮助的人施以及时的援手，等等。人的理性思维和感性思维的成熟，就需要能够独立地排列、组合那些实现自己生命价值所必需的元素，而这种能力的形成便是系统思维生成的过程。学习者通过系统思维，在终身学习中了解如何调整自己的生活状态、时间安排、饮食

---

① 卡尔·雅斯贝尔斯. 什么是教育. 童可依，译. 北京：生活·读书·新知三联书店，2021：4.

搭配、运动健身等，从而把自己的身体调适到良好的状态，以承担家庭和工作所要求的责任。此外，通过系统思维，学习者能够整体性地把握家庭和工作，他们可以很好地安排自己每天的家庭和工作，比如何时陪孩子去公园、何时去看望父母、何时去旅游休假、何时去会见朋友等。他们也可以运用系统思维去统筹自己的工作和学习，比如先完成什么后完成什么、今天的工作总体有些什么、应该在每项工作上花费多久的时间等。另外，系统思维帮助学习者在生活环境中学会谦逊有礼、学会与人友爱、学会"赠人玫瑰"等，从而使社会和谐美好，邻里之间互帮互助。

生命的自然价值是从孕育之初便赋予的，而生命的社会价值则是在个体成长的过程中日渐形成的，其主要体现在包容与和谐两个方面上。包容是个体与他人、个体与自然以及个体与社会之间的共生、共荣、共惠，是一种大爱。包容有助于和谐，而社会价值的和谐方面主要指其对学习者全面发展和终身发展的关注。社会价值是多方面的，对其的把握离不开系统思维。

包容是一种大爱，即需要有一颗"仁"爱之心，爱一切所能爱的人和物。每个个体的生命总活在一种规划或者计划之中，即我们常说的"生命轨迹"。生命就是活在这个伟大的规律中，找准人生定位，活出人生价值，贡献生命大爱，而这一切需要个体利用系统思维去规划，因为人的灵魂若没有被开悟或启示，就很难参透生命之奥秘。包容那些你不喜欢的工作，尽最大的努力去完成，最后往往你会得到许多难以预料的收获；包容那些你不喜欢的事情，尽最大的努力去理解，也许换个角度一切都不一样了；包容那些你不喜欢的人，尽最大的努力去沟通，说不定表象之下你们的本质是一样的。运用系统思维，从全局出发、整体着手和结构着眼，个体以获取更丰富的生命的社会价值。

生命的社会价值的另一个方面是和谐，即终身学习中的系统思维有助于从生命的全面发展以及终身发展方面呵护学习者的社会价值。生命的全面发展是指，不仅注重学习者知识体系的完善，而且注重其道德品质、能力和兴趣的协调发展。《论语·宪问》载："若臧武仲之知，公绰之不欲，卞庄子之勇，冉求之艺，文之以礼乐，亦可以为成人矣。"[1]可见"六艺"的学习实际上是孔子对人全面发展的向往。在西方，古希腊的亚里士多德也曾提出，要通过体育、德育和智育等促进人的全面发展。此外，欧洲文艺复兴时期，人文主义者提倡人的个性解放和肯定人的价值同样内含人的全面发展的思想。系统思维就是将全面发展融入终身学习

---

① 程树德. 论语集释. 程俊英, 蒋见元, 点校. 北京: 中华书局, 1990: 969-972.

中，系统地来看待各个学习要素之间的关系，取得整体大于部分的效果，从而大大扩展学习者的知识系统、认知体系、生活体认。生命的终身发展是从时间维度将人的一生看作是一个繁杂而庞大的系统，在这个系统中每个时间段（如埃里克森所认为的人格发展可分八个阶段），我们都应用系统的思维去看待，童年、青春期、成年等每个阶段都对人的一生有着至关重要的作用，一步错可能步步错。系统思维对生命的终身发展是学习者不断在这个时间系统中自我发现、自我创造、自我超越和自我完善的过程。美国心理学家马斯洛认为，"人是一种不断需求的动物，除短暂的时间外，极少达到完全满足的状况，一个欲望满足后往往又会迅速地被另一个欲望所占领"[①]。这也从另一个方面说明生命终身发展的可能性，即期望。生命的价值在于自我实现，在社会中拥有社会价值，在自然中又具有自然价值，然而，期望或者欲望才是实现生命价值的动力来源。

终身学习中的系统思维的训练是达到学习者终生成长的有效途径。在终身学习中，"学习"不仅仅是我们日常所说的"读书"，而是更高层次的"学习生活"，学会生活中的小道理和大智慧。正如道德体谅模式的代表人物麦克费尔所认为的那样，情景学习可让学习者学会站在他人的角度考量问题，从而可逐渐达到道德的完善，使自己的生命有意义。因而，系统思维的出发点和归宿不是个体自身的独立，而是集体主义价值观的塑造，将个体所存在的组织看成是实现工作与生活和谐统一的幸福的"伊甸园"。

（二）终身学习中系统思维的学习价值

系统思维在终身学习中的运用对提高终身学习的效果有重要价值。终身学习不是孤立地存在着，在组织中运用系统思维，把握和维护好组织成员的关系对学习者也大有裨益。最后，运用系统思维对学习者的课程编制和教学进行统筹，营造在终身学习中运用系统思维的习惯，有助于从外部条件出发拓展学习者的学习渠道。

从学习者本身来说，其具有生活经验丰富性、学习时间非固定性、学习进度非均衡性等特点；从学习过程来讲，终身学习具有学习准备十分充分、学习目的十分明确、学习过程的计划性、学习内容层次的丰富性和学习工具的职能化、现代化等特点；从心理过程来讲，终身学习具有学习需要的现实性、学习动机的强烈性、思维方式的迁移性、抽象逻辑思维的主导性等特点；从学习特征来说，终

---

① 马斯洛. 马斯洛人本哲学. 成明，编译. 北京：九州出版社，2003：1.

身学习具有学习风格多样性、学习机会终身性、学习障碍多因素性、学习场所开发性、学习个体互相合作性、学习行为的社会性等特点。从多元视角看待终身学习，我们不难发现，终身学习具有自身的优势，同时也有极其严峻的困难。在终身学习中，通过系统思维训练，培养学习者的系统思维能力，对于改善学习者的困境具有弥足珍贵的意义。

在自主管理中运用系统思维，终身学习也能够提升。根据学习者的特点，我们不难发现，学习者能够自我发现问题、自我学习、自我解决问题，只要提供一个合适的舞台他就可以舞出自己的华章。例如，上海宝钢就通过八个自主活动培养员工的自我管理能力，这八个自主活动分别是自己提出问题、自己了解问题、自己分析现状、自己研究方案、自己制定措施、自己实施措施、自己了解效果并向上申报、自己帮助企业标准化和制度化。通过这八个自主活动，企业员工自我管理能力得到提升，想问题办事情更加系统。自我发现问题、自我学习、自我解决问题本身就是一个结构清晰、统摄全局的系统思维的过程，在每个步骤中个体又需要通过系统思维去把握每个环节，从而才能将每个步骤做到极致，最终取得完美的效果。

终身学习不是孤立地存在的，其所依附的学习群体可以是个学习圈、学习型社区、学习型企业等。然而，一个人是一个系统，一个项目是一个系统，一个单位是一个复杂的系统，一个城市是一个庞大的系统……这些系统既有有形的也有无形的，既有内部的也有外部的。终身学习离不开一个又一个的系统，同样也必须具备系统思维，这就要求成人在思考问题时，不是孤立地、静止地、平面地看待问题，而是从系统的角度出发，全面地、运动地、立体地寻找事物之间的有机关系和本质联系，进而形成一个具有整体性、联系性和协调性的思维。著名学习型组织专家张声雄认为，学习型组织的真谛可以概括为：它是全体成员能全身心投入并创造持续增长的学习力的组织；它是能让全体成员活出生命意义的组织；它是能通过学习创造自我，扩展创造未来能量的组织。[1]系统思维有益于学习者认识到自己是组织中的一员并全身心投入到工作学习中。知识经济下，企业竞争的关键是学习力的竞争，激发员工的学习力，提高员工的学习动力、学习毅力和学习能力成为企业首要任务，系统思维对此大有裨益。同样，系统思维使得员工站在集体的角度看问题，有助于激发全体成员通过自我学习去增强组织力量的热情，对于集体主义观的培养大为有效。

运用系统思维的方式进行课程编制及教学，有助于学习者系统思维的训练和

---

① 邵泽斌. 国内学习型组织研究综述. 河北师范大学学报（教育科学版），2007（3）：5-11.

学习效果的提升。例如,对学习者灌输生命价值教育的课程,可以从自然生命的学习、精神生命的学习、社会生命的学习等方面开展,结构清晰且层层深入。自然生命的学习是指释放学习者生命的天性,恢复生命的本真及完善学习者的体格;精神生命的学习是指智育、德育和美育的学习,以德育为生命学习的方向,以智育为生命学习的动力,以美育为生命学习的标尺;社会生命的学习是指提高人的生活素质、公民素质、职业素质的学习,在生活及社会中帮助个体获得价值认同的基石。除课程外,在教学中运用头脑风暴、深度会谈等方式,使学习个体感受集体的热情和价值,从而心有集体,也是很有必要的。深度会谈即团体中的所有成员,各抒己见、自由交流、共同思考,在思想碰撞中可能产生好的想法。团队学习的关键在于深度会谈,个体积极主动地表达真实感受是深度会谈的核心。深度会谈中的个体要学会聆听,不仅用耳朵听,而且要用眼睛听、用心听,从而尊重他人,进而在实现自我生命价值的同时也保障了他人生命价值的实现。总之,在施教和受教的过程中运用系统思维,将其贯穿于教育的各个环节,可使终身学习中系统思维成为一种习惯,体现其学习价值。

(三)终身学习中系统思维的组织价值

由自组织和他组织所构成的组织体系本身就是一个系统,故而在组织中进行的终身学习,其系统思维的训练本身就具有组织价值。正如学习型组织所要求的那样,组织内的每个成员都必须具备强烈的组织荣誉感和系统思考的能力。终身学习中系统思维的组织价值被许多中西方教育学家所公认。无论美国的彼得·圣吉所提出的"五项修炼",德国理论物理学家赫尔曼·哈肯提出的协同学,还是中国的叶忠海教授所提出的学习型组织的特点,均体现了终身学习中系统思维的组织价值。可见,终身学习中系统思维的组织价值是值得认同的。

终身学习不是孤立地学习,从其教育形态上划分可以分为学校形态的学习、组织形态的学习及社会形态的学习,但无论哪种形态,都是在组织或自组织中进行终身学习。赫尔曼·哈肯将组织有序结构的进化形式分为他组织和自组织。[①]他组织靠外部指令而形成,多为政府行为下的结果;自组织按照相互默契的规则自发形成,多为民间团体。可见,不论自组织还是他组织,本质上都是一个系统,终身学习在学习型组织这一系统中运用系统思维,对于学习者养成自我学习、自

---

① 转引自邱尹,谷韵. 新型文化业态的创新态势及其动力机制. 阜阳师范学院学报(社会科学版),2019(5): 92-96.

我管理和自我服务的学习素养，进而促进学习型组织协商民主化、资源共享性和交流无障碍具有重要意义。

学习型组织必须具备三个条件才能使学习具有效度，即：组织内知识的更迭，适应时事的发展；能不断增强组织自身的能力；能带来行动和绩效的改善。微软在创建学习型组织时提出了学习三理念，即自我批评学习、信息反馈学习、交流共享学习。自我批评就是反思，反思学习有利于超越自我，从而打破学习型组织系统思维中事件层次上的思维。信息反馈学习就是利用信息网络技术搭建一个学习的架构，支撑整个组织的学习，从而使个体与个体之间由点与点的分离变成点与线的结合，形成强烈的系统观。交流共享学习就是在自组织中进行交流和共享，建立共享文化。微软的学习三理念在企业这个自组织中很好地调动了员工的学习与工作热情，在提高企业绩效的同时培养了企业文化，增进了员工之间的感情，便于员工系统思维的提高。

学习型组织的创始人彼得·圣吉在 1994 年出版的《第五项修炼：学习型组织的艺术与实践》一书中提出"学习型组织"概念，同时他提出学习型组织应具有五项修炼，这五项修炼分别是自我超越、改善心智模式、建立共同愿景、团队学习、系统思考，其实质上是五项技术，是对个体与组织的思维模式进行改善、使组织朝向学习型组织迈进的应然选择。对于系统思考，彼得·圣吉认为企业与人类社会都是一种"系统"，是由一系列微妙的、彼此息息相关的因素所构成的有机整体。这些因素虽然相互影响，"牵一发而动全身"，但是，这种相互影响并不是一一对应的、立竿见影的，常常要经年累月才完全展现出来。彼得·圣吉认为身处系统中的一小部分，人们往往"只见树木不见森林"，无法真正把握整体。"系统思考"的修炼从全局出发、从大局着手，实为一种智慧。①

彼得·圣吉对于"系统思考"的认识，从理论层次上论述了终身学习中系统思维对于组织发展的价值。"系统思考"具有强大的囊括性，将其他各项修炼融为一体，防止出现其他各项修炼自成一体、互不相干或者一头独大的局面。然而"系统思考"并非要削弱其他修炼，相反，它强化其他每一项修炼，为我们展示整体大于部分之和的效果。此外，其他四项修炼要与"系统思考"相互配合才能发挥它的潜力。"自我超越"是每个人心里的一面镜子，不断反照个人对周边影响；"改善心智模式"使人们的认识方式发生改变，有助于看到个体认知方面的缺失；

---

① 彼得·圣吉. 第五项修炼：学习型组织的艺术与实践（珍藏版）. 张成林，译. 北京：中信出版社，2018：213-217.

"建立共同愿景"拉近了组织成员与团队的心，培养成员对团队的长期心理承诺；"团队学习"是发挥团体力量，使个体在团队中获得自我价值感，全面提升团队整体力量的技术。五项修炼虽然有层次上的关系，但是一个有机整体，不能孤立或分割开来。学习者通过五项修炼将系统思维融入血液，从而将整体性思维、综合性思维、立体性思维、最佳性思维、结构性思维、信息性思维、控制性思维和协调性思维等系统思维方式放置于组织发展中，这不仅仅对学习型组织的发展具有不可限量的作用，对于企业、政府乃至国家的发展也意义深远。

此外，赫尔曼·哈肯于 20 世纪 70 年代初创立的一门新兴综合学科理论——协同学，也为终身学习中系统思维的组织价值提供理论依据。哈肯的协同学是指系统中各个子系统相互协调、合作或同步的联合作用及集体行为，其结果产生 "1+1＞2" 的协同效应。[①]协同学是研究开发系统在外界物质能量和信息作用下，系统内部诸要素、诸层次和诸子系统之间，如何通过相互调节，自发地组织成为一个协调系统的内部机制和规律的科学。在协同理论下，学习者通过元认知策略、认知策略及资源管理策略等学习策略，协调自我学习与组织学习之间的关系，使组织之间和组织内部的关系朝向相互的信心、彼此的信任、相互的依赖、共同的分担方向发展，营造组织学习中合作、共享的学习氛围。

叶忠海教授认为，学习型组织是指以学习求科学发展、实现共同愿景的组织及成员的成长过程。[②]具体应把握下列诸点：①学习型组织是"以学习求科学发展"的组织形态。②"学习"是学习型组织的核心要素。叶教授所说的"学习"不仅指自身提高的个人学习，更强调团体学习和组织学习；不仅是书本学习为主的一般学习，更强调组织内成员间与工作和生活情境紧密结合的学习。③学习型组织要有"共同愿景"。共同愿景是组织成员共同努力奋斗的目标，是个体间沟通协调的纽带。④学习型组织是成长的过程，是组织及成员不断学习、转化、发展的过程，只有相对的起点，没有绝对的终结。⑤学习型组织要有学习成效。"学习成效"是指在组织中建立或营造一种共同的组织学习文化，使组织及成员的发展得到持续，生命得到更新。可见，在学习型组织中进行系统思维，有助于学习者从整体与部分、部分与部分、结构与功能、信息与组织、控制与反馈、系统与环境等方面全面、整体地体认组织的当下利益和未来发展，从而达到认识组织和正确实施组织实践活动的最佳目标。

---

① 赫尔曼·哈肯. 协同学——大自然构成的奥秘. 凌复华，译. 上海：上海译文出版社，2005：123-124.
② 叶忠海. 现代成人教育学原理. 北京：中国人民大学出版社，2014：134-135.

无论是彼得·圣吉的"五项修炼"还是赫尔曼·哈肯的协同学，抑或是叶忠海教授对学习型组织特点的归纳，其共同的思想理念都是要说明终身学习中系统思维对组织的价值。系统思维不仅使学习者看问题和办事情变得条理、规范、有计划性，而且对于组织来说，学习者把自己看成组织这个大系统中的一个要素，以组织的利益为首要，自我价值感得到认同，从而推进组织的发展与繁荣。

二、终身学习中系统思维的作用

系统的性质在很大程度上取决于结构。终身学习结构本身就是一个系统的存在。终身学习结构分为终身学习活动的结构和终身学习系统的结构。终身学习活动的结构由终身学习指导者、终身学习者和终身学习的影响组成。终身学习系统的结构是指终身学习指导者、终身学习者和终身学习的影响构成的完整的实践活动系统。终身学习指导者按一定的目的和要求来影响终身学习者，终身学习指导者和终身学习者之间的作用与联系是以一定的终身学习的影响为中介的，三者之间联系和作用的结果是使终身学习者发生合乎目的的变化。由此可见，系统本身就存在于终身学习结构之中。

既然终身学习结构本身就是一种系统的存在，那么系统思维在终身学习中的作用便显而易见了。系统思维是终身学习者最本质的思维品质，系统思维是终身学习最"要素"的思维品质，系统思维是调适终身学习影响必备的思维品质。系统思维对于终身学习指导者、终身学习者、终身学习的影响来说都是不可或缺的，这就是哲学上说的"从哪里来到哪里去"的问题。系统思维来源于结构，结构的完善又需要系统思维去统筹。

（一）系统思维是学习者最本质的思维品质

每个人的思维品质是不同的，源自个体智力和思维水平的差异性。思维品质一般表现在系统性、灵活性、深刻性、批判性、独创性、敏捷性六个方面，其中系统性最为重要，它是指思维活动的有序程度，即整合力。故而，系统思维是终身学习者最本质的思维品质，终身学习者角色的多样性及其学习目标确立的多因素性决定了终身学习想要达到好的效果就必须运用系统思维去进行筹划。

首先，终身学习者角色的多样性要求终身学习者必须具备系统思维的品质。终身学习与在校学习者的学习不同，它不是一种精英教育，终身学习面向的是大众，是一种大众学习的形式。终身学习的大众性决定其学习主体的多元化和角色的多样性。根据终身学习系统的分类，终身学习可以分为校内学习、工作场域学习、社区学习、社会文化生活学习、远程学习等，终身学习者有家庭主妇、下岗职工、农民工、退役军人、公司白领等，其行业、工种、兴趣、爱好、性格、特长及家庭条件千差万别。拥有系统思维的终身学习者能够从全局出发、从利害着手，在想问题和办事情时将"小我"放在"大我"中进行安排和考量。

其次，终身学习者角色的多样性也决定了终身学习者具有各自不同的学习目标，终身学习者的学习目标的确立也要求其具有系统思维的品质。终身学习者由于社会化的要求，其学习过程既是一种内在的、发展变化的过程，又是一种与外界相联系的、事务性的活动。故而，他们不能像在校学习者那样单纯地进行学习，他们的学习无可避免地受工作、家庭和生活的影响。例如，为了升职加薪，某办公室职员需要进行岗位培训或者继续教育，但是由于要接送孩子上下学等因素，他不得不放弃距离他生活的地方较远但教育质量却更高的终身学习学校，这种取舍从一开始便无法回避，这种取舍也是系统思维的一种。在确立目标、完成目标的过程中，学习者必须进行系统的考量，这种系统思维的能力的形成对终身学习者能否完成学业、能否更有效地学习至关重要。

（二）系统思维是学习指导者最"要素"的思维品质

"要素"也可说是本质、实质或者组成部分，它是构成事物必不可少的因素，要素对于它所在的系统来说是要素，相对于组成它的要素来说则是系统，同一要素在不同系统中的性质、地位和作用有所不同。系统思维究其自身来讲又是自成系统的，不同的终身学习指导者的运用效果也有所不同。无论在统筹自身职业素养时，抑或在实施教育和教学工作中，如何提高终身学习指导者的系统思维是终身学习的关键。

清代的陈澹然在其《寤言二·迁都建藩议》中有言，"自古不谋万世者，不足谋一时；不谋全局者，不足谋一域"，意思是说自古以来想要做好一件事就必须从全局出发。终身学习指导者想要更好地进行指导，做好"学习"这件事情，就必须系统掌握所要教授的知识，系统地了解学习者群体，系统地了解所在的团队组织。只有从整体着眼，具备职业道德素质、知识素质、智能素质和身体素质，并能熟练地应用系统思维中的全局性系统思维、结构性系统思维、流程性系统思维，才能使教学工作顺利进行。

此外，终身学习指导者不仅仅具有传递分享学习内容的职责，在整个交流过程中，还有义务也有责任对终身学习者进行学习管理，所以终身学习指导者还具有管理者的角色。终身学习指导者在对学习者进行管理时，不仅要涉及成人教育的教学原则、内容、组织形式、教学法的管理，而且也要关注终身学习效果的检查，这个过程离不开系统思维。终身学习的对象涉及面广并且情况复杂，这就要求终身学习指导者从全局出发，按流程系统地安排教育教学工作，如除了教学外，还要深入企业、社会和课堂等。

（三）系统思维是调适终身学习影响因素必备的思维品质

终身学习的影响又称终身学习中介，它包括终身学习目的、终身学习目标、终身学习制度与政策、终身学习教学、终身学习课程等。终身学习影响中的这些组成部分本身就自有体系，它们彼此之间又存在着既相互联系又相互制约的系统模式。例如，终身学习目的含有不同层次上的目的，虽彼此区别但又息息相关。故而，在对终身学习的影响因素进行调适时，系统思维是其必备的品质。只有从全局出发，系统地看待终身学习的影响中不同的组成部分，才能使终身学习结构达到优化组合。

此外，从学习与社会发展的辩证统一关系来看，终身学习具有社会功能，同样社会的发展也离不开终身学习，根据终身学习的系统性，社会的发展需要运用系统思维对终身学习结构进行调适。从社会角度来讲，运用系统思维指导终身学习，即对终身学习目的、终身学习制度、终身学习教学、终身学习课程等的调适，充分兼顾各组成部分之间的内在联系和自身独特性，能够最大化地带动终身学习发展。因为人是国家发展的最主要、最直接的劳动力，这种调适如果进行得好，将进一步完善终身学习，提高国民素质，迅速拉动国家经济的发展；反之，这种调适进行得不好，不仅无法正面影响社会发展，还可能打破原有的平衡，使冲突加剧，造成各种社会问题。

三、终身学习中系统思维的实践策略

系统思维是一个庞杂的知识体系，它包括超前性系统思维、结构性系统思维、全局性系统思维等。对系统思维的掌握有助于学习者在想问题和办事情时从要素到整体、从计划到行动、从目标到阶段、从材料到综合来进行。下面简要论述超前性系统思维、结构性系统思维和全局性系统思维如何应对终身学习中存在的问题，希望对终身学习有所助益。

（一）超前性系统思维与学习问题的解决

超前性系统思维即前瞻性系统思维，是一种根据客观事物的发展规律，先于客观事物的发展变化而出现的符合事物发展趋势、具有科学预见性的意识。[①]超前性系统思维具有创新性、独立性、变革性、超越性的特点。在繁多的信息中寻找正确的目标是十分困难的，通过超前性系统思维可预见性地推测事物的发展方向，从而选择正确的目标。

学习中所出现的目标不清的问题可以通过超前性系统思维进行解决。目标反推法是训练超前性系统思维的有效方法，其主要是通过先设定好未来的目标，然后反推出要达到未来目标所需经过的步骤，进而一步一步实施。目标反推法的典型代表是稻盛和夫。稻盛和夫是世界著名的企业家，他说：我们需要用更高的目标和要求来倒逼自己成长和进步，而不要被现有的能力所束缚，必须要用未来的能力来做现在的决定。正是在这样的思想指导下，稻盛和夫的京瓷集团得以在行业中脱颖而出，跻身世界 500 强之列。稻盛和夫的案例对于终身学习同样受用，在繁杂的信息中我们必须先设定好远大目标，再反推实现目标要经过哪些步骤，最后从最接近现实的目标做起，一个接一个地去完成，最终达到成功。

人生好像一个坐标轴，每个人的人生长度大体一致，没有目标的人只能在平面移动中走完自己的一生，而拥有目标的人，在不断实现目标的过程中不断地提高。除了目标反推法，超前性系统思维的训练还可以通过机会推理法、回望测远法、逻辑推演法等来培养。方法只是实现目标的手段，具体到终身学习，还需要终身学习者发挥其主体性，自觉主动地在处理问题时去运用系统思维，使之从工具变为终身学习者的魂脉。

（二）结构性系统思维与学习问题的解决

结构性系统思维的核心在于，在正确界定问题的基础上对问题进行科学的分类，着重解决重点问题。常见的结构性系统思维的分析工具有逻辑树、鱼骨图以及图表，其思维过程一般包括确定目标、分析问题、明确关键问题和解决问题等。终身学习手段的多样化、信息来源的多样性使得终身学习的知识庞杂且凌乱。系统的结构决定系统的功能，终身学习的知识若没有完善的结构，势必会影响其学习效果。

终身学习中所出现的主题不清晰的问题可以通过结构性系统思维进行解决。

---

① 孙洪敏. 超前思维. 沈阳：辽宁人民出版社，1999：12.

5W2H 法是训练结构性思维的一种行之有效的方法，它是在第二次世界大战中由美国陆军兵器修理部首创。5W2H 法是指用五个以 W 开头的英文单词和两个以 H 开头的英文单词作为提问项目，即 why（为什么）、what（做什么）、where（何处）、when（何时）、who（何人）、how（怎样）、how much（多少），确定提问内容，进行情况、原因分析，进而寻找改进措施，最后提出整体性的解决方案。在终身学习中，当大量信息涌入时，学习者可以通过 5W2H 法进行筛选分类。例如，学习者在学习营销类知识时，可以用这一方法进行结构化整合：why（为什么开展这次营销活动，不开展行不行？）；what（本次营销活动该做哪些具体事情？）；where（在何地举行更有优势？）；when（什么时间开始？什么时间结束？每个阶段大概需要多久？）；who（什么人参加？参加者的身份有哪些？）；how（怎样做才能使领导和客户满意？）；how much（该次营销活动需要多少费用？如何才能达到效益的最大化？）。终身学习者通过这样的结构化的整理，在头脑中可形成清晰的结构图，对问题的审查更加深入，下次再遇上类似的问题时便可以迎刃而解，且提高了办事效率。

终身学习者只有将所获得的繁杂的知识逻辑化、体系化、条理化，经常在处理问题时运用 5W2H 法或者信息交合法、目标管理四步法、中心工作落实法等，长此以往，结构性系统思维就可成为思考的习惯，终身学习中结构不清的问题就能够解决。只有解决终身学习中主脉不清的问题，终身学习效率才能提高，才能使学习者在面对浩瀚的信息时不会盲从。

（三）全局性系统思维与学习问题的解决

全局性系统思维就是在思考某一问题时，不仅仅从这个问题出发，而是站在全局高度来审视，从全局中判断这一问题的重要程度。一般来说，学习者会自觉选择学习那些对自己有用的知识，忽视那些对自己没有用的知识，但这种选择往往依靠学习者的主体意识。如果学习者具有较高的文化素质，那么他的选择也许对自身以其周围的人有所助益；反之，这种主体性的选择很可能对自己和周边人的学习有负面影响。全局性系统思维的训练可以帮助终身学习者从大局出发，自觉抵制那些对个人、他人乃至社会不利的信息。

终身学习中所出现的没有重点的问题可以通过全局系统思维进行解决。全局性系统性思维的具体训练方法有宏观微观法和微观宏观法。宏观微观法就是在看待宏观事物的变化时，把握其对微观局部产生的影响，进而对局部进行调整。例如，面对某一新闻热点，不要盲从盲信，要在看清事态的情况下对其新闻要素进行分析，进而更好地把握这则新闻的真伪。微观宏观法是指从个人或者组织的微观追求出发，在外部宏观环境中实施自己的行动方案，从而实现自己的目的。"知天地方可明自我"，终身学习时如果盲目选择自己认为有用且自己喜欢的知识进行学习，忽视社会需求，等到学习结束时就可能发现学无所用。

全局性系统思维不仅要从宏观与微观进行思维，也要从内部与外部、动态与静态、紧密与松散等方面进行系统性把握。从全局把握所学知识，有助于改变终身学习的盲目性，弥补其没有重点的缺陷，还能帮助终身学习者发挥主体意识，自觉抵制不良网络信息对意识形态的侵蚀。

第七章　终身学习的服务体系

终身学习服务是对传统教育认知与实践的一次超越，是涉及社会各界的一项庞大的系统工程，它是学习资源的重组，也是学习资源的高效利用。终身学习服务体系指为实现人的终身学习所提供的各种服务主体的有机整合。[①]

第一节　终身学习服务体系的价值

梳理终身学习服务体系，形成有机关系网络，为学习型社会提供硬件支撑，可有效推进终身学习，推进学习型社会的建立。终身学习服务体系涉及教育话语体系的重构、国民教育体系的重建和学校教育改革情况等。

一、重构教育话语体系

话语体系是一门学科所形成的表达范式。教育话语体系反映的是教育场域所使用的专业话语，帮助人们在教育场域顺利沟通并进行研究，是对教育观念的显性表达和教育实践的总结归纳。教育话语体系来源于教育实践，同时反作用于教育实践。教育话语体系具有相对稳定性和普适性，同时又遵循时代逻辑不断产生新概念、新表达、新范畴，指导新实践。当下社会持续快速变革，技术革新、生态破坏、社会冲突等系列新问题、新现象不断涌现，为教育发展带来了前所未有的巨大外部压力。为使教育实践不落后于社会变革，需要在全新的视域下，通过重构教育话语体系，确立教育价值取向，推动教育变革，适应社会发展。

学校、教学、课堂、学生、教师等是传统教育活动的固定组成要素，课程内

---

① 桑宁霞，任卓林. 国际视野下终身学习服务体系构建的路径选择. 中国成人教育，2021（3）：6-11.

容、教学方法、师生关系等是传统教育研究的固有课题，形成了教育本身范畴内的话语体系。在这样的教育发展模式下，教育工作者习惯在教育内部探寻更多教育发现。教育之外的其他领域也习惯认为自身是站在"教育圈"外，很少将发生的社会问题追溯到教育身上。在维系社会公平、促进经济繁荣、保护生态文明等方面，教育的作用发挥不足，包括人类世的到来，许多副作用影响的产生，似乎在以一种不可控的力量威胁着人类未来命运，"于人类而言，未来灾难性的世界是一个巨大的挑战，而可持续性发展的教育则可以为其提供答案"[①]。"教育是形成未来的一个主要因素，在目前尤其如此"[②]，是突破传统教育系统而存在于社会系统之中，甚至于关系到整个人类的生存与毁灭的超越现实的存在。教育背后所具有的隐性价值及为人类社会带来的巨大影响不容忽视。如今，教育的这种特性被重新唤醒，教育不仅仅是教育本身，更是引领社会发展的重要因素。

在新时代，传统教育话语体系已不能包含教育应有之义，其体现的教育思想已落后于教育实践并阻碍教育持续向前推进。学习型社会是我们共同致力构建的未来社会形态，终身学习实践也在如火如荼地进行。教育发展直面人类生存与毁灭的问题，原有教育被终身教育、终身学习赋予了新的含义，原有知识也不再是恒定不变的课本知识体系，而是持续发展的动态知识体系。终身学习服务体系的构建，所体现的是形成全社会终身学习的现实条件和可行性基础。除学校之外所有的其他传统非教育领域的机构与组织均被赋予教育属性，具有教育功能；社会各界持有共同的价值立场，成为命运共同体，均在终身学习持续推进的主航道上；终身学习、更新生命、永续发展成为共同的追求目标。在这样的理念认知影响下，教育话语泛在于社会各个角落并以终身学习作为其存在支撑。教育话语体系将重新认知知识、教育、课程等概念，纳入终身学习、学习型社会等新话语表达，扩充人、社会与自然等教育话语研究新范畴。新时代，教育话语体现的不仅仅是教育本身的思想表达，更是对整个社会的价值引领。在这个新时代，教育需要发声也必须发声，必须重构属于这个时代的教育话语体系，给予教育应有的话语权。

（一）重新界定核心教育概念

重新界定核心教育概念，引领教育价值方向。教育是一个历史范畴，核心概

---

① 克里斯托夫·武尔夫. 人类世背景下的主体形成：可持续发展、模仿、仪式与体态语. 陈红燕，译. 教育研究，2019，40（4）：43-49+57.

② 联合国教科文组织国际教育发展委员会. 学会生存：教育世界的今天和明天. 上海师范大学外国教育研究室，译. 上海：上海译文出版社，1979：137.

念的内涵变化需遵循时代发展逻辑。终身学习服务体系以新的视角理解教育主体，突破了对教育的局限认知。"终身教育""终身学习""学习型社会"等词语自产生以来便频繁出现在国际组织及各个国家的政策中，并日渐延伸至日常话语。不可否认，其必然会成为未来教育发展的趋势，是符合当下时代发展的新表达。"终身教育"等表达的出现，使"教育"一词在时间与空间的维度上被赋予了更加丰富、深刻的内涵。包括对"知识"的理解，UNESCO 给予了其新的含义，即包括一切信息、理解、技能、价值观和态度①，而不只是刻板印象中所认为的教师通过课堂传授的课本知识。对核心教育概念的释义直接影响对教育的理解和对教育实践的把控，把终身学习理念融入教育话语体系，对核心教育概念进行重新界定，引领新时代教育的价值方向。

（二）扩大教育话语体系外延

扩大教育话语体系外延，构建无边界教育范畴。教育话语绝不仅是以教育为唯一存在的体现，而是涉及社会各界的完整系统的话语体系。教育所具有的社会属性决定了其自身的无边界性，自学校产生以后，完整的教育含义被抽离，学校教育、知识本位成为教育发展长期走向，教育价值体现仅局限于学校的一方天地而日渐走向学科边缘。终身学习理念的提出，重新将教育置于社会发展核心地位，UNESCO 更将教育视为超越个人与国家的界限、成为整个人类共同利益的存在。②话语体系是在某一领域固有群体成员间约定俗成并指导相关社会实践的基本思想体系。跳出教育看教育，对终身学习服务体系而言，即扩展固有教育主体范围，包含社会各界。终身学习时代的教育话语体系也需跳出教育领域，成为表达社会共同利益的思想体系，重塑体现社会各界共同价值诉求的教育话语表达，扩展教育话语使用范围，使其不再局限于封闭的学校围墙内，而是广泛运用于社会各界。

（三）形成具有生命力的动态教育话语体系

融入实践，形成具有生命力的动态教育话语体系。教育与生活共存。③生活是实践的，不断发展的。教育话语要指导实践，首先要立足于实践。长期以来，规

---

① 联合国教科文组织. 反思教育：向"全球共同利益"的理念转变？ 联合国教科文组织总部中文科，译. 北京：教育科学出版社，2017：71.

② 谭维智. 教育学核心概念的嬗变与重构——基于新时代中国特色教育学话语体系建构的思考. 教育研究，2018，39（11）：25-33+60.

③ 刘旭东，蒋玲玲. 论中国教育学术话语体系的当代构建. 教育研究，2018，39（1）：18-25+58.

范、学科化的教育话语日渐脱离并落后于教育实践，不但不能很好地指导教育实践，还可能会阻碍教育的发展。终身学习服务体系是终身学习时代的新型组织结构。教育实践不断延伸，终身学习服务主体在社会对教育大量需求的现实中创生，是顺应时代潮流的产物，其扩展构建是对教育实践的极具实践性和时代性的回应。在终身学习服务主体的实践过程中，会有大量反映时代诉求的教育话语产生。教育话语应立足于终身学习服务主体实践，避免因片面追求学科化而导致的教育话语偏狭。在主体的实践与探索中，不断更新、扩充教育话语，保证教育话语的实用性和适用性，跟紧时代步伐，构建一个具有生命力的动态教育话语体系。

终身学习时代下的教育话语不再仅发生于教育界内部，而是涉及社会各界，涉及人与自身、社会、自然的终身教育话语体系。通过构建新的具有强大生命力的教育话语体系，可扩大教育格局，延伸教育价值、构建良好教育生态。在同样的话语范式下，可形成共同的话语基础，在各界形成共同的教育价值追求，引领新时代教育的发展。

二、重建国民教育体系

国民教育体系是国家教育形式的体现，体系构建、运行情况代表整个国家教育的情况。在具有法律效力、由国家承认的国民教育体系支撑影响下，国家教育事业稳步发展。随着社会急剧变革，教育在社会发展中承担的角色和占比不断加重，原有国民教育体系发展受限，不能满足终身学习对于教育的需求。打破原有国民教育体系僵界迫在眉睫，急需不断扩充教育类型并给予其正统地位，构建一个真正体现国民性、终身性的终身学习体系，推动国家高质量教育发展。

终身学习时代，旧有国民教育体系封闭性、滞后性、单一性等不足日益显现。首先体现的即是体系存在缺位，与终身学习需求逐渐脱节。国民性指的是教育应是面向全体公民的教育[①]，而现行国民教育体系教育对象更多指向学龄儿童和青少年，同样具有很强学习能力和学习需求的成人，作为主要社会群体，却较少受到重视。现行国民教育体系是以学校教育为主阵地、学历教育为基础而进行的正规教育。一般认为接受教育、进行学习只能在学校实现，也只有这种最终以获取学历作为认证结果的正规教育被大众所认可和重视。各类其他发挥同样教育作用的非正规教育和非正式学习没有受到足够重视，进而限制了个体进行学习的途径和方式。也就是说，现行国民教育体系在教育对象和教育类型上具有局限性，与社

---

① 吴遵民. 关于完善现代国民教育体系和构建终身教育体系的研究. 中国教育学刊, 2004 (11): 43-46.

会发展产生明显的不适配。

同时，教育体系运行缺乏内外沟通。教育本就是一种社会性事业，与外部的经济、政治、文化、科技，与家庭、社会和内部的其他教育类型均是互相成就、相互作用的关系。而现行国民教育体系更多致力于完善学校体系，相对缺乏与社会、家庭的沟通与合作，刻板的教育理念、内容等与经济、政治的发展也出现一定脱节。内部存有的其他各级各类教育也一定程度上体现出现行国民教育体系在沟通衔接上的局限性。

终身学习服务体系结构的开放性、融通性、系统性将推动打破现行国民教育体系结构疆界，重构一个多层次、多序列、多系统的终身学习体系。构建终身学习体系是一个宏大的社会系统工程。现行国民教育体系在教育对象、教育空间、教育类型等方面均存在着局限性，为切实推动终身学习发展，加快学习型社会构建步伐，必须在结构方面重整教育体系，构建以终身学习为导向的方式更加灵活、学习更加便捷、资源更加丰富的终身学习体系。终身学习服务体系是极具开放性和融通性的体系。终身学习价值立场下囊括社会各界主体，给各主体以教育定性，复杂多样的各主体之间因共具的教育属性而紧密联结在一起，并在终身学习视域下分析各主体的终身学习服务成长性和各主体间的资源互补性，通过学习成果认证搭建彼此间的沟通桥梁，实现异质性主体的合作和教育资源的有效整合。终身学习服务体系为终身学习体系构建提供前提条件。在终身学习服务体系开放化、融通化、系统化的结构影响下，终身学习体系将突破单向度的学校教育而形成多向度的包含正规教育、非正规教育及非正式学习等具有更大教育场域的教育结构；将突破学校空间而将教育延伸至家庭及整个社会；将突破单一、割裂的教育类型发展现状而形成多序列、系统性、高效性的组合形态。人生命的持续性和终身学习时代的到来，教育表现出前所未有的重要性，在国民教育体系破与立的过程中，构建超越时间与空间的终身学习体系迫在眉睫。

（一）构建开放的终身学习体系

重整现行国民教育体系，形成开放的终身学习体系。终身学习是惠及全民的公益性事业，需突破学龄观念及学校教育观念，将视野面向学校外的社会各界，将现行国民教育体系由封闭向开放转变，由单向度向多向度转变，以满足不同背景学习者多样需求为出发点，在终身学习理念下重构国民教育体系，如在终身学习背景下分析固有组成部分新的地位和职责并尽快完成角色转换。终身学习体系将是国民教育体系在时间与空间上无限延伸的一个"无边界"的教育体系。

（二）不断丰富终身学习体系内涵和形式

不断融入新的教育类型，丰富体系内涵与形式。不断拓展体制外的教育空间，优化教育生态环境。终身学习服务主体的明确，落实了终身学习载体，要在终身学习服务体系结构基础上构建多层次、多序列、多系统的终身学习体系。终身学习服务体系不断扩大学习场域，由学校延伸至家庭、社会，由线下延伸至线上，打造了无边界的网络学习空间。在此基础上，终身学习不再仅仅是学校教育为主的单一序列，而形成包括企业教育、社区教育等非正规教育和听讲座、看视频、与人交流等非正式学习形式在内的并行发展的多序列学习形式。

（三）促进终身学习服务体系的整合

促进体系整合，实现内部的有机联结与和谐发展。相比现行国民教育体系，终身学习体系将更加丰富、宏大，是一个庞大复杂的巨系统。"若要构建一国之终身教育体系，必须首先对学校与学校外教育的资源进行有效'统合'"[①]，探索内部教育关系。终身学习服务体系明确各主体的教育属性，各主体间教育资源归属的逻辑关系明晰，是实现终身学习资源整合的有效路径。不同实体间通过各种途径实现异质性合作，给予教育新的价值实现可能。在此基础上，终身学习体系通过学习成果认证这一"立交桥"的搭建，串联各个时空，实现不同教育类型间的叠加融通。在纵向上，各类教育形态同向发展，即以终身学习为共同目标，实现不同时间段上的先后衔接。学校教育满足教育适应生活说，培养个体终身学习能力，促进全面发展，以成为独立个体。企业培训等的非正规教育，满足学习者现时需求，补充新的知识和技能，以适应不断变化发展的社会，促进个体终身可持续发展，实现时间上的衔接。在横向上，基于主体合作基础，不同教育形态组合进行实践。"互联网+"教育将正规教育与非正式学习融合，实现跨越空间的泛在学习。校企合作、校社合作整合正规教育与非正规教育，打破教育壁垒，满足学习者的终身学习需求，实现空间上的衔接。

新时代的国民教育体系将是终身学习理念影响下的终身学习体系，通过不同教育类型的叠加融合和优劣互补，产生新的教育价值系统，不断实现终身学习体系的价值与内部的和谐。在终身学习服务体系的影响下，传统的国民教育体系进行解构并重新建构，终身学习的整体性不断加强，日益形成一个具有国民性、终身性、服务性的终身学习体系。

---

① 吴遵民. 中国终身教育体系为何难以构建. 现代远程教育研究, 2014（3）: 27-31+38.

三、促进学校教育改革

学校是进行知识传播的主要教育实体，有目的、有组织、有计划地进行教育实践。在外部教育环境发生变化时，微观教育组织系统必须适应外部变化，做相应的教育变革。在终身学习时代，传统正规学校机构仍然是教育实施的主阵地，发挥着教书育人的重要作用，但需放在终身学习维度上，在终身学习理念的指导下进行由内到外的教育改革。

当下有的学校教育发展趋向教育价值窄化，人文价值理性体现不足。随着社会的发展，学校越来越向制度化、规范化道路发展，业已形成一套成熟的教学管理和人才培养模式。不可否认，长期发展的学校教育提供了大量社会所需人才，但在对教育的人文价值需求愈发显现的终身学习时代，学校教育发展的不足日益显现。终身学习是回归人价值理性的体现。[①]通过人所取得的阶段性成就来反映教育的成功，体现的是人与教育的本末倒置，与终身学习理念不符。如此的教育发展模式，对精英人才的培养，对学历教育的执着，可能使教育价值逐渐窄化，导致人对功利的盲目追逐，引发学校及个体内卷和愈来愈烈的教育焦虑。学历教育背景下的学校教育不符合大时代的发展，未能满足大众对教育的人文关怀诉求，需对学校教育进行由内而外的改革，使其入轨终身学习主航道，融入时代发展大潮。

终身学习服务体系所体现的人文关怀实践将影响学校教育向对学生个体主体价值实践的转变。学校在过去、现在、将来都是重要的教育组织机构，发挥独特教育价值，在终身学习时代也仍然是系统知识传授、道德精神积淀的主阵地，是个体适应未来生活的中转站，是进行终身学习的基础阶段。终身学习服务体系当中的新生力量，如开放大学等机构，以学习者为中心，满足学习者多样化学习需求，其中老年开放大学更是设置有投资理财、养生保健等人文关怀课程。各类学习型组织重视人这一主体要素，在自主、自觉、自为的学习氛围中实现人的可持续性发展。在各类组织人文关怀实践的熏陶与影响下，教育资历较深的传统学校必将进行以终身学习为价值引领的学校教育，打破学历教育桎梏、突破学科教育局限、回归人文价值理性、发挥教育强大内生力，并与其他主体协同服务于终身学习，培育终身学习者。学校教育始终是教育发展的重要力量，在终身学习时代，学校教育必然要顺时代潮流，通过改革入轨终身学习航道，在终身学习的浪潮中发挥更大的教育潜力。

---

① 滕珺. 回归人的价值理性——联合国教科文组织"终身教育"的话语实践分析. 比较教育研究, 2011, 33 (4): 68-72.

（一）终身学习理念下的整全人格培养

首先，要树立终身学习的教育理念，以整全人格为培养目标。终身学习服务体系中，学校是重要组成部分，而不是唯一的教育权威主体，学校教育也要更新教育定位，植入终身学习因子。在终身学习理念的引导下，将培养一个个拥有整全性生命、具有终身学习力的独立个体作为各级各类学校所共具的核心培养目标。终身学习力是个体在终身学习环境中必备的能力，是对个体所应具有的独立性、成长性提出的更高要求。整全性生命包含两个维度：自然生命（肉体生命）和精神生命（社会生命）。也就是说，应该培养内在精神与外在学识平衡、具有独立精神、适应学习型时代的个体。学校教育针对目前内外在培养失衡的情况，应减少物质判断，而更多进行价值判断，即在促成个体知识生命的成长之外，更注重对个体的道德培养，助其实现精神富足。注重个体类生命的不断生成与完成，顺应内在与外在发展逻辑，进而达到自身内在生命的统一。通过培养个体成为真正意义上完整的人，实现个体的自主、自觉和自为，践行终身学习伟大实践。

（二）推动学校教育实践改革

在终身学习理念指导下进行学校教育实践。终身学习服务体系中实现了学习资源的整合和不同学习成果的统合，学习方式灵活、学习内容多变、学习成果评价标准多元，给予个体更多学习可能。学校教育也必将打破定式思维，做相应的教育改革。第一，教育课程改革，树立新的课程观。教育与世界是作用与反作用的关系，而"我们所理解、认知和领悟的世界，更像是一套不断变化的话语网络"[1]，通过知识，个体了解世界、认知世界并作用于世界，分科课程教学使个体掌握专业化知识，但同时也使个体对世界的理解可能是碎片化的，终将无益于个体独立面对世界。学校教育课程改革，在整全教育基础上进行知识输入，建立动态知识体系，通过知识这扇窗使个体独立面对世界、拥抱世界。第二，教育教学方式改革，树立新的教学观。在进行人才专业性培养的同时必须注重对个体人文素质的培养，实现外在物质获得与内在精神追求同步良性发展，即在生命整全基础上进行教学。通过不断培养学生的终身学习能力，焕发个体本有的独立性和能动性。第三，教学评价改革，树立新的人才观。终身学习背景下所需的人才必将是全面发展、具有终身学习力的人。学校在进行人才培养与评价时，应去除唯成绩、唯学历的单一标准，而要注意

---

① 戴维·阿斯平，朱迪思·查普曼. 终身学习的哲学思考. 杜永新，译. 陈荷男等，校. 开放教育研究，2013，19（5）：45-62.

到学生的生成性与可塑性，在终身学习的长度中综合、全面看待学生。不断对个体终身学习力进行观察，为其后续的终身学习奠定基础，以实现终身学习的接续发展。

（三）形成多元的师资队伍

面向社会，形成多元师资队伍。教师是个体进行学习的直接作用者，是影响学校教育发展好坏的关键因素。终身学习背景下，学校教育在师资队伍这一方面存在较大缺口。面对社会对个体终身学习能力要求的提高和评价标准的日渐多元，形成多元师资队伍是助力学校丰富教学内容与形式、培养全面发展人才的有力措施。终身学习服务体系当中，人人均为终身学习服务主体。不同的学生家长具有多样的职业，如心理咨询师、警察等，可以邀请家长到学校进行相关知识普及。有的职业院校面对转型升级，聘请企业家、工程师等担任学校兼职教师[①]，满足学生对"双师型"教师的需求。如此，可以弥补学校教育教师专业单一的不足并不断壮大师资队伍，在整合教育资源、节约教育成本的同时丰富教学内容与形式。

学校教育教书育人的使命从未改变，但在终身学习时代下，学校教育将在终身学习视角下继续发展，通过从教育理念到教育实践的具体改革，实现由内而外的身份转变。作为教育发展的基本单元，在整全教育的实施下，学校教育培养一个个独立的个体，以发挥自身所具有的强大内生动力。

终身教育、终身学习不仅仅是教育领域的一次变革，而是涉及整个社会的庞大的系统工程。终身学习服务体系服务于终身学习，是学习型社会的中坚力量，它的构建也再次论证了社会是极其复杂的有机网络系统。不可否认，终身学习在前进过程中会遇到重重阻碍，但终身学习服务体系的成功构建可以率先将终身学习涉及的各方服务主体有机联系起来，并通过其运行发展推动从教育理念到教育结构再到教育实践的改变，奠定终身学习可行性基础，并进行实质性推进，这也是构建终身学习服务体系的价值所在。但如何将体系落实好，同时切实解决各方所涉及的具体问题，也是需要继续探索的问题。

第二节 终身学习服务体系的构建路径

"体系"指"若干有关事物或某些意识互相联系而构成的一个整体"[②]，"终

---

① 王来圣. 高职院校"双师型"教师队伍建设研究. 教育探索，2011（11）：72-73.
② 中国社会科学院语言研究所词典编辑室. 现代汉语词典（第7版）. 北京：商务印书馆，2018：1288.

身学习"指人一生当中持续不断的学习，"终身学习服务体系"指为实现人的终身学习所提供的各种服务主体的有机整合。参与终身学习服务体系的包含但不限于政府、学校、社会、家庭等主体。在终身学习的时代，教育的服务性更加凸显，学习者的身份更加多样，对学习资源的需求更加多变，提供教育服务的主体更加多元，由政府一元主导的教育发展局面将不再适应。建设终身学习服务体系可以明确丰富、多元的终身学习服务主体，充分利用其不同的教育优势，通过开发、融通各类资源，满足不同学习者的学习需求，进而促进全民终身学习，实现学习型社会的构建。本节通过分析美国、韩国及我国终身学习服务体系构建的不同路径，研究探索体系完善的必经之路。

一、把握终身学习服务体系要素的标尺

终身教育背景下，传统的教育与学习观念受到了挑战。教育功能的实现不再是学校教育一家独大，终身学习的终身性、广泛性、全民性使原有的学校教育不能再支撑人一生的发展，也不能再满足当下社会对人生存的高要求。教育（包括正规教育）、公众认识和培训是使人类和社会能够充分发挥潜力的途径。[①]终身学习服务体系中，以教育属性为标尺，囊括了原有的正规学校教育机构及更多其他的教育与非教育机构。多元化终身学习服务主体的教育功能和教育属性被挖掘，为学习者终身学习提供更多可能，可以很好地促进终身教育理念的实现。美国在构筑这个体系中的做法具有代表性。

美国一直以来重视经济发展，同时教育发展也非常突出。终身教育理念提出后，美国最早将其应用到国家教育实践并取得了突出成果。1976年美国即颁布了《终身学习法》，规定要有效运用全国教育机构的各种力量对美国人民进行帮助。此后美国的终身学习服务主体不断丰富与完善。

（一）扩展终身学习服务的主体

美国提供终身学习服务的主体大致分为四类，即独立的终身教育机构、正规的学校教育机构、半教育性的组织机构和非教育性的组织机构（图7-1）。首先是具有教育性质的正规学校教育机构，主要包括公立中小学、社区学院、四年制大学和学院、农业合作推广处。其中，社区学院作为终身教育的重要机构，对美国终身教育的发展发挥着重要的作用。其次，为了满足全民的终身学习需求，美国

---

① 联合国教科文组织. 反思教育：向"全球共同利益"的理念转变. 巴黎：联合国教科文组织，2015：38.

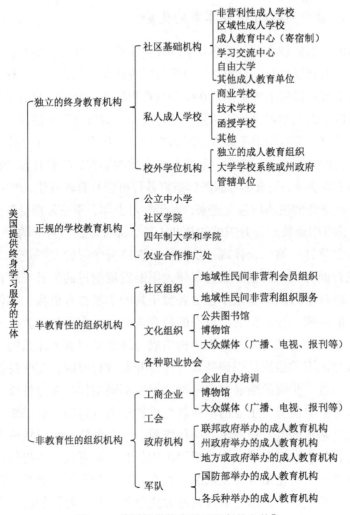

图 7-1 美国提供终身学习服务的主体[1]

设置了独立的终身教育机构，帮助结束传统学校教育的人继续接受教育。再次，半教育性的组织机构可以理解为本身不是传统的提供教育的机构，但是具有一定教育性质的组织，这类提供学习服务的主体有社区组织、文化组织和各种职业协会。其中民间社会团体为美国的终身教育发展发挥着不可忽视的作用。最后即是非教育性的组织机构，可以理解为本身既非传统的提供教育的机构，同时也不具有教育性质，但能够为教育发展提供服务而设立的组织，包括工商企业、工会、政府机构和军队。

---

[1] 吴遵民. 新版现代国际终身教育论. 北京：中国人民大学出版社，2007：227.

（二）扩展终身学习服务体系的优势

至今美国已形成较为完备的终身学习服务体系，其优势主要有：第一，体现了完整性。以教育属性为标尺构建终身学习服务体系，较为全面、详细地涵括了可以为终身学习提供服务的主体。在终身教育视域下，学习内容与学习场所的广泛性大大扩展了提供学习服务的主体，对传统的学校教育形成挑战。教育不只在学校进行，学习也不再局限于课堂。因为终身学习包含人一生的各个阶段出于各种目的而进行的各种形式的学习，从完全教育性的学校、半教育性的社区组织到非教育性的工商企业，终身学习服务体系将各种可能具有教育性、产生教育影响、提供终身学习服务的主体均包含进来，对于学习主体，不论是接受学校教育的学习者，还是具有职业技能提升需求的从业人员，都可以找到对应的服务主体，体现了体系的完整性。第二，体现了功能性。在终身学习的发展进程中，教育已不仅作为教育而存在，而逐渐成为促使人不断发展前进的工具，教育的服务性愈加突出。终身学习服务体系中包含各类正规的学校教育机构，其作为终身学习服务体系的组成部分，扩展了原有的教育含义，丰富了学校教育的功能。各种具有半教育性、非教育性的组织机构均成为终身学习服务体系的一部分，使原本不在教育范围的组织认识到其教育性，开发教育资源，充分挖掘其教育功能。第三，为进一步资源融通奠定基础。根据不同主体的教育性质，各主体具有不同的教育资源优势。正规的学校教育机构作为有目的、有组织、有计划的学习场所拥有基本的教育资源（如课程资源、优秀师资、学习场所等），可以满足日常的教学和学习要求。有些组织机构具有半教育性，可提供一定的学习服务，如图书馆、文化馆等文化组织，拥有书籍、学习场所等学习资源。有些组织机构不具有教育性，但可通过其他方式服务终身学习，如各工商企业、工厂基地、政府的各类成人教育机构的管理与组织功能都是服务终身学习不可缺少的优质资源。明确各主体的资源优势，可以更好地整合、利用不同的学习资源，促进资源的互补融合。

（三）无边界终身学习服务体系的不足

美国终身学习服务体系构建优势突出，但也存在着以下不足：第一，划分标准具有模糊性。终身学习服务主体的半教育性、非教育性的分类，存在着划分不严密的问题，没有明确界定，具有模糊性。例如，文化组织和工商企业下均有"博物馆"与"大众传媒"，其分别属于半教育性、非教育性的组织机构，但其有何实质性的不同、如何区分还有待商榷。在这样的标准下不易对各类提供终身学习服务的主体进行准确分类。第二，教育功能发挥与释放受限。建设学习型社会是全社会的共同愿景与目标，而多元终身学习服务主体的积极参与是学习型社会建设成功与否的关键。终身教育视野下，教育被赋予了新的含义，无论是传统的正规学校教育，还是体系当中所谓半教育性和非教育性的组织机构，都具有教育性，拥有着更多显性或隐性教育资源与功能。学校社会化、社会学习化的发展，任何时间、任何地点、任何主体都有可能发生学习，也都有教育的可能性。而被定义为半教育性或非教育性性质的组织机构，无形中被贴上了相应的标签，会使各主体给自己做相应定位，并做相应的教育定性，这在一定程度上不利于各组织机构拓展更多的教育功能。第三，体系要素之间的联系与融通机制有待完善。完备的终身学习服务体系要求各要素相互独立又有机联系，而各主体要素的融通衔接是促进资源整合、提高资源利用率的有效方式。就美国当前标准下的终身学习服务体系而言，在尽可能包含所有可能提供终身学习资源与服务的主体的情况下，缺乏主体间资源融合互通的保障机制，还需要进一步完善。

二、擎动终身学习服务体系功能的引擎

在经济快速发展、信息技术不断更新的时代，终身学习是必然的发展趋势。为促进终身教育的稳步前进，实现全民终身学习，不仅需要有专门的法律、专属机构给予其独立地位，还需要通过专属的终身教育资源、师资予以现实的保障。韩国鼓励各大院校和各个机构参与到终身学习发展过程中来，附设专门的终身教育设施，进行专门的终身教育师资的培养。韩国在终身学习服务体系构建中突出了资源的专属性。

（一）打造终身学习专属功能机构

终身教育理念传入后，韩国便积极进行终身教育的实践，并于 2000 年正式实施《终身教育法》，法律对终身教育的主要设施即终身学习服务的主体进行了详细规定。通过法律中对终身教育设施的规定，韩国构建了终身学习服务体系（图 7-2）。韩国终身学习服务体系分为独立终身教育机构、附设终身教育机构和其他公共教育设施。独立的终身教育机构主要包括企业大学、远程教育机构、事业单位设立的终身教育机构和社会团体设立的终身教育机

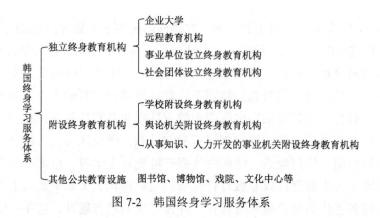

图 7-2 韩国终身学习服务体系

构。附设终身教育机构主要包括学校附设的终身教育机构、舆论机关附设的终身教育机构和从事知识、人力开发的事业机关附设的终身教育机构。此外还包括公共教育设施，如图书馆、博物馆等。韩国重视终身教育资源的专属性，设立独立的终身教育机构服务国民学习。由各大学及其他机构附设终身教育院，主要进行非学历教育。[①]高校首先积极参与到终身教育发展中来，开办终身教育院（如 1986 年梨花女子大学首先针对女性开设了终身教育院），利用场地、课程、师资等教育资源，面向社会公众进行相关知识的普及。报纸、广播等有关的舆论机关附设终身教育机构，通过相应的媒体提供丰富多样的终身教育节目/栏目，利用各种舆论优势为公民传播更多的知识。从事知识、人力开发的事业机关附设终身教育机构，利用其拥有的知识和信息进行教育培训，促进人力资源的开发。

（二）发挥专属机构的功能作用

韩国终身学习服务体系，非常注重终身教育资源的专属性，其优势在于：第一，资源专属有利于促进终身教育发展。韩国《终身教育法》是在《社会教育法》的基础上出台的，对终身教育设施和终身教育士分别单列一章进行具体规定。法律明确终身教育设施是为终身教育而专设的，终身教育团体是以终身教育为主要目的的法人团体。为了真正促进终身教育实践的发展，需要专门的组织、队伍等予以保障。《终身教育法》第二章对国家及地方自治团体的责任与义务进行了明确规定，包括设立终身教育协会、提供经费支持等；第三章对终身教育士的责任、条件、种类及培养机构等进行了规定；第四章明确企事业

① 于亦璇. 韩国终身教育发展研究及对我国构建学习型社会的启示. 中国成人教育，2019（23）：60-63.

单位、社会团体、各级学校及各种舆论机关等主体应充分开发利用自身的各类资源优势来附设独立的终身教育团体。专门的终身教育设施和终身教育师资的保障，有利于终身教育功能的发挥和终身教育实践的推进。第二，有利于可持续发展。终身学习的一个重要特点即为终身性，强调人一生持续不断地学习。社会的快速发展使原有的相对单一的学校教育不能再支撑人一生的发展，也不能再满足当下这个社会对人生存的高要求。人的发展具有可持续性，终身学习具有可持续性，提供的教育服务也应该有可持续性。为实现人的终身学习，韩国设立各种专属终身教育设施。多样化教育组织机构的出现，可以很好地衔接个体结束传统学校教育之后的各种其他学习需求，从而实现人的可持续发展。

（三）专属机构的功能局限

韩国终身学习服务体系的建设突出了终身学习的资源优势，但这样的体系构建在服务终身学习发展过程中也具有一定的局限性。第一，割裂了与学校教育的关系。终身教育是涵盖人一生的教育，是各类学校与组织拥有的共同的教育理念。《终身教育法》在总则中即提到，终身教育是指除学校教育以外的有组织的教育活动。"由于校外教育形式较为薄弱，所以要将这些教育类型作为发展重点。但是，片面地将终身教育等同于校外教育，或是将终身教育简单诠释为某种单一类型的职业教育、岗位培训或是社区教育、老年学习等，都是错误的。"[1]将终身教育与学校教育区别开来，认为其是两个不同的教育类型，则狭隘了终身教育的含义。在如此的理念认知下，各个主体为了发展终身教育而附设终身教育机构，进行两个不同系统的教育，不利于终身教育理念在传统学校的贯彻落实，与终身教育的终身性、连贯性也不符。第二，无助于资源的整合。终身教育的发展需要足够的资源供给，开发利用各主体已有的各类教育资源是主要途径，而当下有很多显性、隐性教育资源具有的潜力还没有被很好地开发利用，再附设各类专门的终身教育设施，再次进行场地等硬件设施的建设和专门师资的培养，需要更多的资源投入，同时也会局限传统学校教育对终身学习服务功能的发挥，也无法很好地利用其已有的师资力量、课程资源等，会造成教育资源的浪费、资源融通的阻断，不利于资源的盘活和可持续发展。

---

[1] 兰岚. 论日、韩终身教育立法的嬗变及对我国的立法启示. 终身教育研究，2020，31（1）：38-45+64.

三、丰富终身学习服务体系的多元构成

　　终身学习背景下，学习主体具有广泛性、多样性的特点。教育的发展不宜由政府一元主导，也不是只有学校可以发挥教书育人的功能，而要转变为多元主体（包括各种社会力量和家庭）参与，协同发展。终身学习具有人人能学、时时能学、处处可学的特点，而学校、社会和家庭基本包含人主要的生存生活环境，故按照空间分布的分类标准考虑终身学习服务主体，基本可满足人们在各种环境下的学习需求。中国模式正显示了这样的特点。

　　（一）终身学习服务体系的三大系统

　　我国终身学习服务体系主要包含学校教育系统、社会教育系统和家庭教育系统（图 7-3）。

　　学校教育系统。学校教育作为有目的、有组织的专门传授知识的教育场所，其完备的学习场所、课程资源、师资力量、管理经验等都先天优于其他终身学习服务主体，是提供终身学习服务的主要力量。在终身教育理念影响下，学校教育机构在改变"封闭"的教学模式而向社会开放后，学校的教育资源可以被充分利

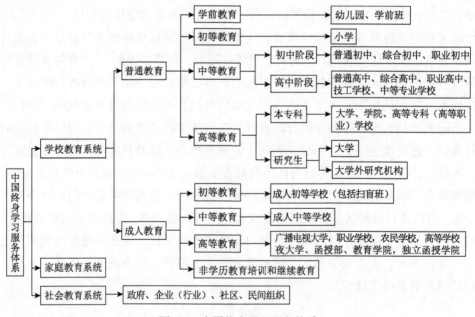

图 7-3　中国终身学习服务体系

用，对终身学习发展和学习型社会建设能起到很大的助推作用。我国学校教育系统中包括学前教育、基础教育、高等教育、职业教育和成人教育等纵向连贯的各级学校教育机构。

社会教育系统。社会教育系统主要包括政府、社区、企业（行业）和民间组织。基于多元学习者的多元化学习需求，学习者的学习场所由学校延伸到了学校外的各个角落。社区是社会有机体最基本的单元。社区教育具有教育资源多样、辐射范围广的特点，社区成员可在社区内寻求教育资源，接受教育，满足自己的终身学习需求。政府作为传统教育体制的主要负责者，在终身学习体系下，转变为终身学习服务主体之一，仍然具有主导作用，主要负责不断从制度上推进终身学习，从立法上保障终身学习，从管理上规范终身学习。[①]在终身教育视域下，企业（行业）也作为终身学习服务的主体而发挥作用。如果说个体前半生主要在学校度过，进行初级社会化，则后半生主要在职场中度过，进行继续社会化。一个企业或单位所拥有的文化、实训基地、管理模式等都是促进个体终身学习的宝贵资源。民间组织也是终身学习服务的主体之一。民众出于某种共同的目的组建民间组织，进行学习或参与到终身教育当中，其活动多样、机制灵活，其自下而上设置的特点，与政府组织的自上而下形成互补[②]，可以很好地弥补政府或学校办学所触及不到的地方。

家庭教育系统。家庭是学校、社会以外的另一重要终身学习服务主体。家庭作为人生活、成长的主要场所，对个体产生的教育影响不可替代。在终身教育体系中，家庭教育是个体接受教育的起点，在终身教育过程中起着决定性作用，同时也会伴随人一生的发展。[③]家庭是进行终身学习的很好的场所，家庭中一般拥有丰富的教育资源，长辈亲人的言传身教、成长经验及家庭中优良的家风、良好的学习氛围等对个体来说都是独特的学习资源，可以真正实现时时可学、处处可学。

（二）终身学习服务体系的优势与不足

按照学习空间构建的我国的终身学习服务体系，具有自身的优势与不足。优势主要体现在以下两点：第一，凸显服务性。在终身学习服务体系中，学校作为

---

① 孙刚成，马暄皓. 以回归教育主体促进学习型社会体系建构的教育 2030 行动. 成人教育，2018，38（11）：1-5.

② 王彦. 多元办学：当前教育发展的关键动力. 继续教育研究，2014（6）：15-17.

③ 沈玉宝，赵朝峰. 京津冀终身教育协同发展的传播机制研究. 中国远程教育，2020（3）：65-72.

其中一部分，被赋予了终身教育的意义，各级各类学校教育主体具有终身教育的责任与义务，不断普及完善各类教育，促进教育的公平，开放学校资源，体现了学校教育主体的服务性。同时，多元社会力量参与到终身教育服务中来，包括企业、社会团体等不断开发教育资源，政府不断下放权力、给予地方更多自主权等，均体现出终身学习服务体系的服务性。第二，彰显融通性。按照学校、家庭、社会三部分来构建的终身学习服务体系具有很好的融通性。学校作为进行正规教育的主要场所，具有突出的资源优势，主要有教学及学习场所、优秀师资、成熟的教学和管理模式等。在社会这个系统中，各类不同社会力量作为终身学习服务主体具有不同的学习资源，如企业具有较好的经济基础、管理模式、实习场所与市场灵敏度等，社区具有场所、组织等显性资源和社区氛围等隐性资源。在家庭中，优良的家风、长辈的言传身教、安静温馨的环境也都可以成为终身学习的资源。各个主体各有优势，充分开发利用自身的优势，相互之间可以进行资源互补，实现资源整合，最终达到1+1＞2的效果，从而助益全民终身学习，并推进学习型社会的发展。

我国的终身学习服务体系也有不足之处。第一，缺乏专属资源，学校不胜负荷。终身学习背景下，教育资源共享与融合是时代要求与发展趋势，各类服务主体开放资源，包括学校逐渐面向社会，成为没有"围墙"的学校。但同时，终身学习的推动与发展，也需要专属的资源来给予其充分的保障，故应设立独立的终身教育机构。我国目前缺乏独立的终身教育机构，终身学习的发展更多依赖传统学校资源的支持，给基础学校教育造成了较大压力。第二，社会教育概念沿用，易引歧义。社会教育一词在民国时期由日本传入我国，且主要与中国革命和民族存亡有关[1]；其在之后的发展中也更多体现的是社会本位，主要指由政府主导对社会成员进行思想政治教育和社会生活教育[2]，更多强调其社会属性和社会教化。而如今的社会教育，与学校教育、家庭教育一起指向终身学习，为实现个体的终身学习、全面发展而服务，更多强调满足社会成员的个体发展和多元需求，更加强调服务主体的多元性。服务全民终身学习的实现，除了政府的教育主导力量减弱、权力逐渐下放，还要更多调动社会系统内的其他主体的力量，如企业、社区和民间团体组织等，协同合作，共同推动学习型社会的建设。所以对社会教育概念的沿用，能否很好地体现服务全民终身学习的理念值得推敲。

---

① 王雷. "社会教育"传入中国考略. 河北师范大学学报（教育科学版），2000（4）：37-41.
② 龚超，尚鹤睿. 社会教育概念探微. 浙江社会科学，2010（3）：80-85+71+128.

综上，美国、韩国与我国分别以教育性质、资源情况与空间分布为路径选择构建了各自的终身学习服务体系。在终身学习背景下，各国都在积极应用终身教育理念并不断在实践中进行探索，多元主体参与是构建终身学习体系、推进学习型社会发展的必然趋势。

四、凸显大学服务终身学习的主体价值

大学是服务终身学习的重要参与力量。本小节基于后现代主义哲学的视角，从终身学习策略结构中学习者、学习过程、师生关系、学习环境四个维度出发，分析大学服务终身学习的实践行动，探究大学服务终身学习的行动逻辑，彰显大学服务终身学习的包容力和引导性，以提升大学服务终身学习实践行动的现实意义和理论价值，找寻大学服务终身学习的行动之路。

大学是组织化的现代性中社会构想的产物，其在与公民身份和社会目标越来越紧密结合的过程中，逐渐成为社会整体功能的一部分，全方位地与社会功能联系在一起，通过各种方式，以引领者的姿态参与和服务社区、政治过程、文明和社会意识等方面的建设。在终身学习与教育的发展愿景下，大学正根据麦克罗彻提出的终身学习策略结构，依托学习者、学习过程、师生关系、学习环境这四要素的相互作用，服务终身学习。

（一）学习者维度：把握去中心与唯中心之间的张力

建设性后现代主义哲学家大卫·雷·格里芬主张人与世界、价值与事实、真与善与美的统一，认为所有事物都是主体，都有内在的联系，反对二元论。[1]他主张把所有的思想观念都看成是平等的，认为中心与边缘、真理与谬论、相对与绝对之间没有区别，区别和差异只是由于适应的人群不同，被选择的程度不同而已。在这种思维模式下，大学在服务终身学习时，在学习者维度方面，适度把握了去中心与唯中心之间的张力，不仅打破了中心维系的结构，重视边缘群体和弱势群体的话语权，接受现实社会中一切有区别的东西，推崇人与人之间的平等对话，还从消解主体的弊端中，特别强调事物间的相互联系、相互作用和相互依赖的整体性，强调大学在服务终身学习活动中也要不失自身特色，成为引导和优化终身学习系统的中心。

---

① 张萍. 大卫·雷·格里芬的建设性后现代主义思想研究. 吉林师范大学学报（人文社会科学版），2004（5）：28-30.

　　从建设性后现代哲学的视域下审视大学服务终身学习的实践活动,其应做到主体兼性,追求平等,彰显和追求人本价值的学习活动。随着后现代主义哲学思想的深入人心,首先在服务进程中,聚焦终身学习者的中心,终身学习对象的覆盖范围也越来越广,其中不仅包括原先追求个人学历的成年人,还有弱势群体,如残疾人、老年人和妇女,以及提升个人技能的农民工和退伍军人等。大学还竭力破除人们头脑中的落后想法,传达新的思维、行为方式,关注边缘群体、弱势声音。比如,根据政策的导向,普通高校为退伍军人提供减免学费的政策,引导退伍军人学习更多的专业知识,拓宽社会活动的范围,提升自己的社会竞争力。其次,由于人是判断客体价值的尺度,不同的人或同一个人在不同时空的需要会有一定的差别,就使得对知识的价值判断也变得飘忽不定。大学在服务终身学习活动时,要主动承担使命和职责,做好导引者,引领成人学会生活、学会思考。很多高校不仅为社区企业开展培训,提高职工素质,还通过“学习活动周”“市民大讲堂”等形式举办各种主题讲座,尽力满足成人的基本学习需求,为社会成员尤其是特殊群体提供知识和技能的培训。①大学基于成人的生活实际,考虑到终身学习时间的零散性,依托自身能力为成人提供可灵活选择的教育与学习活动。例如,开展模块化学习或利用信息技术发展远距离教育,形成开放式教育系统,终身学习者可以选择适合自己的学习内容。依据终身学习者的特征,大学在终身学习的课程内容设置上,尽可能贴近成人的实际需要,摒弃相对抽象的理论性知识内容,主要聚焦如何帮助社会成员解决实际生活中遇到的问题。例如,阜阳师范大学依托自身的师资和教育资源优势,与阜阳市残联办事大厅、残疾青年创客空间、爱心 e 站等八大特色服务专区协作,系统了解各服务板块的建设和运行情况,并与其签署了合作框架协议,充分参与终身学习活动,秉承求真务实、共享共赢的原则,通过高校与地方合作获得更多的创新发展契机,实现政府、学校和社会三方共赢的局面。②人性的完善和成长需要学习和教育活动的指引,并不是所有终身学习者都有意识主动去参与学习,进一步完善自身。为此,大学重视自身在服务过程中的中心地位,其为终身学习者提供高质量的信息、个性化建议和指导服务,促使成人在教育与培训方面做出正确选择,提高其参与学习的有效方式。③例如,一些高校定期和社区联合举办各种竞技比赛型的

　　① 桑宁霞,郑苗苗. 学校参与社区教育实践:成就、问题和策略. 河北大学成人教育学院学报, 2019, 21(4):5-11.
　　② 王萍,宋维维. 协同共治:城市化过程中高校参与社区文化建设探索——基于阜阳市的考察. 阜阳师范学院学报(社会科学版), 2019(6):14-19.
　　③ 刘奉越. 从保障学习权到寻求共同利益:成人学习理念的演进——基于 UNESCO 报告的分析. 教育发展研究, 2019, 39(23):64-70.

学习教育活动，如湖南大学、湖南师范大学、湖南商学院等每年都要在社区举办竞技型的比赛，希望通过比赛来提升大家的学习意识。①

综览大学服务终身学习的实践活动，从建设性后现代主义哲学角度来看终身学习者，其特点如下。第一，大学服务终身学习活动的对象具有包容性。无论是面对社区服务全体居民还是满足老年群体的学习需求，无论是为广大农民提供学习培训还是照顾失业群体等，都是大学服务终身学习对象的涵盖范围，切实彰显大学服务终身学习的包容力。第二，大学服务形式的多样性体现了终身学习者在大学服务终身学习过程中的主体性。我国大学服务终身学习的形式丰富多样，既有普及科学知识的宣讲，也有培养兴趣爱好的团体建设活动。第三，大学终身学习服务实践具有对学习者的引领性。其充分挖掘和体现终身学习者在"主客关系"上具有兼容价值，把握好去中心和唯中心之间的平衡，引领成人走出终身学习路上的迷宫。服务终身学习活动时，大学不仅发挥自身作用积极与社会进行广泛的联系，为终身学习活动盘活更多资源，教会成人学会学习；还关注终身学习者的类型与个人价值的实现，提升大学的服务意义。这些服务终身学习的具体举措无疑是大学应对变化世界的产物，也是终身学习价值实现方式的创新展现。

终身教育究其本质是使成人通过学习和教育释放出生命的潜能，形成新的冲动和能量，使个体的生命得以获得最大限度、最大可能的发展。在大学服务终身学习的实践活动中，应切实考虑终身学习者的特征，重视成人发展的完整性，关注特殊和边缘群体，尊重成人的价值，重视终身学习者在社会中独特价值的发挥和引领。因此，在终身学习的对象方面，大学服务终身学习活动时，只有把握好去中心和唯中心之间的张力，做到学习者和学校主体间的有效结合，才能走出学习者维度中心论的迷思，提升大学服务终身学习的价值，为建设学习型社会添砖加瓦。

（二）学习过程维度：提供自由与品质同在的终身学习供给

自由作为推动人类历史前进的思想动力，一直在人类社会发展进程中发挥着巨大作用，始终是哲学讨论的一个重要话题。大学服务终身学习活动在这种传统现代哲学的思维模式下，服务过程中难免出现个体在环境中无度、无序的自由，服务模式带着浓厚的机械论色彩。与之相对应，建设性后现代哲学一直认为，"个体应该是个体与其所处环境相互反应产生的，这种反应是自由且具有创造性的，个体不应该是简单的、依附于环境存在的附庸。在这种观点下，个体应该在自有

---

① 李华英. 高等学校参与社区教育问题研究——以长沙地区为例. 湖南农业大学，2013：24.

中遵循一定的规范约束，过度的自由或规范都能使个体失去与环境有效互动的能力"①。正如海德格尔所认为的，积极、创造意义上的自由是人类发展不可或缺的重要因素。②大卫·雷·格里芬同样认为具有创造性的人生是最绚丽的人生，他说我们是"创造性"的存在物，每个人其实都具有创造性的能量，显然人类作为整体应最大限度地体现这种创造性的能量。③也即，成人需要通过学习来保持适应性，使人获得真正的自由，达到人与社会环境互动的最佳状态。毕达哥拉斯也认为，不能制约自己的人不能称之为自由的人。所以自由，不是随心所欲。真正的自由，是有资本说"不"，有能力拒绝所有你不想做的事情。"理性主义的自由是积极创造、奋发向上的自由，它是推动人类社会不断前进的动力，而决不是那种随心所欲、消极无为的散漫。"④因此，需要外部机制来引导终身学习活动，大学对终身学习过程进行干预或导引，提供自由与品质同在的终身学习供给，最大限度地保障终身学习过程的自主性和主动性，使成人在学习进程中获得真正的"自由"。

在后现代有规范的自由理念下，审视大学服务终身学习的实践活动。在终身学习过程中，大学引导成人规范化地实现自由成长，明确学习的目的性，为个体自由地适应社会发展、达到幸福完满而努力。在后现代自由思想的影响下，终身学习过程要杜绝把成人培养为会说话的奴隶、不会思考的机器，要保证终身学习的过程充满主动性。不少高校建立了基于网络的学习策略支持系统和技术支持系统，建立了网上学习者社区，强化远程服务终身学习者的功能，使终身学习者可以按照自己的意愿，自如地选择老师、课程、授课方式等，整个学习过程都充满终身学习的主动性。例如，2020年初，北京外国语大学为社会成员免费提供300门网络课程，供社会成员自由选择，彰显了人文价值。⑤又如，为有效通过社会实践活动服务当地社区，阜阳高校的学生社团联合社区开展文明交通劝导活动、向社会成员讲解安全知识、传承红色经典等。⑥再如，社区的博物馆、科技馆、文化宫的退休人员和退伍军人等，也向学校提供服务，实现了资源互通、互动交流。⑦

① 戎乘阳，桑宁霞. 后现代哲学视角下干部教育学科建设的必要性研究. 成人教育，2020，40（2）：77-81.
② 谢地坤. 哲学与自由——兼论现代性与后现代主义. 浙江学刊，2005（2）：25-32.
③ 大卫·雷·格里芬等. 超越解构：建设性后现代哲学的奠基者. 鲍世斌等，译. 曲跃厚，校. 北京：中央编译出版社，2002：56.
④ 谢地坤. 哲学与自由——兼论现代性与后现代主义. 浙江学刊，2005（2）：25-32.
⑤ 北京外国语大学外语在线学习平台向社会免费开放.（2020-02-02）. https://m.gmw.cn/2020-02/02/content_1300911779.htm.
⑥ 王萍，宋维维. 协同共治：城市化过程中高校参与社区文化建设探索——基于阜阳市的考察. 阜阳师范学院学报（社会科学版），2019（6）：14-19.
⑦ 桑宁霞，郑苗苗. 学校参与社区教育实践：成就、问题和策略. 河北大学成人教育学院学报，2019，21（4）：

此外，成人希望凭借学习弥补自身面对技术化、信息化的社会环境时的无力感。也就是说，终身学习可让成人感到通过学习自己可以获得更多有价值的自由，并加深在某些方面的造诣。大学在服务终身学习的过程中，竭力帮助成人对抗自身的平庸，缓解成人内心因世界变幻莫测而带来的不安，提供有价值、有能量的学习内容，引导成人转变学习观念。例如，上海的某些高校向社区居民打开大门，居民可以凭借持有的高校"学习护照"，进入高校的选修课堂、图书馆、展览馆等，同时还可以参加校园讲座与文体活动。上海财经大学就多次组织居民通过艺术欣赏等活动来享受校园高层次的文化资源。成人身处轻松自由的学习文化氛围，其学习观念就可能受到潜移默化的影响，最终激发自己主动参与学习。成人在学习过程中，由于缺乏专业的教育指导或者信息的不及时，努力的方向可能会与社会发展的要求产生错配，或在信息膨胀的时代迷失方向，混淆自由的概念。因此，大学作为走在思想前沿的先锋者，在终身学习过程中要为成人提供一双慧眼，提升其学会选择的能力，去粗取精，最终使成人能够根据自己的兴趣和未来需求，精选有价值的知识信息。因此，高校应为了终身学习者的发展而考虑，设计个性化的最有价值的课程，使成人成为学习的主人，做自主的学习者。例如，高校的科研团队为相应的社会成员群体度身定做人文课程，制定教育大纲，设计学习型组织评估指标等，确保终身学习的专业性和科学性。

综览大学服务终身学习的实践活动，从后现代主义有规范的自由的角度来看终身学习的过程，特点如下。第一，大学在参与终身学习活动时，确保了终身学习过程的自主性。在终身学习过程中，大学尊重成人的意愿，为成人度身定制学习内容，保障终身学习的主动性。第二，大学服务终身学习的过程具有开阔性。其不单只关注成人的生存需求，还关注成人的精神需求，如成人精神层次的提升和完满人格的培养。第三，大学服务终身学习，应时刻确保个体在终身学习过程中保有有品质的自由。当成人处于"无序自由"的状态时，当成人发现自身发展与社会进步发展不匹配时，大学应引领成人学会选择，提升成人的知识素养，引领成人学会用智慧获取自由，使成人自我实现的需要得到满足。

大学在终身学习过程中，切实尊重成人自由的完全发挥，与此同时，也帮助成人建立规范原则，确保大学提供给成人的学习服务是自由与品质同在的学习供给，以使成人在学习过程中实现与社会环境的共荣共生，达到真正的自由。因此，在当今的社会文化下，在终身学习的过程中，大学服务终身学习活动，要帮助成

5-11.

人理解和学会享受真正的自由，提升其自主性，使其做自由的主人，让自由为己所用，而非处在无度无序的状态中。如此，推动终身学习系统进一步成熟。

（三）师生关系维度：导引权威与关系之上的真理的寻求

建设性后现代主义者福柯认为，哲学家的根本目的是要将本源和真理拉下神坛，质疑世界的确定论，主张用未知不确定的、复杂多元的概念解释世界。"由于'真理'是一种现成的东西，即是作为结果而出现的认识，又由于自由使存在物自身的呈现成为可能，即这种同一性存在使我们的主观认识与客观实际的符合成为可能，那么，如果我们谈论的是陈述的真理，那真理的本质就是自由。"[①]也就是说，人是天生就具备多样性的，和世界的接触不同，对社会的理解也就不同，从而成就了每个独特的人。但这也在还原事物和世界本来面目的进程中，产生了很多有价值的新知识、新理念，当然，其中也掺杂着许多无稽之谈，终身学习者是进行选择性地跟风还是识别性地去思考？无可厚非，每个鲜活的人的思想是多元化的，过度倡导绝对的正确性，可能会使整个社会死板教条。那么，终身学习者如何才能在师生互动中获得知识的真谛呢？为此，在大学服务终身学习时，要特别注意师生关系的多元互动性，建立师生之间多元对话的机制，聆听多种声音，保证大学服务终身学习在师生关系方面做到真理面前人人平等，为终身学习带去积极的改变。

从后现代的视域下审视大学服务终身学习的实践活动，在师生关系方面，大学尊重终身学习者的差异性，倡导多样性，追求创新并有自身特色的师生关系，引领终身学习活动中的教师和学习者寻求真理的价值，相互调整，自觉完善。学习者并不是一味地相信和主张教师的理念，教师也不是结构化地传授知识，二者之间是以一种平等友好的态度进行思想的碰撞，寻求真理所在，力求做到真理面前人人平等，以便从根本上给学习者带去改变，使其更好地适应社会发展。因此，大学在服务终身学习活动中，在师生关系方面，教师主要是扮演帮助者的角色，即帮助成人了解知识、明确知识的正确性、如何辨别和批判知识，帮助终身学习者寻求真理。例如，广州城市职业学院在服务终身学习活动中，与社区共建实习实训基地，让专业教师进社区，社区干部走进课堂，学习者服务社区，等等。这既发挥了高校教师与学习者的自身优势，又培养了高校教师与学习者在社区建设中的主人翁意识，提升了他们的社会实践能力，同时增加了社区干部及居民关于

---

① 谢地坤. 哲学与自由——兼论现代性与后现代主义. 浙江学刊, 2005（2）: 25-32.

社区管理和生活的知识，提高了居民的文化素养，加强了社区居民的文化认同感，极大地调动了居民学习的热情，满足了居民的精神文化需求。正如后现代主义所强调的那样，成人有一定的学习基础，其并不是盲目地接受知识，而是在学习的过程中主动寻找和鉴别问题，寻找真理。因而，大学在服务终身学习过程中，应建立"主体与主体"动态的师生观，这其实是师生双方共同参与的、平等、动态的学习过程，以此促进双方的成长和发展。此外，还需明确学习者与教师双方是相互照应、不可分割的，二者之间必须以寻找真理为基调互相调整。

大学服务终身学习活动的过程中，在师生关系机制方面，首先教师要转变教学理念，实行对话教学。[①]引导成人主动、轻松地与知识相遇，与知识对话，参与学习活动，从而使其获得真知并成长。例如，社区学员中老年人的生活实践经验相当丰富，甚至在某一领域的经验、能力远远超过老师，主体意识很强，因此教师在教学过程不能把学员当做一般的学生对待，要凸显其主体性。其次，教师要认真倾听学习者的话语，鼓励其积极地表达自己，鼓励对话。例如，成都市金牛区社区学院的毛笔书法课堂中，老师将学员们统一称为"学长"，多用敬称，让学员们体验到受尊重的感觉，达到动态的、可调整的师生关系效果。[②]教师应不断地根据终身学习者的需求和动向，反省和调整自己的教学管理内容与方法，引导其探索真理。反之，终身学习者也会在平等的对话过程中，对教师的指导进行自主的反应和契合。就这样，在师生双方互相调整的过程中，成人获取学习的真理。

综览大学服务终身学习的实践活动，从后现代主义的角度来看终身学习的师生关系，其特点如下。第一，服务终身学习时，大学非常重视师生之间的互动性。老师和学习者都可表达自己的思想，共同努力寻找真理，共享学习成果。第二，体现了师生关系之间的创新性。终身学习活动中的师生关系更加注重思想的多元与碰撞，师生共同分享经验、探讨问题，为寻找真谛创造更大的空间，有利于创造出一些新思想、新行为，来不断调整并修正思维的方向和目标，向真理迈进。第三，多元互动的师生观利于培养学习的自主性。随着学习活动的开展，终身学习者意识到自己作为"完整人"的存在，从而主动地学习和建构知识，把学到、想到、悟到的统统转化成实际生活中的能力，使终身学习充满力量。由此，真理至上、平等交流的师生关系对于高校和终身学习的发展多有裨益。

大学在服务终身学习的实践行动中，应切实聆听终身学习者和教师的声音，

---

① 卢俊岑，邵晓枫. 对话教学——社区教育教学中的一种重要形式. 职教论坛，2019（4）：88-95.
② 卢俊岑，邵晓枫. 对话教学——社区教育教学中的一种重要形式. 职教论坛，2019（4）：88-95.

坚定真理面前人人平等的哲学理念，积极服务和支持终身学习活动，共享学习成果。在当今多元的社会文化下，关于终身学习的师生关系，应鼓励终身学习者发表自己的观点，学会思考，形成自己的方法论，也应鼓励教师采用情境式、开放式等多样化的教学方式，让成人知识的学习回到生活，回归生命本身，从而助其获取真理，获得真正的自由。

（四）学习环境维度：效果与结果并重的开放评价标准

封闭的学习环境已经不能适应快速发达的信息世界。只有走出狭隘与局限性的经验，从传统意识形态的限制中解放，才能获得真知。大卫·雷·格里芬曾说，他要联合各种力量，建立一种让当代人、尤其是正在成长的一代感到更为可信的世界观，并着手建立一种用以规范个人、社区、国家及国际关系的新伦理学，以便为人类提供更好的生活方式。[1]因而，终身学习永远在路上，要从传统意识形态的限制中解放，拓宽个人的精神世界，获得开放的评价标准，以一种更加全面、本真的态度认识世界与自我，从而用行动改变自身，用新的思维方式迎来新的曙光，建构一个与之互倚的世界。掌握有丰富优质资源的大学参与和支持终身学习活动，应为终身学习创设效果与结果并重的开放评价标准，提升终身学习系统的延展性，以实现终身学习活动的持续开展。

在后现代尚开放的视域下审视大学服务终身学习的实践活动，在终身学习环境方面，大学是终身教育理念的践行者，通过建立效果与结果并重的开放评价标准，来保障终身学习的终身性与延续性，引导个体与外在环境的和谐共生。库尔特·勒温认为，关怀和宽容的社会环境易于使个体去尝试新的行为、态度和观念。对一些成年人来说，学习并不是为了获得证书、赢得地位，而是为了享受学习的过程、抓住知识的真谛、得到精神的愉悦以及生命意义的提升，因此开放、轻松的学习环境易于其生命成长。大学在服务终身学习时，应更加关注终身学习者的情感体验、精神以及生命的满足，建立以学习效果为主的评价方式。大学可帮助成人积极创设充满情感因素的学习氛围，营造轻松、自由的教学氛围，提升成人的安全感。例如，在社区教学中，学员以老年人居多，影响他们学习的一个重要因素就是情感体验和自己的学习感受。不过，对于希望将知识转化为有形的能量的成人来说，大学要注意学习结果之间的衔接与统一，注重终身学习结果的关联，

---

① 张萍. 大卫·雷·格里芬的建设性后现代主义思想研究. 吉林师范大学学报（人文社会科学版），2004（5）：28-30.

侧重建立以学习结果为主的评价方式。若终身学习结果难以在社会发展中获得公平对待、学分成果只能在本校内转化的，终身学习成果较难得到认定、累积和转换，就会导致成人继续学习的积极性并不高。为此，有些高校建立了高校学分银行联盟，如 2012 年陕西省政府成立学分银行管理委员会，将 17 所高校纳入其中，并搭建了陕西省高等继续教育联盟学分银行，实现了不同高校之间学习成果的互认、累积、衔接及资源的共享，广州大学城也推出"课程互选、学分互认"，力求满足学分在同一教育领域不同教育机构间转换和互认的需求。此外，在整个社会环境内，把学习当作一生事业的意识整体尚显浅薄，终身学习实践的终身教育方向相对欠缺，这也使得终身学习成果认证往往非常不容易。由此，大学应致力于为终身学习提供有质量、有口碑的知识，提升终身学习成果的品质，使成人可以自如地胜任工作和生活，从而提升成人用真知识优化自我、提升自我的动力。

　　综览大学服务终身学习的实践活动，从后现代主义的角度来看终身学习的学习环境，其特点如下。第一，大学应致力于创建轻松舒适的学习环境，保障学习者的学习主体性。第二，大学应积极支持学分银行的建设，力保成人公平地共享学习成果。大学应积极推进国家资历框架，打通教育体系之间的壁垒，保证终身学习者的学习成果能在全国范围内进行统一的价值比较。第三，大学应创建效果与结果并重的开放评价标准，这样有利于促进个体提高生命理念、完善根本人格、实现个性自我、达成人生价值，也有利于促进成人参与公共生活、提升公民意识，彰显大学服务终身学习的民主意义所在。大学服务终身学习的实践行动，可以帮助成人更准确地选择自己所需要的知识和学习方式，走向幸福的生活彼岸，实现自己的人生意义。[①]因此，在当今开放的社会文化下，在有关终身学习的学习环境方面，大学服务终身学习活动，应竭力破除终身学习的壁垒，建立效果与结果并重的开放评价标准，积极引导成人自主参与学习活动，提升大学的服务能力。

　　总之，在建构性后现代主义的视域下，从麦克罗彻关于终身学习策略结构的四个维度来看，关于学习者，大学应尽全力把握去中心和唯中心之间的张力，保持学习主体间的兼性，体现大学服务终身学习的民主性；关于学习过程，大学应利用自身的优势，提供自由与品质同在的终身学习供给，引导成人学会学习，学会理解真正的自由，提升成人在学习活动中的主动性；关于师生关系，大学应寻求引导权威与关系之上的真理，提倡真理面前人人平等，师与生二者之间是平等互助地追求真知，以追求真理的学习方式寻求生命之道；关于学习环境，大学应

---

① 桑宁霞, 高迪. 成人教育知识的解构与建构——基于后现代知识观的视角. 中国成人教育, 2017（7）: 4-9.

肩负起自身的使命和职责，创办效果与结果并重的开放评价标准，努力让成人在轻松、舒适、开放的学习环境中实现幸福成长。

第三节　终身学习服务体系的整合模式

要满足全民日益增长的终身学习需求，就要充分开发和利用终身学习资源，建立一个供应充足、结构优化、共享共融、和谐发展的终身学习资源体系。为此，有必要开展终身学习资源的整合工作。有研究者指出，整合的基本涵义为"由系统的整体性及其系统核心的统摄、凝聚作用而导致的使若干相关部分或因素合成为一个新的统一整体的建构、序化过程"[①]。整合是"通过整顿、协调使分散的彼此衔接，并最终形成整体"[②]。资源整合是指"采取一系列的方法和手段，对各种潜在的和可能的资源进行开发，对现存的资源进行结构性的优化、重组，以挖掘其潜能的系统工程"[③]。那么终身学习资源整合即采取协调、整顿、优化和重组等一系列方法和手段，使各类能够促进终身学习活动开展的资源合成体系，从而实现资源及其潜能的充分开发和利用的过程。

一、组织引领的整合模式

满足人民日益增长的公共服务需求是政府的职责。在终身学习资源整合工作中，政府要居于主导地位，发挥其主导作用，利用其权威地位和职能的优势，积极发挥组织引领作用。政府通过法规政策文件、主要领导参与和经费保障组织方面的引领，形成终身学习资源的组织引领模式。

（一）依托法规政策文件组织引领模式

为推进终身学习发展，政府出台、颁布了系列政策、法规，通过文件和法律为终身学习资源的整合工作提供政策和法律保障。例如，为保证企业职工教育经费，财政部等部门下发了《关于企业职工教育经费提取与使用管理的意见》和《关于企业职工教育经费税前扣除政策的通知》；为积极推进社区教育，还出台了《教育部关于推进社区教育工作的若干意见》。此外，多个省市出台了终身教育或社

---

① 黄宏伟. 整合概念及其哲学意蕴. 学术月刊，1995（9）：12-17.
② 汉语大词典编纂处. 汉语大词典订补. 上海：上海辞书出版社，2010：76.
③ 金平，张玉红. 继续教育资源整合浅论. 继续教育，2003（S1）：11-12.

区教育促进条例。各地各级政府还下发了一系列文件整体推进终身学习，例如，太原市先后下发了《关于开展学习型组织创建活动的实施意见》和《关于创建学习型城市的实施意见》。太原市杏花岭区制定出台了《杏花岭区社区教育发展规划（2011—2015 年）》和《关于创建学习型城区的实施意见》等一系列文件。为了促进互动共享，太原市下发了《关于依托民办培训学校成立社区教育机构的通知》和《关于文明单位与社区结对共建的实施意见》，太原市杏花岭区还制定了《学校资源向社区开放的实施意见》等。正是这样的政策推动促进了终身教育资源的活化和利用，学校公益性的开放得以实现。

（二）依托主要领导参与组织引领模式

政府不仅通过制定法规政策、下发各种文件来保障终身学习资源整合，各级政府主要领导还带头参与终身学习领导工作，以发挥组织引领作用。例如，太原市从市到区、街、社区的各级终身学习相关工作的领导组都由各级各部门政府主要领导组成。市一级学习型城市工作领导组由市委常委、常务副市长为组长，市政府副秘书长、市教育局局长、市委宣传部副部长、市文明办主任为副组长，市委组织部、市财政局、市农业局等相关工作部门的负责人为成员。太原市各个城区也建设区、街、社区三级"一把手"工程，带动学习型城区创建管理体制不断完善。如小店区创建学习型城区领导组由区委常委、区委宣传部部长任组长，分管区长任常务副组长，区有关部门分管领导及各街道（乡镇）书记任成员。各街道（乡镇）的社区教育委员会或领导小组由街道党政一把手任组长、分管领导任副组长，各有关科室负责人为成员。[①]这种行政推动的方式能够打破行业壁垒，更好地整合学校之外的社会资源并将其纳入终身学习的资源系统中。

（三）依托经费保障组织引领模式

政府的组织引领作用还体现在对终身学习经费的保障上。经费是终身学习资源中最重要和最基础性的部分，也是终身学习发展的动力资源。我国目前还没有国家层面的终身教育专项经费，也没有国家层面的终身学习法律保障，所以政府必须通过其他途径保证终身学习经费，如通过法规政策保证社区教育经费、激励企业职工教育经费投入等。早在 2004 年，《教育部关于推进社区教育工作的若干意见》就规定了社区教育经费标准是社区常住人口不低于人均每年 1 元，2006 年《关于企业

职工教育经费提取与使用管理的意见》规定了按照职工工资总额的 1.5%—2.5%提取企业员工教育培训经费,2018 年《国务院关于印发个人所得税专项附加扣除暂行办法的通知》还规定了不超过工资总额 8%的企业职工教育经费准予在计算应纳税额时扣除。各地政府也通过各种渠道保证终身学习经费的投入。例如,太原市通过落实社区教育经费、协调行业项目经费、花好惠民专项经费和用好驻地单位教育经费保证终身学习经费,各城区都建立了以政府投入为主的社区教育经费多渠道筹措机制。按《太原市终身教育促进条例》的规定,杏花岭区、迎泽区和小店区基本保证了每人每年 2 元的社区教育经费。通过经费保障孵化典型,培养典型,推广典型。

政府通过下发各种文件保障其相关法规政策的实施,为终身学习资源整合工作提供法规政策保障;通过各级政府主要领导带头参与终身学习领导工作,在终身学习资源整合工作中发挥带动和引领作用;通过各种方式保障经费的充足投入,为终身学习提供动力资源保障。可以看出,组织引领模式在终身学习资源整合模式体系中处于首要和基础地位,发挥统领和保障作用。该模式为终身学习资源整合工作提供了法规政策和经费保障,也保证了终身学习资源整合工作开展的覆盖范围、速度和质量,直接和间接地促进了终身学习资源的整合。

二、统合联动的整合模式

鉴于终身学习资源的多样性及其提供方的多元性,要整合终身学习资源,就要建立一个终身学习资源统合基本体系,以求发挥统摄、凝聚作用,将大部分的终身学习资源及其提供方都统合到该体系中。终身学习资源统合基本体系一般要与终身学习管理体制相适应。我国各地几乎都建立了多级管理和教育区域网络,不同区域之间形成联盟,与终身学习网络服务平台一同作为各利益相关者合作参与及其资源统合的载体。区域网络资源的统合、区域组织联盟的联动及终身学习网络平台的统合联动构成了终身学习资源整合的统合联动模式。

(一)区域网络资源统合模式

终身学习区域网络包括社区和学区形式。我国各地大多建立起多级社区教育管理和实施网络。社区教育管理机构一般为市、县(市、区)、街道(乡镇)、社区(村)四级,城市一般建立包括市社区大学、区社区学院、街乡社区学校、社区内学校及居民办学点在内的三级或四级社区教育网络。农村则建立县市区职教中心、乡镇农技校、村农村成人文化技术学校三级社区教育网络。^①自上而下的社区教育管理和实施网络，为社区教育资源的统合提供了组织保障。此外，还有的地区利用学区来统合区域内的教育资源。例如，北京市某区以整合区域教育资源、打破资源壁垒为基本出发点进行了学区制改革，设立了专门的资源统筹部。每个学区都编制了《学区资源共享手册》，启动了学区教育资源共享平台，实现了包括场馆资源、人力资源、课程资源、在线资源和定制资源在内的教育资源的线上使用、精准查询、快捷预约等。^②

（二）区域组织联盟联动模式

为建立更完善的资源整合网络，各地还形成了联盟之间的联动模式，以便更好地整合区域内和区域间的终身学习资源，与区域网络一同形成横向与纵向相结合的终身学习资源整合形式。各地都尝试建立社区教育联盟以统合区域内资源，主要是由教育部门、街道、各类学校和教育机构、企事业单位等依托契约、项目，通过建立基地与资源共建等方式组建社区教育联盟，形成联盟成员间的合作和资源共享。各地不同区域间还形成了相互联动的模式，以统合区域间资源。例如，上海市杨浦区形成了大学校区、科技园区、城市社区相互联动、互补共享的模式^③；嘉兴市充分利用自己的位置优势，与沪杭等城市进行社区教育机构之间的跨区域协作，实现终身学习资源的空间流动^④。

（三）网络平台统合联动模式

在信息时代，各地不仅通过建立社（学）区管理和教育网络统合终身学习资源，还建立终身学习网络平台作为终身学习资源统合载体，形成了线上与线下相结合的终身学习资源统合形式。各地纷纷建立终身学习网络平台，如太原市终身学习网等。各类线上学习服务平台相互联动，相互融通，形成了终身学习网络平台体系。例如，浙江省内多个终身学习网络平台都由同一个资源库支撑；太原市杏花岭区加强"干部在线学习""全国中小学教师继续教育网""农村现代远程

① 丁红玲. 基于新型城镇化背景下的社区教育推进策略——中国新型城镇化与社区教育研究报告. 职教论坛, 2014（6）：40-43.

② 黄传慧, 鲍传友, 叶铖垒. 多元主体参与下的学区治理困境与突破：一个案例的研究. 教育学报, 2019, 15（3）：104-112.

③ 王中. 模式与特征分析：我国终身教育共同体的发展研究. 职教论坛, 2017（27）：65-69.

④ 李伟林. 资源整合视角下的社区教育共同体探究. 继续教育研究, 2014（5）：55-57.

教育网"以及教育、科技、卫生等信息网络资源的融合与联动。相互联动的终身学习网络平台还通过建立资源建设联盟和更新机制,促进终身学习资源的可持续发展,从而实现对各类终身学习资源的统合。一是将校企合作模式延伸到在线学习资源建设中,充分运用高校、行业的师资优势和企业的技术优势开发线上课程。二是与地方文化或教育部门建立对接机制,优化区域特色资源建设和配置。三是创新资源再生机制,促进用户与资源之间的动态联系,鼓励用户原创内容。四是引进学习资源的市场交易机制,以检验资源的价值,推进优质资源建设和共享。①

区域教育网络统合了区域内的终身学习资源,区域组织联盟通过联动实现了终身学习资源的跨区域统合,终身学习网络平台及其相互之间的联动实现了各资源提供方和各类终身学习资源的统合,横向与纵向相结合、线上与线下相结合的统合联动模式构建了完善的终身学习资源统合基本体系,为终身学习资源打造了坚实的整合载体,是终身学习资源整合的主要形式。可见,统合联动模式是终身学习资源整合模式中的主干,具有塑性和支撑的作用,为终身学习资源提供了最便捷高效的整合形式。

三、协调推动的整合模式

终身学习是一项关乎各种团体利益的事业,终身学习资源需要各部门和各利益团体共同提供。要使终身学习各利益相关方都广泛参与到终身学习中,使其拥有的终身学习资源得到整合,就需要各方突破壁垒、充分沟通,进而互动合作、共享资源。为此,就需要能发挥协调作用的部门或机制来推动各利益相关方之间的互动融通。在国内外终身学习实践中,终身学习资源整合的协调推动模式主要有主管部门协调推动和合作伙伴协调推动两种。

(一)主管部门协调推动模式

为了让各相关方都参与到终身学习中,建立创新协调机制是必要的。终身学习的政府主管部门通常负责开展协调工作。例如,太原市教育局积极与平行机关协调,加强机关内部沟通,调动基层单位。太原市教育局与市民政局、市文明办联系,分别联合下发文件,推动社区与民办培训机构、机关单位、社会文化机构等单位之间的互动合作;与市残联协调,推动社区与学校联合开展残疾人培训;

---

① 张吉先, 虞江锋, 单永刚等. 终身学习资源云服务体系建设及其协同创新机制研究——基于浙江的实践与探索. 职教论坛, 2017(36): 53-59.

与市民政局、市文明办联合下发通知，推动学习型县（市、区）、乡镇（街道）、村（社区）、单位、家庭的标准化建设[①]；与市农业局、市科技局、市劳动和社会保障局联合拟定并落实《关于在全市实施科教兴乡兴县工程的通知》，鼓励乡镇企业和社会各界参与成人教育办学，推动以职业培训为主体的农村终身学习活动；还与市工会、市卫生局等协调，推动企业、医院等参与并开展终身学习活动[②]。

（二）合作伙伴协调推动模式

除了由主管终身学习的政府部门负责协调各方外，有的国家和地区还形成了一方发起并主要负责，包括公立部门、私立部门、社会组织在内的多部门、多领域和多组织合作推进终身学习的机制，这种机制有效沟通协调各参与方，从而推动终身学习资源的整合。例如，英国的合作机制就是通过一部门主导、多部门协调合作来推动终身学习资源整合的，包括由政府等公共部门或机构（如当地政府、议会或当地大学或者学院）为主要力量推动的合作机制，以私立组织（如社会信托基金组织、企业和志愿组织等）为主、与其他各个社会领域和部门合作的市场驱动合作机制，以及政府部门与私立组织相互协调的合作机制。该机制充分利用政府的权威地位优势、市场的资源配置优势及社会组织的独特优势推动社会各类终身学习资源实现高效整合。英国的合作机制对终身学习资源整合的推动作用还高度体现在合作伙伴组织对终身学习经费申请的必要性上，英国学习型城市建设资金的重要来源——城市专项复兴基金必须通过由政府、私立组织、企业、志愿组织和有代表性的社会人士等组成的，代表社会各方利益的合作伙伴组织才可以申请。[③]

主管部门和合作伙伴的协调实现了终身学习各利益相关方的彼此沟通和互动，推动各方参与终身学习，扩大了终身学习资源整合范围，丰富了终身学习资源。协调推动模式是终身学习资源整合模式中的关节，具有中介和桥梁的作用。通过协调推动沟通合作，保证了终身学习资源体系的灵活性，间接促进了终身学习资源的整合。

四、合作互动的整合模式

终身学习各利益相关方彼此互动、相互合作，实现了资源共享、多方共赢，

---

① 中国教育发展战略学会全国学习型城市建设咨询指导小组，中国教育发展战略学会终身教育工作委员会.中国学习型城市建设案例（第 1 辑）. 北京：高等教育出版社，2013：68.

② 桑宁霞，房耿聿，霍璟兰等. 社区教育运作机制创新研究——以太原市开展社区教育为例. 当代继续教育，2013，31（1）：47-49+53.

③ 桑宁霞. 国际终身学习法比较研究. 太原：三晋出版社，2015：76.

达成了终身学习资源体系的动态平衡。国内外终身学习实践经验中，学校与社区之间，学校、社区与企业之间，社区与驻地机构之间及社会文化机构的合作互动构成了终身学习资源整合的合作互动模式。

（一）学校与社区的合作互动模式

学校和社区作为终身学习的重要基地，两者之间的互动能够促进对各自学习资源的利用。从我国开始重视社区教育起，前期视角主要是社区作为开展中小学德育的场所为学校服务。随着终身教育理念的深入和社区教育的发展，学校与社区的双向互动开始受重视。学校与社区之间的互动方式有：①学校向社区开放各类资源，包括场地、图书、网络等物质资源和各类人力资源。如学校领导和专家加入社区教育讲师团、学校人员充实社区志愿者队伍、学校向社区派驻教师作为社区辅导员等。②社区为学校提供实践基地。③学校与社区的结合体出现。一种是在学校的基础上建立社区教育学院，如将现有学校挂牌为社区学校，太原市的社区学院是太原广播电视大学挂牌成立的。另一种是建立家长学校、市民学校。

（二）企、校、区的合作互动模式

企业作为用人单位，既是终身教育和学习的需求方，也是终身教育和学习的举办方。学校、社区与企业之间的合作形式主要是联合办学，利用各自的资源和优势促进职业教育和在职培训。一是职业教育中的校企合作。1981年挪威《学徒培训法》以法律形式将学徒培训纳入职业教育体系。高中职业班的学习者前两年在学校学习，后两年以学徒的身份在企业接受培训，学习者必须完成学校学习和企业培训后才能参加职业资格考试。[1]二是职工培训中的校企合作。其主要形式包括大学根据企业需求开设相关课程、举办培训班，或企业委托大学培养学习者。如纽约一些中小企业常通过校企或企企联合办学实施岗位培训，学员经过培训并通过考核可获得毕业证书，纽约为此还制定了《工作培训合作法》等相关法案[2]。社区教育学院也会与企业以联合办学、联合开发课程等形式合作开展教育培训。

（三）社区与驻地机构的合作互动模式

除了与学校互动、与企业联合，社区还与驻地机构结对，提高驻地机构在社区

---

① 桑宁霞. 国际终身学习法比较研究. 太原：三晋出版社，2015：94.
② 吴遵民. 实践终身教育论：上海市推进终身教育的路径与机制研究. 上海：上海教育出版社，2008：40.

的融入度，促进其对社区的教育服务。例如，太原市形成了社区与民办培训机构结对子的模式。2009 年，太原市以双方优势互补、互动共赢为出发点，下发通知要求民办培训学校挂牌成立社区学校，同时成立包括街道或社区负责人、民办培训学校负责人、社区居民代表等在内的社区教育学校工作机构，学校与社区确定专人负责，明确职责，建立联系，共同研究制定工作制度和计划，开展各类学习活动。这种模式不仅利用民办培训学校的资源优势解决了社区教育场地不足的问题，而且为民办培训学校赢得了社会效益和经济效益，也符合双方互动共赢的初衷。

（四）社会文化机构的合作互动模式

社会文化机构是终身学习的重要场所，其不仅自身有丰富的终身学习资源，还通过与学校、社区及其他机构组织的互动提高自身资源的利用效率。一是社会文化机构与学校互动。学校与博物馆、图书馆的联系是比较普遍和紧密的。对中小学而言，博物馆是"第二课堂"。对高校而言，博物馆可以辅助高校开展教学和研究。各高校的图书馆之间、学校与社会上的图书馆之间是相互联系融通的，形成了图书馆联盟，实现资源互助与共享。二是社会文化机构为社区服务。各地图书馆的广泛设立使其具备了与社区互动、服务社区的地理条件，如纽约市图书馆分馆数量多且分布均匀，被称为"邻里图书馆"。馆内有专门提供社区信息的部门和宣传栏，如介绍社区内各种民间团体、服务机构和社会组织及其举办的各种活动的信息。图书馆内还设职业信息专栏、青少年服务部和老人阅读角，为社区内各类群体提供服务。三是社会文化机构与其他机构组织合作。为了促进图书馆网络所包含的教育资源的开放、整合和利用，图书馆还需与其他机构组织进行合作。如为了促进图书馆网络的建立，伦敦图书馆发展局与大英图书馆、伦敦市政府联合会、"伦敦连接"计划、社区服务志愿者机构、学习与技能发展局、英国阅读推广基金等机构合作。①

学校、社区、企业、社会文化机构等通过合作互动，促进了双方或多方的优势发挥和资源利用，促进了终身学习资源整合，实现了终身学习资源共享。合作互动模式在终身学习资源整合模式中居于组织地位，具有相互协同支持整体活动的作用，体现了合作方之间的相互作用力，实现了个体发展和整体发展的和谐统一，完成了从互动共赢的出发点到共享共赢的落脚点的贯彻，是终身学习资源整合的具体、直接的方式。

---

① 吴遵民. 实践终身教育论：上海市推进终身教育的路径与机制研究. 上海：上海教育出版社，2008：70-71.

五、帮扶带动的整合模式

由于各种因素影响，不同群体的终身学习参与机会和参与能力存在差异，不同地区的终身学习资源分布和发展不均衡，需要精准、高效利用资源，进行针对性的教育资源供给，形成帮扶带动的整合模式。

（一）帮扶带动困难群体模式

终身学习是惠及全民的事业，一些困难群体的参与需要得到政府及其他组织的帮助。终身学习实践经验中也有对困难群体的关注和帮扶。例如，针对失业人员和残智障人员，太原市杏花岭区采取政府买单、街乡组织、教育机构培训的方式，通过开展职业技能培训、心理疏导，帮助失业人员实现就业创业，帮助残疾人员克服心理障碍。[①]对于农民工子女和留守儿童，太原市杏花岭区等不少社区实施"候鸟工程"，利用假期将农民工子女组织起来开展学习活动，解决假期儿童留守的问题。对于服刑人员，社区、企业等通过教育的形式参与矫正工作。例如，宁波市奉化区政府与当地某物业公司合作成立社会公益组织，为社区服刑人员提供包括技能培训在内的各种服务。[②]

（二）帮扶带动落后地区模式

历经多年推进，我国不同地区的终身学习发展水平各不相同，不太均衡。在这种情况下，国内出现了先进地区示范引领、帮扶带动落后地区的做法。例如，2012 年教育部社区教育工作督查组对太原市杏花岭区社区教育工作进行了督查并给予了充分肯定，认为其对中西部经济薄弱地区具有示范引领作用。另外，为了进一步落实精准扶贫、教育扶贫工作，促进城乡教育资源均衡，全国各地都开展了帮扶工作。例如，太原市迎泽区与娄烦县结对子开展教育帮扶工作，由迎泽区教研团队和省级示范园为主结对帮扶娄烦县机关幼儿园，有效提升了娄烦县机关幼儿园的教育质量和教师的专业素养。太原市还开展了城市学校与农村学校的结对帮扶工作，如太原广播电视中等专业学校帮扶娄烦县中等职业学校。此外，太原市还开展扶贫讲学活动。2018 年，太原广播电视大学联合中国联通太原分公司、超星数字图书馆，利用"脱贫学堂"为娄烦县娄烦镇娄家庄村的贫困农户开展扶贫讲学活动，提升农户专业技能，助力农户脱贫。

---

① 马兆兴. 太原市学习型城市建设案例诊评. 太原：三晋出版社，2013：23.
② 奉化区委改革办. 奉化：民营企业参与社区矫正教育管理. 宁波通讯，2019（17）：32-33.

帮扶带动模式在终身学习资源整合模式体系中起调节作用，是对政府组织引领、区域网络统合联动、多种协调机制推动和多方合作互动作用下终身学习资源整合结果的补充和调整，使终身学习资源体系更加和谐健康。

第四节　终身学习服务体系的整合效应

终身学习服务体系的构建明确了终身学习服务主体的多元性，多元主体参与是推动学习型社会建设的必要趋势。对终身学习服务体系进行有机整合，有助于促进其系统发展，集约共享，形成合力，将全民终身学习服务落到实处，助力学习型社会成功构建。

根据终身学习服务体系内各主体的特点与整合情况，可将不同主体间的整合具体划分为联合、融合与统合。通过对终身学习服务体系不同要素，即正规教育机构与半正规、非正规教育机构，终身学习专属机构及正规教育成果与非正规、非正式学习成果的整合情况进行分析，能够系统把握终身学习服务体系的整合效应（图7-4）。

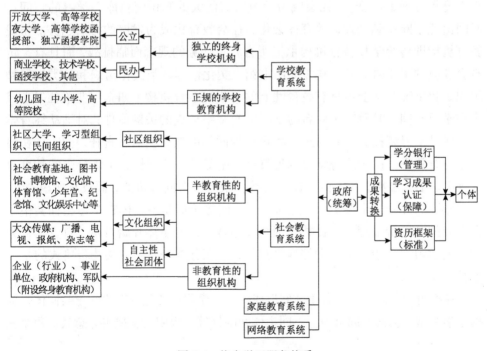

图 7-4　终身学习服务体系

一、提高教育资源利用率

丰富资源的有效提供是终身学习的基础，而目前终身学习发展面临着资源需求量大与当前资源供给不平衡、不充分的矛盾。正规教育机构与半正规、非正规教育机构的联合（即基于本体原有成熟组织系统基础之上的异质性合作），可以保证资源的丰富性与广泛性，是提高资源利用率的有效路径。

（一）消除划界形成的壁垒

联合的基础是理念的融合。在终身学习理念下，传统意义上的正规教育机构与半正规、非正规教育机构的壁垒与界限消弭，正规教育机构与半正规、非正规教育机构在终身学习中有同等的使命和价值。

随着信息化和人工智能时代的到来，教育和学习在推动社会发展过程中的地位与作用日益凸显，成为推动个体与社会可持续发展的必然途径。学习将存在于时时、处处，并成为个体与组织生存的安身立命之本。在学习型社会中，知识早已超越了书本所学，泛指通过学习获得的一切信息、认识、技能、价值观和态度等方面的改变。[①]社会成为学习所需的大的知识资料库，学习的空间、时间由此不断得到延伸，教育社会化、社会教育化成为发展的必然趋势。正规教育机构即传统学校教育机构承担所有教育任务的观念面临挑战，而具有一定教育性质的半正规教育机构（如图书馆、文化馆等各类文化组织和各类学习型组织）和传统意义上不具有教育性质的非正规教育机构（如企事业单位等）成为在学习空间、时间变化后新的学习空间网络形成的关键要件，对推动终身学习、建设学习型社会具有与正规教育机构同等的教育使命和责任。同时，在终身学习背景下，由于终身学习的连贯性、平等性、广泛性，个体接受的教育只分类型、不分层次，各主体所提供的教育服务具有同等价值，而没有所谓"半"与"非"的区分。终身学习、生命成长、同等价值是各主体在学习型社会中生存发展的共同价值理念。在共同理念的融合下，各主体开始自主、自觉、自为地在大学习观的指引下主动拥抱终身学习，服务终身学习，共建雅典式的学习型社会。

在终身学习理念下，各主体间形成一个去学习中心化的有机学习共同体，为构建学习型社会而共同努力。不同主体间的标签、界限与壁垒再无意义。每个主

---

① 联合国教科文组织. 反思教育：向"全球共同利益"的理念转变. 巴黎：联合国教科文组织，2015：25.

体都将是终身学习利益相关者与服务者。在共同愿力的驱动下，各主体齐心服务终身学习，确保资源的来源丰富。

（二）启动互通机制，建立盘活开放组织架构

职能的融合是联合的保障。开放的组织架构与互通机制，为正规教育机构与半正规、非正规教育机构有效联合、融通互助提供保障，形成了一个具有兼容性、开放性的活跃的终身学习资源系统。

我国现有多地建设社区教育中心，其中心功能定位即为加强统筹规划、协调资源整合共享。①北京市以地区社区教育中心（社区学院）为中枢层，进行宏观统筹，组织企事业单位、社区、团体等参与学习型组织建设，服务终身学习发展。②台湾在推进终身学习过程中设立终身学习推展委员会，由各级主管机关就学者、专家、终身学习机构、政府机关代表及弱势群体代表等多方利益相关者共同组成，为推展终身学习活动提供组织保障。

学习型社会是一个大的学习网络系统，学习不仅仅针对固有的个别群体，教育也不仅仅是教育领域的工作，而是扩展至社会的方方面面，这就要求"社会的一切部门从结构上统一起来"。③一方面，战略目标的实现需要通过组织系统去贯彻和执行。④各主体之间在开放环境下建立组织合作机构，形成合作实体，进行统筹协调，完善双方或多方合作模式，落实项目合作、资源共享、组织管理等方面的工作。另一方面，各主体自身不断加强系统开放，完成角色转变，开发更多教育资源，探索多样联合形式。联合关系体的各内部主体，在统一的组织架构之下，致力于共同愿景，不断改革，互通有无，实现有效合作。在终身学习服务体系中，正规教育机构仍处于终身学习服务的主体地位，在终身学习中为学习者提供必要的系统知识，但教育目标突破封闭性教育、终结性教育的定位，并在"终生教育"的维度上重新定位。半正规、非正规教育机构是学习社会化所不可或缺的关键组成，其通过不断设立学习型组织进行系统更新、生命成长，同时自觉承担社会服务职能，更好地服务终身学习。

通过职能的融合，各主体组织边界淡化，形成生态学习圈，成为大的教育资

① 张连民. 社区学院与城市社区教育中心功能定位探析. 继续教育研究，2014（9）：55-57.
② 李海英. 学习型城市建设视域下首都市民终身学习路径的实践策略. 开放学习研究，2020，25（5）：33-40.
③ 联合国教科文组织国际教育发展委员会. 学会生存：教育世界的今天和明天. 华东师范大学比较教育研究所，译. 北京：教育科学出版社，1996：43.
④ 欧阳忠明，雷青，朱虹. 国际终身学习战略推展：历程、现状与发展思考. 远程教育杂志，2016，34（4）：74-84.

源外循环系统，而不只是在自身结构内进行封闭式的资源内循环。在彼此开放合作、机制互通的运行过程中，充分盘活各类教育资源，形成资源的横向流动，为共享资源、有效提高资源利用率打下坚实基础。

（三）有效配搭实现资源互补利用

资源的融合是联合的抓手。正规教育机构与半正规、非正规教育机构通过知己知彼，找到恰当的结合点，进行资源置换与互补，实现不同资源的有效配搭，互相补位，最终服务终身学习。

在此方面我国已取得许多经验。韶关开放大学与中国人民银行韶关中心支行开展"互联网+老年金融教育"主题活动，双方签署"中国人民银行韶关中心支行、韶关开放大学终身金融教育品牌项目战略合作协议"，并设立金融读书角，建设老年金融文化教育基地，支行利用人力资源优势为老人讲解专业金融文化知识，学校利用融媒体资源及场地资源等为活动提供场所。这样，正规教育机构与非正规教育机构对各自拥有的资源进行合理配搭与互补，将为老年人提供终身学习服务的理念落实。

同时，我国也在积极探索通过校社合作的模式来实现资源互补利用。目前我国已出台多个相关政策文件，如 2001 年《国务院关于基础教育改革与发展的决定》，指出学校要加强和社区的沟通与合作，充分利用社区资源。[①]2016 年《教育部等九部门关于进一步推进社区教育发展的意见》提出要开放共享学校资源，推动实现社区教育与学校教育有效衔接和良性互动。[②]上海市静安区芷江西路街道与学校积极合作，校内与校外资源优势互补，进行双向互动。社区为合作学校提供项目化实践内容学习，助学校开展志愿服务活动，进行社会实践，为学习者打造第二课堂，同时学习者参与到社区活动中，服务社会，为社区带来了更多活力，实现了校社联动共进、资源充分利用。

通过正规教育机构与半正规、非正规教育机构的有效联动合作，促进了异质性教育资源的横向流动，切实提高了资源利用率。在信息化时代，社会快速发展，知识更新周期不断缩短，教育终身化无论对于整体还是个人都是保证其持续发展的必要举措。而无论是学校还是企业、社区等都无法单独满足学习者多样化的学

---

①国务院关于基础教育改革与发展的决定.（2001-05-29）. http://www.gov.cn/gongbao/content/2001/content_60920.htm.

②教育部等九部门关于进一步推进社区教育发展的意见.（2016-06-28）. http://www.moe.gov.cn/jyb_xwfb/xw_fbh/moe_2069/xwfbh_2016n/xwfb_160729/160729_sfcl/201607/t20160729_273300.html.

习需求。面对终身学习资源的多样化需求和目前各行各业学习资源短缺的矛盾，各主体应不断地进行跨行业、跨区域合作，实现资源共享。通过不同主体间划界壁垒的消除、发展系统的开放，彼此间形成良好的互动与合作，可以有效提高资源利用率。例如，学校的学术资源、科研成果可以助力企业创新与转型发展；社区的场地、公共文化设施可以作为学校学习者的第二课堂，扩充学习内容；企业的市场灵敏度可以促成学校引入市场机制，把握主流方向；等等。通过不同主体的有效合作，某一领域的固有资源可以应用于其他领域，发挥更大的作用与价值，更好地服务更多其他需求者。

二、提高终身学习服务能力

融合，指几种不同事物合成一体。融合侧重不同要素的相互补给，以形成一个你中有我、我中有你的有机融合体。终身学习服务能力是终身学习服务有效性的保证，而目前各终身学习服务主体之间处于相对封闭状态，未形成指向终身学习服务的有机统一体。

（一）助推正规教育机构终身学习服务理念的转向

无论是终身教育委员会、社区教育促进委员会，还是企业大学、开放大学等，均是在终身学习背景下产生并服务于终身学习发展的专属机构。在其发展过程中，教育的服务性和公益性更加突出，且在终身学习视野下有利于推动更加公平高质量教育的发展。例如，开放大学积极探索非学历教育模式，致力于为各类人群提供多样教育服务，提高公民整体素质和综合能力。终身学习专属机构在终身学习发展背景下适时而生，强调教育为社会服务，为个体终身发展而服务，其服务终身学习的发展理念迎合了大众和社会发展的需求，在推动终身学习"一体化"进程中具有重要作用。在这样的社会背景下，正规教育机构除了进行人才培养，服务社会、释放更多教育服务功能也成为其重要的社会责任。正规教育机构教育资源相对集中、完备，蕴藏着无限教育潜力，社会对其进行教育服务、社会贡献有着很高的期望。终身学习专属机构协调、指导、推动终身教育工作，同时承担着宣传终身学习理念的职责，不断引导广大市民及各单位组织树立终身学习的理念。如福建省龙岩市终身教育促进委员会的成员单位之一——中共龙岩市委宣传部负责向各单位宣传终身教育思想，推动终身教育健康发展。正规教育机构通过不断与终身学习专属机构理念融合，助力正规教育机构及时完成自身思想和理念的转变，认识到教育的公益性与服务性，不局限于"围墙"内的教学任务，而是主动承担社会责任，投身终身学习服务实践，满足学习者不断增长的学习需求，逐步向终身学习机构转变，推动正规教育机构内涵式发展，更好服务终身学习。

在终身学习服务理念的指引下，各主体均以促进学习型社会建设为共同的价值追求，走内涵式发展道路，不断释放生命力，延伸教育服务功能，促进终身学习持续发展。

（二）助力正规教育机构功能的延伸

教育功能的扩展、释放是终身学习服务能力提升的保障。终身学习专属机构与正规教育机构融通互助，促使双方形成有机合作整体，服务社会功能不断释放，终身学习服务质量不断提升。

正规教育机构应与终身学习专属机构积极进行融通互助，相互借力，形成有机统一体。终身学习专属机构负责统筹、协调、指导终身教育工作。同时，正规教育机构在终身学习专属机构的组织下，参与、开展多样化终身学习活动与服务，促使自身教育功能不断向外转化与延伸，面向整个社会、面向终身学习。二者的职能融合可从两个方面来体现。一方面，正规教育机构在系统内部附设终身学习专属机构，加强正规教育机构对终身学习服务的专业性。因其系统性与完整性，正规教育机构仍然是进行教育服务的重要主体，但其目前普遍实施的仍是普通教育，专注于自身所处教育阶段的发展，对终身学习发展的重视相对不够。各级正规教育机构附设终身学习专属机构，即设立终身学习专有部门，有利于贯彻服务终身学习的理念，在正规教育机构内推进与发展终身学习，并进行内部教育目标调整、教育职能转换，形成以终身学习目标为导向的服务规划，使正规教育机构实现终身学习功能的转化与延伸，成为重要的终身学习机构。另一方面，正规教育机构与终身学习专属机构互相不断渗透、融合，促进终身学习"一体化"的实现。终身学习专属机构在终身教育理念推进过程中应运而生，拥有先进的终身学习服务理念，但由于处于发展初期，力量稍显薄弱，相对于正规教育机构，教育资源缺乏是其推进终身学习发展过程中的主要阻力。而正规教育机构在进行终身学习机构身份转变过程中，缺乏宏观指导是其主要难点。通过二者的合作、融通，终身学习专属机构可借助正规教育机构的声誉资源进行终身学习宣传，扩大自身影响力，助力实现终身学习服务蓝图。

通过教育功能的转化、延伸，正规教育机构逐步完成角色转换，融合、渗透于终身学习专属机构，双方形成有机统一体，完善终身学习服务功能，促进教育服务职能最大化发挥，实现从理论指导到实践支持的全面服务、从学校教育到学校后教育的无缝衔接，真正实现终身学习"一体化"进程。

（三）助力正规教育机构终身学习服务功能的实现

终身学习服务功能的实现是终身学习服务实践落实的关键。终身学习专属机构体现终身学习服务的专业性，具体体现在理念、组织系统、运行模式与项目实践等方面。通过加强终身学习专属机构对正规教育机构的指导服务，可加强正规教育机构进行终身学习服务的方向性与系统性。

例如，清华大学继续教育学院设立终身学习和终身教育研究院，不断进行终身学习的研究。学校致力于服务国家发展战略需求，从 2003 年就开始探索利用远程教育平台开展教育扶贫工作，并成立教育扶贫办公室，以"教育服务社会"为宗旨，为教育扶贫、实现终身学习进行专项服务。[①]学校充分发挥资源优势和专业能力，走出校园，提供高质量的教育服务，将知识传递给更多贫困地区学习者，阻断贫困代际传递，服务国家发展战略。这即是正规教育机构充分发挥教育资源优势、延伸教育服务功能、积极进行教育服务工作的很好例证。

又如，为推动学习型社会的发展，北京西城区学习型城区建设领导小组办公室、西城区市民终身学习服务基地办公室委托包括辖区学校在内的各主体建设终身学习体验基地。作为国家级重点职业高中，北京市外事学校成立北京市外事学校美好生活体验馆，面向社会开放丰富多样的课程，并编写相关教材，使优质教育资源惠及更多社会群体，成为北京市西城区开展市民终身学习服务的品牌项目。[②]

终身学习就是要满足不同学习个体随时随处的多样化学习需求。而目前学习资源相对短缺，各级教育发展不均衡，各类组织机构多是封闭工作状态，彼此间沟通不足，还没有形成在终身学习理念指导下的统一发展。学校作为传统的教育基地，拥有相对完备、系统的教育资源与教育经验，仍然是进行教育服务的主导力量。与终身学习专属机构的融合，可以为学校提供理念上的指引、行为上的帮助、项目上的支持，使学校打破传统的封闭式管理与封闭式教学。学校大门打开，教育资源不仅服务学校内的学习者，更可关切到学校以外其他不具备完整教育资源的机构与更广泛的社会群体。学校从理念到实践均以服务终身学习为导向，教育功能将得到更好释放，终身学习服务能力可得到很大提升。同时，通过与正规

① 阎桂芝，何建宇，焦义菊. 教育扶贫的清华模式. 北京教育（高教），2014（5）：7-10.

② 王晋，王俊明. 北京市西城区市民终身学习服务基地建设实践研究. 北京宣武红旗业余大学学报，2018（2）：59-63.

学校教育机构的融合，终身学习专属机构可借助学校丰厚的教育资源和良好的声誉资源，可推动终身学习项目真正落地，减少前进阻力，更好地发挥专属机构的功能。二者在相互融通的过程中，趋向理念共通、行为一致，成为终身学习发展道路上的有机融合体，使终身学习的专业性、专门化服务得到有效落实，推动终身学习"一体化"进程，切实提高终身学习服务能力。

三、推进教育公平

统合指将不同要素统一、综合，置于同一标准、体系之下。教育公平是终身学习发展的重要支撑。目前教育资源的割裂、人才评价的不合理是阻碍教育公平的关键点。[①]学习成果认证是实现终身学习服务体系有效运作的融通机制。正规教育成果与非正规、非正式学习成果的统合（即将不同学习成果置于统一标准之下），可以将不同学习成果归类、统一，使其得到有效认可，是实现教育公平的有效路径。

（一）赋予同等学习成果认同

理念认同是有效统合的基础。在终身学习背景下，传统只认同正规教育成果而忽视非正规、非正式学习成果的固有倾向被打破，正规教育成果与非正规教育、非正式学习成果具有同等价值。

学习成果作为教育发展的一种基本要素，不同形式下的学习成果统合是沟通各级各类教育资源的保障，也是打破学历教育结构、扩展教育评价体系的有效方式，有利于促进教育公平。目前由于教育政策和社会价值的导向，非正规和非正式学习成果通常不能和正规教育系统的学习成果等值。[②]这样就造成社会长期只关注个体的学历结果，习惯用学历教育的尺度和标准来衡量个体学习成果，形成了对正规教育的执念和对非正规、非正式学习的偏见。但是，个体综合能力的体现不仅仅靠一纸文凭，其全面发展也不仅仅靠接受学历教育来完成。非正规、非正式学习与正规教育一样，是建设学习型社会的重要组成部分，是进行自我提升、自我完善的另一渠道。非正规与非正式学习形式大大扩展了个体的学习领域，其学习成果也恰恰丰富了个体评价标准。将不同学习成果赋予同等价值认同，可以避免对正规教育成果的盲目崇拜。应认识到，无论是何种背景下的学习成果均是学习者资源利用、时间投入、学习能力的体现，不同形式的学习成果有一定的相

---

① 沈宇，陶红. 我国国家资历框架建设：内涵、价值、难点及路径. 职业技术教育，2020，41（25）：6-11.
② 黄娥. 非正规与非正式学习成果认证的现实困境和路径选择. 成人教育，2018，38（9）：1-4.

通性，具有等值互换的实践基础。

终身学习将视野扩展到了正规教育成果之外的非正规与非正式学习成果，承认不同形式的学习具有同等重要性，看到不同学习成果所具有的同等价值性。这样有助于学习者树立正确的学习观，实现对学习的认同，对生命的尊重，为推动教育公平的实现奠定理念基础。

（二）对非正规与非正式学习成果赋能

职能的对等是实现统合的保障。对非正规与非正式学习成果赋能，赋予其实际上的存在价值，以使非正规与非正式学习成果具有与正规教育成果同等的评价能力。

正规教育成果是长期以来对学习者学习成果的显性表达，具有完善、明晰、高质量的认证标准与较高的认可度。对非正规与非正式学习成果赋能即对非正规与非正式学习进行成果管理，将学习者更多隐性学习成果规范、量化，真正实现有意义的非正规与非正式学习。非正规与非正式学习是学习者在正规教育之外可以获得其他知识的广泛途径。在经济快速发展的当下，非正规教育和非正式学习方式是学习者进行全面发展、快速更新知识的有效途径。在学习者的交互学习过程中，通过学习时间记录、学习成果汇报、学习交流互动等方式不断健全、量化不同学习成果，为学习成果赋予实际上的存在价值。例如，日本建立终身学习平台，通过信息技术自动采集、随时记录学习者线上线下的学习经历并提供学习成果证明。[①]《太原市终身教育促进条例》规定，承担终身教育职能的各类机构对学习者的注册入学、学习时间、课程和成绩等进行登记，并根据学习者的需求提供书面证明。这些都是对不同形式的学习进行成果管理，对学习成果赋能，使其具有与正规教育同样的学习结果管理能力。为非正规与非正式学习成果赋能，是对其存在价值的证明，为学习者在不同学习场域的学习提供了有力凭证。

通过为非正规与非正式学习成果赋能，可丰富、完善终身学习成果评价体系，使各种学习形式下学习成果所蕴含价值充分展示、应用，实现对个体的全面、综合评价，为实现教育公平打下坚实基础。

（三）置于资历框架下的学习成果认证

学习成果认证是实现学习成果统合的桥梁。通过将不同学习成果置于资历框架之下，可实现非正规与非正式学习成果与正规教育成果的有效统合，促进教育

---

① 周晶晶，杨映雪. 日本终身学习平台构建对我国学分银行建设的启示. 终身教育研究，2018，29（6）：50-56.

的融通衔接。

各种非正规与非正式学习成果具有复杂性、无序性、分散性的特点，需通过学习成果认证来为不同学习成果的统合搭建桥梁。正规教育成果由于长期在传统教育系统的影响下，已形成较为固定、成熟的学习成果认证方式，而非正规、非正式学习成果来源广泛、呈现方式差异大，未形成统一的认证体系，所以需要非正规与非正式学习成果向正规学习成果靠拢。将非正规与非正式学习成果对标正规教育成果，逐渐明晰非正规、非正式学习成果的判定标准，形成量化、可视化结果，最终将不同学习形式的学习成果都置于统一、规范的评判标准之下。[①]

目前学习成果认证工作已在多个国家开展，主要通过采取建设资历框架的措施来统一不同学习成果的标准，这一举措已成为全球推动终身学习发展的必然趋势。截至 2019 年，国际上已有 161 个国家和地区建立或者采用资历框架。[②]我国也有不少地区初步建设资历框架，如香港、广东均参照普通教育系列建立了七个等级的资历框架，各级各类学习成果可实现互认和互换；上海、国家开放大学均建立学分银行，实现各学习成果的认证、积累和转换。[③]同时，我国 2019 年推行 1+X 证书制度试点工作，在职业教育领域开发若干职业技能等级标准和证书，推进学历证书和职业技能等级证书的有机衔接，不断对成果认证进行深入探索与具体实践。

正规教育成果与非正规、非正式学习成果的统合，有利于非正规、非正式学习逐渐步入正轨，进一步推进教育公平。学习型社会中的学习是基于自觉、自主基础上的终生行为，只有实现教育公平，才能真正支撑终身学习持续发展。终身学习服务体系囊括多元终身学习服务主体，学习不再局限于学校内而扩展至学校外部的各个场所。各个阶段的学习者在任何空间、任何时间都有更多的可能性与机会接受所需教育，学习渠道多元，受教育机会扩大，首先实现教育起点公平。对不同学习成果的统合，有助于实现教育过程公平与教育结果公平。一方面，学习成果作为各级各类教育横向与纵向沟通交流的纽带，可打破教育资源割裂的状态，学习者可以带着既有学习成果随时到各种学习场所进行各种形式的学习，有助于实现教育过程的公平。另一方面，不同学习形式下取得的学习成果被赋予同等重要的价值，非正规与非正式学习成果同等作为评判依据，被赋予同等评价职能，可使非正规与非正式学习形式变得有据可依，有利于实现教育结果公平。

---

① 季欣. 认证单元：资历框架建设的基础工程. 高等继续教育学报, 2018, 31（2）: 1-9+72.

② 张伟远, 谢青松, 胡雨森. 终身教育资历框架全球化发展的关键议题. 现代远程教育研究, 2020, 32（3）: 44-50.

③ 李明慧, 曾绍玮. 终身学习时代国家资历框架构建研究. 教育与职业, 2020（2）: 28-35.

第八章　终身学习的政策

第一节　国外主要的终身学习政策

终身学习概念由 UNESCO 率先提出并迅速在全球范围内掀起终身学习思潮。梳理从终身学习理念产生至今各国终身学习政策，其政策发展大致可分为三个阶段：20 世纪 70 年代的关键起步期，国际组织和各国探索、确认终身学习的理念，并进行终身学习政策的初尝试；20 世纪 80 年代的稳步发展期，世界各国在不同程度上制定、颁布和实施了终身学习政策；20 世纪 90 年代至今的深化成熟期，各国的终身学习政策的内容、颁布和实施都呈现不同特色。

一、关键起步期的政策

（一）国际组织对终身学习的呼唤

20 世纪 70 年代，终身学习概念由 UNESCO 率先提出，并逐步传播至各个国家，在世界范围内掀起终身学习的浪潮。自此终身学习政策进入起步期。

终身学习理念作为个人生存的一项基本权利开始进入大众视野，也逐步成为人权的重要组成部分。为了维护个人生存的权利和个人人权，国家和政府需要为成人继续参与学习提供各种机会。而在前期起步阶段，首先主要由国际组织来传播并推动终身学习的发展。

UNESCO 在 1972 年的《学会生存：教育世界的今天和明天》报告中率先提出了终身学习的概念。报告指出，学习涉及人在整个社会中的一生的活动。具体来说，将人的一生看作无限发展的 Y 轴，将不断更新的社会经济、政治和教育等资源看作 X 轴，那么终身学习是在 X 轴和 Y 轴组成的象限内的一个正比例函数，走向不断往上，且愈益发展成熟为学习型社会。同年，在 UNESCO 的主持下，埃德加·富尔和专家学者、政治家们联手起草了《富尔报告》，强调成人教育对非成人教育成功的决定性作用，肯定"终身学习对建立不断演进知识体系"的作用。

1973 年，经济合作与发展组织（Organization for Economic Cooperation and Development，OECD）在《回归教育：终身学习的一种策略》报告中提出"回归教育"的论点，主张在人的一生中，教育与工作、休闲、退休等其他活动不断交替、相互融合。[1]这是终身学习理念的早期发展阶段，该报告也可视为 OECD 关注、倡导终身学习的开端。[2]教育和学习不应该局限于学校范围内的教育和学习，学前教育、成人教育、职业教育等教育类型均承担着终身教育、终身学习的使命，这一观点受到了国际社会的普遍认同。

（二）各国对终身学习理念的宣传

法国是"终身教育"的摇篮，对于成人继续教育立法的重视是法国对"终身学习理念"的最好践行。在 1971 年 7 月，法国颁布了《继续教育法》《职业训练法》《技术教育法》《企业主承担初等阶段职业技术教育经费法》，其共同组成了有"法国成人教育立法史上里程碑"意义的《继续职业教育法》。[3]该法的诞生标志着法国形成了系统化的成人教育法，确定了法国成人教育肩负的在职培训、社会就业培训和终身教育的三大责任。为了确保劳动者在物质文明和精神文明中的价值和权利，适应环境和技术的挑战，《继续职业教育法》规定所有劳动者都应该平等地享有继续教育的机会。该法从发展职业继续教育经费和培训制度两个方面规定改革措施：①依法保证职业继续教育的经费。[4]继续职业教育的经费主要来源于国家的专项资助和企业按法定缴纳的继续教育税。法律在国家专项资金的使用以及企业在缴纳继续教育税中的应缴金额和税金豁免权上有严格的规定。国家专项职业继续教育发展经费用于培训中心设备开支、在职长期进修者资助和培训中心日常开支等。职工超过 10 人的企业，每年都要拿出 1.1%的总工资依法缴纳继续职业教育税，其中 0.2%用于地方性职工教育支出，0.1%用于专门机构的培

① 刘婉. 新时代学习型家庭的建设：内涵、机遇与机制. 教育导刊, 2019（12）：16-20.
② 赵益枢, 陈姝涵, 张沂琳. 从分离到融合：OECD 终身学习理念嬗变. 湖北开放大学学报, 2022, 42（3）：9-13.
③ 李继刚. 法国成人教育立法及对我国的启示. 继续教育研究, 2007（6）：38-39.
④ 冯锦华, 张继华. 成人教育中提升职业能力功能的策略刍议. 中国成人教育, 2010（14）：44-45.

训，0.8%用于本企业的职工培训。①②实行"带薪教育休假"制度，从法律层次保护职工的培训权。法律规定，凡有意愿接受国家认可的职业培训的在职职工，就有权向雇主争取带薪培训假期；在同一行业工作两年及以上，且在本企业工作时间满半年者都享有带薪培训假期的权利。法律也规定了连续性全日制培训或学习，假期不得超过1年；在职培训和学习，假期不得超过1200小时。②为了继续践行"终身学习理念"，1972年法国通过《终身教育法》，重申国家实施终身教育的政策和原则。自此法国进一步奠定了"终身学习理念"的发源地地位。

德国在20世纪70年代面临的经济与社会问题，促使德国较早关注终身教育，不断推进成人职业教育和立法，践行"终身学习理念"。德国教育审议委员会在1970年通过的《教育制度结构计划》中提出以"学习的学习"为核心的终身学习原则。③挪威在确认终身教育的基本原则以后，于1976年颁布了《成人教育法》，确定了鼓励、支持私人以各种形式介入成人教育活动的做法。

美国早就跨入了世界上最早开始制定并实施终身学习政策的国家行列。1862年颁布的《莫里尔法案》鼓励创办"赠地学院"，开展成人农业技术教育，拉开了美国终身学习的帷幕。1958年《国防教育法》、1966年《成人教育法案》逐步确定各地区对成人职业教育与技能训练的责任。1976年，美国政府在增修的"高等教育法案"中加入"B"部分，形成《终身学习法》（也称《蒙代尔法案》），确立了终身学习的法律地位。该法案广泛定义了终身学习，包括成人基本教育、继续教育、独立学习、农业教育、商业及劳工教育、职业教育及工作训练方案、双亲教育、退休前及退休人员教育、补救教育、职业及晋升教育，以及协助各机关团体运用研究成果或创新方法服务于家庭的需求及个人的发展等。④

在亚洲国家中，日本较早引入了终身学习的概念，并逐步在教育行政部门引发讨论。1967年和1968年，中央教育审议会和社会教育审议会就终身教育议题展开审议，在三年后分别发表答询报告《关于为适应急速变化社会构造的社会教育的方向》和《关于全面扩充和改善学校教育的基本政策》，坚定了将所有的学校教育和社会教育在终身教育理念的指导下进行全面改革的初心。⑤

技术革新与社会结构的急剧变化，表现在生产生活的方方面面。基于这种变

---

① 张培. 法国成人教育立法及对我国的启示. 成人教育，2007（3）：87-88.

② 张培. 法国成人教育立法及对我国的启示. 成人教育，2007（3）：87-88.

③ 任杨. 德国、芬兰终身教育的特色及对我国的启示. 成人教育，2022，42（4）：79-83.

④ "自学考试与终身学习体系建设问题的研究"课题组. 美国对终身学习战略的推行. 中国考试，2006（6）：60.

⑤ 夏鹏翔. 日本终身教育政策实施现状分析. 日本学刊，2008（2）：116-129.

化，人们重新审视教育，意识到前半生学习、后半生工作的理念不再适用，而需用终身学习理念代之。而要想深入贯彻实施终身学习理念，首先须在政策方面有所体现。从政策实施主体考虑，由于终身教育概念首先在 1965 年由 UNESCO 成人教育局局长保罗·朗格朗正式在国际发声，所以对理念的理解、政策制定首先以国际组织为中心向各国推广。《富尔报告》和《回归教育：终身学习的一种策略》是终身学习浪潮兴起的标志。在此基础上，部分国家也开始逐步探索制定终身学习政策。如法国的《继续职业教育法》和日本的《关于全面扩充和改善学校教育的基本政策》，都注意到学校教育以外的其他教育类型，均开始将终身学习理念贯穿到教育政策与教育改革之中。可以看出，各国已认识到并接受终身学习的理念，开始给予学校教育之外其他教育在国家政策层面的关注与重视。

二、稳步发展期的政策

进入 20 世纪 80 年代，终身学习政策总体呈现出一种平缓发展态势，无论国际组织还是各国家或地区，在终身学习政策的颁布和实施方面都有所进展。

（一）国际组织报告推进终身学习

1989 年底，UNESCO 以"学会关心"为主旨，在北京召开"面向 21 世纪教育国际研讨会"，大会基于 20 世纪教育的经验和新世纪教育的展望发布题为《学会关心：21 世纪的教育》的报告。报告"呼吁学会关心自己的家庭、朋友和同事，关心他人，关心社会和国家的社会、经济和生态利益，关心人权，关心其他物种，关心地球的生活条件，关心真理、知识和学习。'学会关心'所提出的问题，超出了科技和工程教育的范围，是'教育观念、伦理观念和教育发展方向的又一次重大的变革与更新'"[1]。报告提倡教育与社会、自然的沟通互动，使学习成为终身且充满人性化的过程，这是对 70 年代学会生存、学会学习的继承与创新，终身学习又被赋予"关心"的内涵。[2]

1986 年，OECD 发布《重审回归教育》报告，肯定了前期回归教育策略取得的成就，也分析了成员实施策略的障碍并提出了未来发展方向。报告指出，"前期回归教育策略过于激进，而目前由于环境已经发生改变，应采用一种更为实际的、较不激进的方法重新审视回归教育"，提出要让回归教育策略更人性化地服

---

① 钱逊. 对青年学生进行做人的教育. 清华大学教育研究，2001（2）：16-23.
② 何齐宗. 全球视野的教育理念——联合国教科文组织教育文献研究. 广州：广东高等教育出版社，2010：24.

务经济复苏的目标。①

（二）世界各国借用法律报告回应

1984 年，法国重新修订其《继续教育法》。1989 年，法国公布《关于教育指导法的附加报告草案》，明确了继续教育的地位和作用，提出学校、大学及其工作人员进行和推广终身学习是使命所在，确定政府、公共机构、地方集团、公私立教育机构以及劳动者个人、集体、雇主等在内的各方面的终身学习的义务和权利，进一步规定了继续教育经费的来源和使用途径。

美国于 1980 年颁布的《中学后继续教育法》，以法的形式一方面确定了中学后继续教育是公民的义务和责任，另一方面确定了高等院校对于终身教育事业的责任和义务，该法进一步具体化了《终身学习法》的相关内容，对有关学习的主体和教育服务的款项做出详细规定，为推进美国终身学习法体系的建设发挥了重要作用。同时该法详细规定了终身学习的形式，将职业教育、培训与技术援助，以及为老年人提供法制教育、健康教育等囊括在内；并为成年妇女（特别是家庭主妇）提供多样的教育资源、丰富其职业信息和咨询服务，为其接受中学后继续教育和培训提供帮助，进而使她们在社会市场中实现自我价值；为农村成年人提供继续教育和社区教育，提高他们的知识和技能；为残疾者、民工提供实用的中学后教育计划。②

20 世纪 80 年代，日本加快了终身学习体系化的建设。1982 年，中央教育审议会发表题为《关于终身教育》的报告，日本终身教育和终身学习政策框架开始建立。③报告中提出主要通过统筹包括学校、家庭、社区等在内的各种教育机构实现人们自身成长和生活质量提高的需求。为推动终身学习体系建设，1988 年，文部省终身学习局取代社会教育局，至此日本成为世界上首个设立国家级终身学习行政管理机构的国家。随之各地方自治体教育委员会中社会教育科也一并改为终身学习科，各级政府设立终身学习促进委员会。④⑤

自 20 世纪 80 年代，为了增加国民接受终身学习的机会，为公民提供更多终

---

① 李薇. 从回归教育到全民终身学习——论 OECD 终身学习策略的演变. 比较教育研究，2013，35（5）：34-37+42.

② 吴遵民. 新版现代国际终身教育论. 北京：中国人民大学出版社，2007：227.

③ 楚永娟. 日本大学在终身学习型社会构建中的角色及启示. 成人教育，2019，39（12）：89-93.

④ 夏鹏翔. 日本终身教育政策实施现状分析. 日本学刊，2008（2）：116-129.

⑤ 檀红. 日本终身学习的研究及其启示. 西安理工大学，2006.

身教育，韩国政府开始大力倡导终身教育，终身教育在韩国的发展逐渐扩大，其概念得以普及。1982 年，韩国制定《社会教育法》，进一步推动终身教育的实施。1983 年第五共和新宪法的颁布施行是终身教育在韩国正式确立的标志，从宪法的高度确定终身教育的地位，明确了政府对振兴终身教育的责任。

此阶段终身学习政策的发展情况主要是部分发达国家在 70 年代的基础上进行补充和强化，代表性国家有法国、美国。从终身学习政策的传播范围看，实现了横向和纵向上的延展，影响到了日本、韩国，并开始传到了澳大利亚和新西兰等国家，这些国家逐步关注并接受终身学习思想，部分国家开启了终身学习的政策化进程。从终身学习的政策倾向看，与 20 世纪 70 年代更多关注终身学习作为个人权利的政治民主因素相比，80 年代的终身学习政策开始转到经济理性上来。这种状况无论在发达国家还是终身学习政策刚起步的发展中国家都大体如此。美国 1980 年《中学后继续教育法》明确提出高等教育的质量与国家经济的发展息息相关。为了促进新生劳动力和在职的劳动力与技能和市场需求的契合，激发经济内生活力，彰显人力资本投资的优势，有的国家通过全民终身学习实现人力资本的升值。如日本政府将通产省纳入合作管理机构，借终身学习的方式缓解劳动力对社会的压力，实现短期内恢复经济的期望。[①] 所以总体来看，终身学习的理念处于稳步发展状态。

三、深化成熟期的政策

从 20 世纪 90 年代开始，国际终身学习政策的发展迎来了高潮，完善终身学习政策的队伍不断壮大，参与的国家和地区日益增多。终身学习政策的实施力度和实施目的有了新的变化。通过终身学习政策的施行以争取社会民主、实现文化提升、增加就业、促进经济发展等成为人们对终身学习政策的主要关注点。

（一）国际组织对终身学习审视提升

UNESCO 在《教育——财富蕴藏其中》（1996 年）中提出，从"整体观"来重审教育。在第六次国际成人教育大会上，UNESCO 通过《贝伦行动框架》（2009 年），其中倡导各国应积极发挥成人学习和教育的力量、潜力，来实现人类的美好生活。该框架明确终身学习的内涵，即以包容性、解放性、民主性和人性为基础，是一种哲学、概念框架和各种形式的教育的组织原则。该框架对成人扫盲、

---

① 朱敏. 国外终身学习政策推展模式研究. 华东师范大学，2010.

教育公平、提高质量、政策统整、共同治理、扩大融资、进展监测等方面给予了诸多参考性强的建议。2015 年发布的《反思教育：向"全球共同利益"的理念转变？》再次强调了人文主义教育观，呼吁站在全球共同利益的角度重新反思教育，采用终身学习方法，不断促进人与人、社会、自然的可持续发展，注重人类生命与尊严、社会正义、权利平等。

OECD 在 1996 年发布的《全民终身学习》报告中倡导"全民终身学习"，其意指每个人的一生都应该积极参与并享受适合自己的各种形式的学习。其特点为全系统性，表现为所有人学习的是自身所需的知识和技能，既强调早期学习的需要，也强调成人学习的需要。OECD 旨在通过全民终身学习策略激发全民终身学习意识的觉醒，推动全民终身学习的行动，促使社会为全民终身学习提供机会和条件，以此实现个人发展、社会凝聚和经济增长的目标。[1]至此，"全民终身学习"被确立为 OECD 教育政策的一个框架概念或首要议题，其策略内容主要包括：

1）夯实全民终身学习的基础，扩大"全民"的范围和"终身"的边界。如增加优质的学前教育机会、进行中小学教育改革等。

2）搭建学习与工作的渠道，对普通教育阶段的学习者和成人教育阶段的学习者加强区别性指导。例如，加强对普通教育阶段的学习者的生涯指导和咨询服务，为成人学习提供机会和条件，建立认可非正规教育和非正式学习的机制等。

3）重新界定全民终身学习提供者的角色。例如，对政府、高等教育机构、非正式学习场所、非正规教育机构和教师等在终身学习体系中的作用的界定等。

4）打破全民终身学习的融资壁垒，实现多元化的学习经费结构。例如，开发并接受社会资金来源、鼓励个人和企业的捐赠等。[2]

（二）世界各国家和地区持续推进政策完善

1993 年，欧盟发布《增长、竞争力和就业：迈向 21 世纪的挑战与途径》，首次确认了终身学习在欧盟的重要地位。在新的社会、经济的挑战下，欧盟呼吁各国的教育团体共同践行全民终身学习理念。1995 年，欧盟发布的《教与学：迈向学习型社会》白皮书提出，在信息化、国际化和科技化的冲击下，应该树立学习型社会理念，积极推动学习型社会的建设。同年，欧盟正式实施首个终身学习

---

① 李薇. 从回归教育到全民终身学习——论 OECD 终身学习策略的演变. 比较教育研究，2013，35（5）：34-37+42.

② 李薇. 从回归教育到全民终身学习——论 OECD 终身学习策略的演变. 比较教育研究，2013，35（5）：34-37+42.

综合计划——苏格拉底计划。1996 年，欧洲终身学习年启动，展开了丰富的终身学习活动。欧洲终身学习年的开展在国家层面和超国家层面提高了对终身学习需求的认识。此后，欧盟终身学习的政策和行动计划不断增加。[①]

随着知识经济的兴起和欧盟综合性终身学习战略的影响，此时法国社会的终身学习政策也开始新的转变，建立特色的能力认证体系，将"职业获得认证"改为"经验获得认证"，并确认为继学校教育、学徒培训和继续教育后的第四个获得职业文凭的途径，有力地推动了法国终身教育的发展和学习型社会的建设。2002 年的《社会现代化法案》提出，个人有权利回流高等教育，并开始承认先前经验学习的价值。

德国终身学习政策获得了新的进展。1990 年，德国联邦议会发表了关键性政策文件《未来的教育政策：教育 2000》，其中将继续教育与终身学习作为重要议题之一。该文件"强调了发展继续教育重要性的同时，要将之具体扩展成为教育的第四领域"。[②]为了确保"第四教育领域"的地位，该文件提出了财政、品质保障、信息技术等多方面的保障措施。此后，继续教育作为德国"第四教育领域"的地位一直得到不断地重视。《联邦法令规章与全国扩展继续教育成为第四教育领域基本原则》（1994 年）、《终身学习的新基础：继续扩展继续教育为第四教育领域》（1998 年）等文件逐步巩固了继续教育在德国的重要地位和高等教育机构在继续教育中的角色。[③]1995 年，德国发布报告《信息社会：机会、革新与挑战》，强调积极运用信息通信技术发展自我导向的终身学习能力。[④]"2000 年联邦议会上，社会民主党与绿党联盟以《全民终身学习：扩展与强化继续教育》为题，明确表示全民终身学习是未来德国教育发展与革新的主要目标，并提出许多关于推动终身学习与拓展继续教育的策略。"[⑤]至此，德国终身学习政策基本形成。

1998 年 6 月，在广泛倾听公众意见之后，挪威政府向议会递交了第 42 号报告《能力开发》。报告提出，终身学习覆盖了人一生中一切有组织、无组织的学习，包括正规教育、工作和其他活动里的非正规教育。报告认为，终身学习与其说是一种新的教育制度，还不如说是一种视野。终身学习应该被视为现代人的一种生活方式，而不是为那些少数者所提供的服务。挪威特别强调个体的价值，认

---

① 高小军，朱敏. 多源流理论视域下欧盟终身学习政策变迁研究. 比较教育研究，2020，42（10）：91-98.
② 宋孝忠. 德国终身学习政策述评. 华北水利水电学院学报（社会科学版），2009，25（3）：94-97.
③ 宋孝忠. 德国终身学习政策述评. 华北水利水电学院学报（社会科学版），2009，25（3）：94-97.
④ 张建平，王华轲. 德国终身教育的发展及其对我国的启示. 继续教育研究，2004（2）：21-24.
⑤ 宋孝忠. 德国终身学习政策述评. 华北水利水电学院学报（社会科学版），2009，25（3）：94-97.

为人不是手段，人本身就是目的。除了知识的学习之外，终身学习还要考虑情感、价值、思维和社会接触。①

美国的终身学习思想在此期间得到深化发展，政府有关教育的许多重要文献都表达了促进终身学习和学习型社会建立的重要性。美国于1992年颁布了《终身学习法》，该法案明确了财政支持体系对终身学习实施的角色和作用。美国倡导通过贷款参与教育培训，间接为学习者提供学校无法提供的优质教育机会和培训内容。美国于1994年颁布《2000年目标：美国教育法》，该法案对从儿童到成人的各种教育形式提出要求，强调培养儿童的"终身学习能力"，强化教师的"继续教育"。②1997年，克林顿为该法案的实施具体提出了教育的最高目标是"每一个美国成年人必须坚持终身学习"，"21世纪的教育必须扩展为终身教育，终身教育之路导向美好未来，美国人不论年龄有多大，都必须有机会学习新的技能"。③同时，为了保证美国终身教育健康、顺利的发展，美国联邦政府在教育部设立了全国中等教育后教育、图书馆及终身学习研究所，旨在对终身教育的相关问题进行专项分析和研究；制定和实施一系列有关解决这些问题的终身教育方案，并为改善全美国的图书馆、中学后教育、识字和终身学习的工作提供合理可行的指导。④此外，还有克林顿总统签署的《美国教育行动咨文》和《高中后教育希望和机会法》等。⑤终身学习从初期的主要针对成人的继续教育转向了更综合的战略，加强了对早期基础教育重要性的认识。

1990年，日本颁布《终身学习振兴法》，对终身学习推进体制和其他必要事项予以详细的规定。日本在文部省设立"终身学习审议会"，相继发布了一系列关于推进终身学习的咨询报告，如1992年《关于适应今后社会变化的终身学习振兴方策》、1996年《关于充实社区内终身学习机会的策略》、1999年《广泛地运用学习成果——活用终身学习成果的方案》等。以上报告成为日本文部省制定各种相关政策的主要依据，对日本终身学习的推进及学习型社会建设具有积极的推动作用。⑥后续通产省设"终身学习振兴室"，出台了第一个地方性条例《京都府终身学习审议会条例》，进一步完善了日本终身学习的政策法律体系。

韩国于1995年推出《树立新教育体制之教育改革方案》，明确今后韩国新教

---

① 史翠娟. 挪威的终身学习政策. 比较教育研究，2004（2）：60-65.

② 纪军. 当代美国终身教育的发展略论. 外国教育研究，2003（11）：48-51.

③ 李元源. 小议美国成人教育的终身化. 知识经济，2010（17）：169-170.

④ 吴遵民. 新版现代国际终身教育论. 北京：中国人民大学出版社，2007：229.

⑤ 张丽苓. 新形势下对终身学习的再思考. 河北大学成人教育学院学报，2004（3）：17.

⑥ 李兴洲. 日本终身学习推进机制及启示. 教育研究，2015，36（12）：129-134.

育体制的发展目标就是"建设开放的教育社会和终身学习社会"。①在此之后，韩国开始了以终身学习为主的系列教育改革。2000年，韩国《终身教育法》开始实施。该法明确终身教育士为终身教育专属师资队伍，规定不同主体的终身学习职责，全方位深入推动终身学习的发展。②同时，韩国教育改革委员会曾多次提出终身学习立法的必要性，提出"修改旧有的成人与继续教育法"，"搭建新的终身教育系统"，形成一个"将终身教育法延伸到基本教育法，包括初、中、高等教育法中"崭新的终身教育系统。③此外，韩国还强调围绕学习型家庭、学习型社区的学习团体的建设，发挥信息传媒的优势，拓展教育的社会功能。同一时期，韩国教育改革委员会提交《确立主导世界化、信息化时代的新教育体制改革方案》，将终身教育政策的立法向前推进，致力于开放教育和建设终身学习社会。这个改革方案为韩国教育体制的改革、终身教育的立法奠定了开放化的基调。④

还有一些国家在20世纪90年代也逐渐开始制定终身学习相关政策。泰国政府提出建设"以学习者为中心"的学习型社会。加拿大于2001年颁布的《关于终身学习的国家政策》中提出，"满足国民的教育和学习需求与发展国家经济、保持竞争力的目标是一致的，为国民提供教育和学习机会是国家的优先政策"⑤。加拿大在实践运作上主要采取提高全民终身学习意识、优化教育投资方案、加速信息化建设和发展社区教育等主要策略⑥。

推动全民终身学习是一项全面性、长久性的社会政策，在诸多国家已经得到落实。从传播范围来看，越来越多的国家开始接受终身学习理念并着手实践，已经接受终身学习理念的国家也在不断深入推进政策发展，如日本、韩国对终身学习均已进行国家层面的立法。各国对于终身学习的相关政策在不断丰富，这表明诸多的国家都认识到终身学习的重要性。从政策内容来看，终身学习的知识和阶段正在不断延伸。知识经济和信息社会为各国推进全民终身学习提出了更严峻的挑战。终身学习在发展成人教育、职业继续教育的同时，将学前教育、基础教育、大学教育和制度外教育的各种学习活动也纳入终身学习的范围。同时，终身学习

---

① 李正连，王国辉.《终身教育法》修正后韩国终身教育振兴政策的动向及特征. 现代远程教育研究，2014（1）：49-54+112.

② 黄欣，张艳. 一次具有突破性意义的教育立法与改革——略论韩国终身教育立法的制定背景及政策启示. 外国中小学教育，2010（8）：6-11.

③ 项天然. 关于制定终身教育促进法的思考与建议. 教育发展研究，2006（21）：81-83.

④ 李晓媛. 韩国终身教育法制建设及对我国的启示. 山西大学，2011.

⑤ 王艳玲. 加拿大发展终身学习的策略及启示. 开放教育研究，2005（8）：92-96.

⑥ 王艳玲. 加拿大发展终身学习的策略及启示. 开放教育研究，2005（8）：92-96.

政策实施也更加成熟，终身学习发展向更加具体、深入层次推动。例如，对人主体性的关注，注重人的全面可持续发展；学习型社会理念的提出，明确终身学习发展目标；加强与信息技术的结合，不断创新终身学习实践方法。

第二节　中国主要的终身学习政策

终身学习作为新型的生活形式，是公民持续追求的一项权利。[①]迥异于终身教育政策突出改革现行制度，终身学习政策强调从个体出发，尊重满足公民多样化的学习需求，突出这一过程的服务性与持续性。终身学习政策经过从无到有，在新时代呈现出完善提升深化的特点，逐步强调学习型社会的建立。因此，明确终身学习不同于终身教育，探寻把握终身学习政策的发展轨迹，这对于我国终身学习实践与世界接轨有着不可替代的作用。

终身学习理念传入我国后，我国一系列相关政策文件也开始出现这一概念，且不断摸索、发展、完善。纵观我国终身学习政策的演进，可以把这一过程分成下列阶段：酝酿阶段（1980—1997年）、确立阶段（1998—2001年）、发展阶段（2002—2011年）、完善阶段（2012—2019年）和定型阶段（2020年至今）。追踪我国终身学习政策的发展历程，不仅有利于明确该理念传入我国的演变路径，也有利于全局把握其规律并指导相关实践，从而推动我国学习型社会的建设，以便更好地与世界终身学习理念和实践相接轨，探索属于我国的终身学习政策发展之路，书写我国新时代终身学习新篇章。

一、酝酿阶段的终身学习政策

终身学习政策得以孕育受益于相关概念在文件中开始运用。在这一阶段，不仅有相关理论思想引介探讨，也有终身教育概念在政策中出现并不断提高地位，这为我国终身学习政策铺平了道路。此后人们更易于接受终身学习思想，并在政策层面对其加以重视。

（一）终身学习概念在我国的引进

首先，终身教育相关著作的翻译和传播为我国终身学习政策提供了思想来源。

---

① 朱敏，高志敏. 终身教育、终身学习与学习型社会的全球发展回溯与未来思考. 开放教育研究，2014（1）：50-66.

"终身教育"这一名词最早在 20 世纪 20 年代由耶克斯里提出，在 UNESCO 的推动下，此概念 60 年代再次进入人们的视野。在此背景下，《富尔报告》也在 1972 年得以问世，终身学习概念出现并且逐渐受到各国重视。① 之后，这部经典著作在上海得以翻译出版，其指出"需要终身学习去建立一个不断演进的知识体系——'学会生存'"②，终身学习思想随之传入我国，并在当时学术界引起激烈讨论，这在理论上为我国终身学习政策作了铺垫。

（二）政策中"终身学习"的显现

1980 年 8 月，教育部发布了《关于进一步加强中小学教师培训工作的意见》指出"教师进修院校承担着中小学在职教师终身教育的责任"③，这是我国教育政策中首次出现终身教育这一名词。该文件将终身教育和教师培训相结合，强调教师在培训中的终身性，一方面强调了学校对于教师终身培训具有重要责任，另一方面则打破了阶段性学习培训的观念，体现出终身教育理念，具有先进性。1995年，终身教育在《中华人民共和国教育法》中出现，其政策地位得以确立，这不仅意味着教育具有终身性，也暗示出作为受教育者，其学习也具有终身性，我国终身学习政策在这一过程中得以孕育。

（三）终身学习政策初露端倪

到了 1997 年，国家教委颁布《关于当前积极推进中小学实施素质教育的若干意见》，其中出现两次"终身学习"这一名词，强调要为学习者获得终身学习能力打好基础。该意见首次带有"终身学习"字眼，重点强调在校生终身学习的重要性以及校方促进这一能力培养的积极作用。因此，学习不再局限于学校内，应试教育开始向蕴含终身学习思想的素质教育转化，这一突破意味着终身学习政策步入酝酿和萌芽阶段。

总之，这一时期，终身教育和终身学习概念引入我国并首次出现在我国教育相关政策中去，标志着我国终身学习政策进入萌芽阶段。该时期终身学习政策特点为：第一，终身学习首次出现在政策文件中。第二，终身学习政策主要与教育相关政策相结合。第三，终身学习政策初露端倪，涉及的概念内涵并不明确，具有相对局限性。

---

① 赵世平. 终身学习理论的历史发展. 中国成人教育, 1999（8）: 16-17.
② 贡咏梅. 终身教育、终身学习、学习社会理念之辨析. 教育探索, 2006（11）: 60-61.
③ 国卉男. 中国终身教育政策研究. 华东师范大学, 2013.

二、确立阶段的终身学习政策

终身学习概念在教育政策中出现后，在相关文件的出现频率也逐渐提高，且涉及多种类型的教育政策。在确立阶段，"终身学习体系"在政策中首次出现，标志着终身学习政策的确立；终身学习内涵进一步明确；终身学习政策与现代教育信息技术相结合，网络资源得以开放。

（一）"终身学习"在政策中的地位提升

1998年，教育部颁布的《面向21世纪教育振兴行动计划》中两次提及"终身学习体系"[1]，终身学习不再以单独概念的形式呈现，而是作为体系在规划中首次出现，表明终身学习内涵在原有基础上趋于丰富与提升，这标志着终身学习政策的正式确立。从提及终身学习这一名词到将其定位为终身学习体系，其作为侧重主体在计划中得以强调，体现出终身学习政策受到关注，且地位逐渐提高。因此，《面向21世纪教育振兴行动计划》也成为终身学习政策诞生的标志。

（二）"终身学习"在政策中的呈现频率提高

此后，"终身学习体系"在相关政策文件中的出现频率逐渐提高。《面向21世纪中等师范教育改革的几点意见》（1998年）和《教育部1999年工作重点》（1999年）等文件中都提到"终身学习体系"。从意见、决定到领导人讲话，终身学习体系出现次数逐渐增加，且涉及的文本类型逐渐丰富。

同时，终身学习政策在这一时期还与现代信息技术相结合，开放网络资源，尊重学习主体需求与自觉性，从内容和措施上为体系建立创造条件。例如，《关于新时期加强高等教育教师队伍建设的意见》（1999年）中提到"教师要有终身学习的自觉性"[2]，该意见主要从教师队伍出发，重视高等教育教师的终身学习，发挥其主动性与自觉性。在注重学习者主体作用和学习满足的同时，终身学习政策强调网络资源的开发与社会开放，丰富体系内容，为终身学习体系建立奠定相应基础。

总之，这一时期，"终身学习体系"首次在教育计划中得以强调，标志着我国终身学习政策的确立。终身学习政策在确立阶段主要表现为以下特点：第一，"终身学习体系"出现频率逐渐提高。第二，涉及终身学习的教育政策类型多样，

---

[1] 国务院批转教育部面向21世纪教育振兴行动计划的通知. 中华人民共和国国务院公报，1999（2）：36-50.

[2] 国卉男. 中国终身教育政策研究. 华东师范大学，2013.

包括教育行动计划、相关意见实施和领导人讲话等。第三，政策中开始关注远程网络资源。第四，政策强调学习主体的自觉主动参与。

三、发展阶段的终身学习政策

随着党的十六大召开，我国终身学习政策进入到发展提升阶段。这一时期终身学习政策的突出特点是与学习型社会相结合，逐步提升终身学习的地位与作用，从国家战略的角度对其进行部署，并从建立学习型组织、整合社会资源等方面对其进一步升华提高。

（一）终身学习政策升至战略高度

2002 年，党的十六大报告正式提出要"形成全民学习、终身学习的学习型社会"[①]，这是政府工作报告中首次提及这一概念。十六大报告从社会发展和国家角度入手，强调要重视人人、时时、事事、处处的学习型社会之建立，强调全民终身学习，标志着终身学习政策在我国已进入到国家战略层面。2007 年，十七大再次提到要"建设全民学习、终身学习的学习型社会"[②]，重视组织机构建设的重要作用。

自 2002 年后，以全民终身学习战略为指导的政策文件逐渐增多，其在工作开展中的作用越来越被重视。例如，《关于进一步加强高等教育自学考试工作若干问题的意见》（2003 年）中指出，在改革过程时应充分考虑终身学习与学习型社会的战略地位。2003 年，《中共中央国务院关于进一步加强人才工作的决定》也强调这一理念，且强调组织和社区的条件保障作用，鼓励多渠道终身学习。2004 年，《关于开展全国"创建学习型组织，争做知识型职工"活动的实施意见》提出"倡导终身学习理念"[③]。该意见从职工的角度探索终身学习政策的实施路径，明确针对终身学习提出发展目标和理念，并联合九部委调动社会资源开展活动。同时，这一意见还主张营造氛围、开放资源，促进终身学习实现，具有开放性和指导性，是对终身学习政策的发展和补充。

---

① 全面建设小康社会，开创中国特色社会主义事业新局面——江泽民在中国共产党第十六次全国代表大会上的报告.（2008-08-01）. http://www.gov.cn/test/2008-08/01/content_1061490.htm.

② 高举中国特色社会主义伟大旗帜 为夺取全面建设小康社会新胜利而奋斗——在中国共产党第十七次全国代表大会上的报告.（2007-10-15）. http://www.gov.cn/ldhd/2007-10/24/content_785431_8.htm.

③ 中华全国总工会、中央文明办、国家发展和改革委员会、教育部、科技部、人事部、劳动和社会保障部、国务院国有资产监督管理委员会、全国工商联关于开展全国"创建学习型组织，争做知识型职工"活动的实施意见. 中国工运，2004（2）：18-20.

（二）终身学习政策覆盖范围拓宽

在具体实施政策中，《中共北京市委北京市人民政府关于大力推进首都学习型城市建设的决定》（2007年）提到，要"加快建立首都终身教育体系和终身学习服务体系"，重视服务保障，为政策实施添加活力。[①]同时，在《教育部职业教育与成人教育司2009年工作要点》中提到"促进灵活开放的全民学习、终身学习平台建设""做好《终身学习法》的起草论证"等内容[②]，重视终身学习平台建设与法律保障，具有较强的全局性与发展性，是对终身学习政策的丰富和拓展。相应地，2005—2011年，福建和上海分别出台了终身教育地方法律，指导本地区终身学习实践。

总之，提升阶段的政策特征表现为：第一，政策提升到国家战略高度。第二，政策将终身学习、全民学习和学习型组织相结合。第三，政策涉及的责任主体及受益主体增多，覆盖范围逐步拓宽。第四，重视组织和资源开放对终身学习政策的推动作用。第五，政策落实进一步具体明确，促进平台建设和多渠道参与。

四、完善阶段的终身学习政策

随着政策在战略部署中逐步向纵深方向飞跃，这一时期终身学习政策不仅有国家战略为其提供方向导引，也有具体政策保障其落实，政策发展步入完善成熟阶段，并逐步向法律保障层面迈进。

（一）顶层设计中的终身学习深化提升

处于顶层设计的终身学习政策逐渐深化提升。党的十八大报告、十九大报告和二十大报告中分别强调"完善终身教育体系，建设学习型社会"[③]、"加快建设学习型社会"[④]和"推进教育数字化，建设全民终身学习的学习型社会、学习型大国"[⑤]，终身教育体系从构建到基本形成，发展到终身学习政策逐步提升完善，从

---

① 王宗魁. 首都学习型城市建设与教育机会均等研究. 北京广播电视大学学报，2009（1）：10-13.

② 教育部职业教育与成人教育司2009年工作要点. 中国成人教育，2009（4）：6-8.

③ 坚定不移沿着中国特色社会主义道路前进　为全面建成小康社会而奋斗——在中国共产党第十八次全国代表大会上的报告.（2012-11-08）. http://www.gov.cn/ldhd/2012-11/17/content_2268826_5.htm.

④ 决胜全面建成小康社会　夺取新时代中国特色社会主义伟大胜利——在中国共产党第十九次全国代表大会上的报告.（2017-10-18）. http://www.gov.cn/zhuanti/2017-10/27/content_5234876.htm.

⑤ 高举中国特色社会主义伟大旗帜　为全面建设社会主义现代化国家而团结奋斗——在中国共产党第二十次全国代表大会上的报告.（2022-10-16）. http://www.gov.cn/xinwen/2022/10/25/content_5721685.htm.

而推动学习型社会从"形成"到"加快建设",再到学习型大国的跨越。这展现出学习型社会作为终身学习目标,其在国家战略的多次强调中逐步升级,体现出终身学习政策的完善与深化。

(二)终身学习政策规定具体明确

终身学习政策的规定更加具体、深化。2012 年,《国家教育事业发展第十二个五年规划》中指出"在终身学习框架内推动各级各类学校教育教学改革"①,这表明终身学习理念不仅在教育改革中发挥指导作用,而且引领全社会学习理念的创新与改革,具有全民全面性的特征,是社会全方位应关注的问题。该规划还提出"研究起草推进终身学习的法律法规"②,终身学习不仅要以理念的方式影响社会全局,更应以法律制度的形式对公民提供保障。在此背景下,2012—2014 年,太原、河北和宁波在福建、上海之后分别颁布终身教育促进条例,以促进终身学习实践发展。此外,该规划还明确了相应的实施路径,指出"建立继续学习成果认证、学分积累和转换制度"和"搭建通过各种学习途径成才的'立交桥'"③,这主要是从社会角度丰富终身学习的实现方式与路径,主张通过学分转换、搭建"立交桥"来打破公民终身学习的壁垒,从而满足公民终身学习的需求。然而,这并非教育领域一方的责任,更需要全社会各方充分发挥积极性,为公民实现终身学习提供服务。例如,《教育部 2013 年工作要点》提出"办好全民终身学习活动周"④;《关于推进学习型城市建设的意见》(2014 年)中指出"营造终身学习文化氛围"⑤;《中共中央关于制定国民经济和社会发展第十三个五年规划的建议》(2015 年)继续就建立个人学习账号和学分累计制度作出部署。这些文件在组织创建、学习成果转换、渠道拓宽、活动周举办、学习氛围营造等方面都进行了具体规定,一方面充分肯定全社会对于公民终身学习的责任,另一方面通过各项活动推动社会成员的参与感,使政策的实施逐渐增强。同时,"立交桥"等的建立使得终身学习政策向纵深方向发展。简言之,建立终身学习体系,拓宽学习渠道

---

① 教育部关于印发《国家教育事业发展第十二个五年规划》的通知. (2012-06-14). http://www.moe.gov.cn/srcsite/A03/moe_1892/moe_630/201206/t20120614_139702.html.

② 教育部关于印发《国家教育事业发展第十二个五年规划》的通知. (2012-06-14). http://www.moe.gov.cn/srcsite/A03/moe_1892/moe_630/201206/t20120614_139702.html.

③ 教育部关于印发《国家教育事业发展第十二个五年规划》的通知. (2012-06-14). http://www.moe.gov.cn/srcsite/A03/moe_1892/moe_630/201206/t20120614_139702.html.

④ 教育部 2013 年工作要点. 人民教育, 2013(5):9-13.

⑤ 教育部等七部门印发关于推进学习型城市建设的意见. 基础教育参考, 2014(19):78.

以满足公民终身学习的需求，已成为终身学习政策发展的潮流，终身学习政策向法律层面迈进已指日可待。

总之，这一时期终身学习政策主要体现特点有：第一，地方政策向法律层面迈进。第二，政策向纵深方向发展。第三，政策实施制度趋于丰富具体，如活动周得以开展且学习通道逐渐拓宽。第四，政策中学习型组织和城市得以重视。

五、定型阶段的终身学习政策

2019 年，《中共中央关于坚持和完善中国特色社会主义制度 推进国家治理体系和治理能力现代化若干重大问题的决定》中明确提出"构建服务全民终身学习的教育体系"[①]，标志着我国服务全民终身学习的教育体系逐渐进入形成期。该表述是顺承拓展终身教育理念的集中体现，为我国今后教育体系构建指明了方向。服务全民终身学习的教育体系的演进历程，既是传统国民教育体系突破重围的过程，也是持续开放的社会系统与教育系统相衔接的过程，更是服务全民终身学习的教育理念以更有为、更积极的方式积极回应教育体系的过程。2020 年全国教育工作会议中再次指出这一体系，为我国今后的教育工作发展指明方向。此时，教育体系在融合和服务理念下重新架构，形成定型、完整的服务全民终身学习的教育系统。

（一）服务全民终身学习的教育观念融入服务理念

《中国教育现代化 2035》中提出"构建服务全民的终身学习体系"[②]后，服务全民终身学习的教育体系也正式提出，这表明我国教育理念中开始融入服务理念。这种服务理念不仅是教育公平性原则和普惠性的价值追求，也是在学校型社会理念基础上的更新、深化。

教育体系中服务理念内涵丰富。伴随终身教育理念的深化，教育公共产品的价值属性得以挖掘，呈现出公平、公益等特点。一方面，教育为人的终身成长和终身学习服务，包括成长体验、价值追求和幸福创造等内容。另一方面，服务对象多元化。教育成为一种公共资源，为所有人提供服务，学习也成为贯穿一生的追求。对于婴幼儿，它是一种本能开启生命成长；对于在校生，它是一种快乐的

① 中共中央关于坚持和完善中国特色社会主义制度 推进国家治理体系和治理能力现代化若干重大问题的决定. 人民日报, 2019-11-06（001）.
② 中共中央国务院印发《中国教育现代化 2035》. 人民日报, 2019-02-24（1）.

成长体验；对于成年人，它是一种实现自身价值的基本需求；对于老年人，它是一种延续传承的精神信仰。对于健全人，它是一种生活方式；对于非健全人，它更是一项基本权利。在此过程中，教育的功利性逐渐减弱，其围绕"人"的本质愈发指向学习过程本身，使学习变成追求个体生命价值体验的过程。作为一项服务，在"以人为本"的价值理念下，教育转向为学习者享受生命价值提供帮助的学习服务。小到个人和全人，中到全体国民，上到人类存在和发展，这一理念不仅涉及基本生存能力等低层次问题的解决，还包含全体国民幸福感和人类生命价值的升华。

服务理念提升还集中在如何为全民学习提供更好的服务上。一方面，这种理念体现在个性化服务上。另一方面，搭建服务平台，建立融通互认机制。这不仅包括学分积累与互认，还包括"立交桥"平台搭建和激励制度建设等。人们的学习需求不断增长，非正规学习和非正式学习行为激增，学习体验多样化，社会系统充分开放并融合教育资源后，建立内外系统的融通衔接机制，即积极搭建公共服务平台成为关键问题。构建服务全民终身学习的教育体系中蕴含大教育观，它将教育和社会系统沟通衔接，建立学习服务网络，囊括所有教育形式和学习内容。

"服务全民终身学习的教育体系"中融入服务理念是对教育本质的挖掘与呈现。伴随教育系统和社会系统打通融合，这种服务理念打破阶层和功利性，服务地位逐渐凸显，是在原有基础上的凝练与升华。

（二）服务全民终身学习的教育体系着力衔接教育内外系统

基于服务理念日益凸显，服务全民终身学习的教育体系在运行中应围绕"怎样实现服务"建立系统机制，以助力全民终身学习的实现。这主要集中在搭建"立交桥"、沟通教育内外系统和衔接机制建立等方面，包括学分认证和体系制度的建设。

其一，沟通教育内外系统。伴随终身教育思想逐渐深入和各系统开放融通，教育系统和社会系统的内外衔接成为服务全民终身学习的教育体系形成期的关键问题。其中，成果认证和学分积累在政策中得到重视。这既包括学历和非学历教育的沟通，也包括教育和社会系统学习成果的认证的衔接。在服务全民终身学习的教育体系运行过程中，依托学分银行为"立交桥"，对教育资源加以统筹重组，进而实现各级各类教育体系的融通，教育和社会系统的融合发展成为重要举措。学分银行和"立交桥"的搭建是系统衔接的重要举措，主要包括学分认证、转换和积累等过程，从而实现成果转化。[①]

其二，建立衔接机制。基于学校内外系统在开放中沟通，在互动中融合，构建服务全民终身学习的教育体系在此阶段开始逐步架构衔接机制，调动各领域活力，践行服务理念。例如，建立健全沟通衔接机制过程中不仅包括政府统筹规划，还包括构建终身学习激励机制和搭建公共服务平台。为了提升服务效率，政府在确保公平的前提下，在教育领域融入市场机制，为全民学习提供多样的学习资源和教育服务，增强公共服务能力。公共服务平台主要包含开放大学、社区教育中心、学习型组织建设和企业内部培训等。社会各界应积极推动学习体系的搭建与公共服务能力的提升，使服务全民终身学习的教育体系各系统的内外衔接逐渐从蓝图勾画迈向实践运行。

总之，服务全民终身学习的教育体系在形成期，各系统沟通衔接并融合渗透，全民终身学习成果的转换成为可能，并不断向规范化和制度化方向发展。伴随服务理念更新，政府也在转变治理观念，明确自身责任，在推动学习型社会建设过程中有所作为，并不断提升服务能力。

（三）服务全民终身学习的教育体系着力架构完备的体系要素

服务全民终身学习的教育体系逐渐明确体系的构成要素，紧紧围绕"人"这一逻辑起点，不断拓宽其半径，从学校教育向外延伸，融合家庭教育、社区教育、老年教育和妇女教育等类型，不断增强其宽度与广度，包纳所有教育类型。

明确完备的体系要素并重新架构体系结构。从扫盲到研究型教育，从幼儿到老年学习，从学校到社会、家庭、企业教育等，服务全民终身学习的教育体系融合所有教育类型，是教育系统内外教育的总和。这不仅包括普通和职业教育的衔接融合，也是学历和非学历教育的沟通统一。国际上通常把教育分为正规、非正规和非正式教育。[②]基于个体成长的教育服务理念，既涉及教育内外系统体系的融合，也涉及线上线下教育体系的打通。服务全民终身学习的教育体系整合各种正规、非正规和非正式教育，并明确这些教育体系的构成要素，对其加以梳理统整。

服务贯穿整个体系。服务全民终身学习的教育体系沟通衔接各种教育类型，为其搭建服务平台，融合终身性、全民性和服务性等理念，不仅解决了"两个体系论"的冲突，还扩展教育观念，将其融合成为一个完整的服务体系，是深化终

---

① 孙冬喆. 中国学分银行制度建设研究. 华东师范大学，2014.
② 樊星星. 当代教育的三种形态及比较研究. 上海师范大学，2016.

身教育理念的体现。简言之，这一体系系统整合完备的要素，并试图对其结构加以重新架构，是对教育体系的统合梳理和突破升华，也是对原有理念内涵的积极回应与延伸探索。

纵观构建服务全民终身学习的教育体系的政策的发展，可以发现，教育理念在演进中打破神秘和辖制，逐渐融入终身性、全民性和服务性的理念，使得教育走向生活，走向"人"本身，走向公平普惠开放。学习成为人们主动选择的生活态度和生活方式正逐渐成为现实，这不仅关乎个人幸福感，更是全民获得感和对人类生命价值的追求。服务全民终身学习的教育体系的政策的演进过程，是教育系统与外部建立联系并实现沟通衔接的过程，也是教育体系围绕终身教育理念不断扩充的过程，更是政府不断提高治理能力、增强公共服务水平的演进历程。服务全民终身学习的教育体系在逐步深化中熠熠生辉。

第三节　实施终身学习政策面临的问题

纵观世界，终身学习体系的建立健全已成为各国教育进步的终极诉求。各国纷纷积极投身于终身学习体系的构建，旨在以体系促进全民终身学习，加快学习型社会的创立。完善全员、全程、全方位育人体制机制[①]，构建人人可学、时时即学、处处能学的终身学习体系，也是我国当前教育事业努力的主要方向。美国作为发达国家，教育一直走在世界前列。联邦政府、州政府先后颁布出台了不少法律和相关政策，建立了多样的终身教育机构。我国学者大多也看到了美国的许多可取之处，认为他山之石可以攻玉，但对其存在的诸多不足及问题的研究却少之又少。客观公正地审视美国构建终身学习体系的实践探索，更能洞察其构建中的缺陷，发现其外强内虚的本质。本节基于问题视野，以美国为例，从价值、自由、文化三方面入手，揭开其终身学习一派繁荣的表象，深入剖析其终身学习体系构建中的问题，指出在新时代嬗变中其终身学习体系构建过程的瓶颈与障碍，以为我国终身学习体系的建构提供宝贵教训，早日实现弯道超车。

一、挣脱价值悖谬

自 UNESCO 于 20 世纪 70 年代开始倡导，世界各国积极践行终身学习活动。

---

① 韩民，李兴洲，孙加龙等. 面向人人、开放灵活的教育体系和学习型社会建设——"构建服务全民终身学习的教育体系"笔会系列二. 终身教育研究，2020，31（3）：3-18.

随着国际上对终身学习理念认识和价值追求的不断深入研究，"终身学习"被广泛认可并逐渐取代"终身教育"这一术语。就终身学习与终身教育的关系而言，后者是前者的基础，前者是后者的延伸，两者必定相伴而行。终身学习在终身教育基础上得到扩展深化，愈加尊重学习者的主体性。终身学习理念逐渐从满足"学会生存"的需要，深化为"探索财富"，嬗变为当下"追求乐享学习，体验生命"。UNESCO 推出了《反思教育：向"全球共同利益"的理念转变？》，重申人文主义教育观，把可持续发展视为终身学习的共同价值追求。①以这一价值观建立的终身学习体系应该为终身学习提供源源不断的服务，把终身学习视为公益事业，增进社会福祉，使社会个体尽享社会福祉。

（一）教育"商品化"中的价值背离

美国构建终身学习体系的实践探索开始早、法律众多、体系相对完善，图书馆、博物馆等高度开放，机构设施的种类丰富，公共资源利用共享程度高，这固然是其显著的特点。但实际上，美国先后颁布的一系列法律由于理念不明晰、执行不力带来了一定程度的价值背离，导致教育存在严重的"商品化"，各种教育机构鱼龙混杂，公立学校教育遭到排挤，现状混乱。20 世纪 60 年代后，联邦政府采用学费补贴贷款和企业研究专利保护等形式，但最终都促进了大学持续的"商业化"。②布什总统颁布的《不让一个孩子掉队法》使得教育愈发商业化、工具化和受私人利益支配。奥巴马执政时期的教育拨款是美国历史上一次性投向教育的最大的一笔拨款③，但将教育视为确保美国经济持续发展的主要基础之一，注重教育的经济功能，企图用教育杠杆撬动经济体的扭转。美国社区学院一直以来被视为终身学习的有力助推器，极大地丰富着终身学习内涵，是美国终身学习体系中的重要教育机构。可是近年来，美国社区学院开始受到营利性教育机构和"企业教育"的冲击，如有些教育公司在暑期招收短期培训班、各种职业速成班。营利性教育机构巧妙地抓住市场对人才的需求，迅速崛起，使得社区学院生源急速下降，越来越多的社区学院被闲置，最终因没有学习者而倒闭。终身学习服务体系具有公共产品和准公共产品性质，我们应该吸取美国发展终身学习事业中的教训，

---

① 李兴洲，耿悦. 从生存到可持续发展：终身学习理念嬗变研究——基于联合国教科文组织的报告. 清华大学教育研究，2017，38（1）：94-100.

② 亚当·R. 尼尔逊，张怡真. 学生、知识和大学的商品化：20 世纪 70 年代以来美国的高等教育资助. 北京大学教育评论，2018，16（1）：55-71+188-189.

③ 梁亚芹. 美国经济复苏的原因及其借鉴. 中国市场，2017（8）：208-210.

发挥体制优势，避免价值背离，避免"商业化"的冲击和影响。

（二）公办民营学校主体性弱化

公办民营学校主体性弱化造成的影响和制约深远。正如吉鲁教授所表达的，学校变成了一种产业。[①]特许学校作为美国新兴的公办民营学校类型之一，学校与政府之间是一种契约关系，采取公司模式经营，学习者和老师被私有化、竞争、量化考核的方式管理，教学只能死记硬背。特许学校视学习者为"顾客"，以学习者的"需求"作为竞争的手段，这就使得教育被染上了"商品化"的特征，同时抢夺了大量公立学校资源。由此可见，特许学校根本的立足点却是建立在"市场竞争"的基础之上的。教师往往成为遭受羞辱的对象和替罪羊，学校损害其技能和目的，剥夺其创造性和自由行动的空间。由于学校忽视学习者的主体地位，其沦为边缘者，被培养为政说上顺从、技术上熟练的劳动者，热衷个人需要和物质享受的个人主义者。终身学习体系下的学校更应充分尊重老师和学习者的权利，使每个学习者通过学校学习获得个体生存、生活的技能和知识，将来更好地适应社会，满足自身对充实人生的要求，而不是像特许学校一样遏制学习者。

（三）基金会组织捐助优势学校

美国基金会组织众多，对教育的资金投入数量可观，但它们更倾向捐助具有竞争优势的学校。仔细审视这些基金会，尤其是那些富豪创建的基金会的捐助状况，不难发现，这些基金会正在积极创建、保持和鼓励公立教育系统之外的各类由私立机构管理的学校。除了对一些公立学校的象征性捐助之外，他们更青睐学校间的竞争。他们认为在为顾客提供优质选择方面，私营机构总是比政府做得好，所以无法依赖政府提供优质教育，他们更喜欢择校、竞争和私有化。传统价值观和社会认同的道德标准因此会遭到市场化的侵蚀。如果没有社会的共同价值，每个人都可以有自己的道德标准而无所谓高低对错，就像疫情下的某些西方国家，人人自危，没有国家、社会情怀，流露出资本主义冷漠、无情的本质。

纵观美国教育的历史演进，究其根本，联邦政府把教育作为带动美国经济发展的产业，教育的功利性必然导致教育的商品化。国家、社会、个人都没有真正深刻领会到终身学习的深远价值所在，全国目光只停留在终身学习带来的经济效

---

① 亨利·A. 吉鲁. 教育与公共价值的危机——驳斥新自由主义对教师、学生和公立教育的攻击. 吴万伟, 译. 北京: 中国人民大学出版社, 2016: 27.

益上，对终身学习理念的理解较为浅显，认为终身学习体系只为生存生活服务，轻视了终身学习体系对于生命的意义。教育目的不纯粹致使教育价值偏离终身学习理念的本质，尤其是对学校运作企业化的执着追求，致使美国终身学习体系丢失内核与灵魂。教育是如此的重要，却任意交给反复无常的市场和空有热情的外行。这样的做法可能使美国的普通教育事业沦为企业家和金融家鼓掌中的玩物，丧失社会监督，进而可能威胁到终身学习事业的发展和兴盛。

二、冲破营垒屏障

美国著名终身教育学家赫钦斯在著作《学习社会》一书中曾指出，终身教育的根本目的不是为了国家的繁荣，也不是为了个人获得谋取职业的能力。[1]1981年，日本中央教育审议会对终身学习首次作出定义性表述，会议认为终身学习需要终其一生，终身学习要对"学习者的要求给以必要的应答"，终身学习的具体学习方式由"学习者自主地选择"。[2]由此可见，终身教育、终身学习都充分强调教育和学习过程不是阶段性的而是终身性的；学习目标不是简单的知识技能的提高，而是实现人生价值的内在需求；学习者不是被动的而是要发挥个体主动性，学习是由学习者自发进行的。对应的终身学习体系就需要注重维护全民拥有的终身学习的自由权利；社会资源向人人开放，没有贫富贵贱的划分；在体系中人们各取所需，学习自己感兴趣的知识；营造一种学习主动性的氛围，不是迫于资格证书的压力而学习。回归终身学习的本真风尚，个体是终身学习行为的发出者与结果的承担者，终身学习体系更应彰显其培养人的本质属性——关注个体的生命存在，敬畏生命，提倡生命教育。[3]可以说，以此价值为取向的终身学习体系会成为平衡人与社会发展、人与人、人与自我的最佳砝码。

（一）阶层固化

阶层固化成为终身学习追求教育平等的隐性杀手。历史使然，美国各阶层自然分化，学区成了同一阶层聚集的地方，各学区差距逐渐拉开。特权阶层所在的学区采取决策和选择的主人翁式教学旨在培养下一代统治阶层，而这才是美国对外宣称的神话般的美式教育——释放学习者天性、追求学习自由。但往往普通阶

① 龚静. 终身学习——21世纪的生存概念. 继续教育, 2005（2）: 24-25.
② 吴遵民. 终身学习概念产生的历史条件及其发展过程. 教育评论, 2004（1）: 48-52.
③ 汪栅. 生命本位: 终身学习的价值取向. 中国成人教育, 2020（9）: 13-16.

层与下层的学习者没有机会接受这样的教育，他们只能在自己的学区或者相近的学区上学，接触到最一般的课程与老师。阶层固化致使国家领导人、政策制定者们对这种教育起点的不平等视而不见，并将其归结为命运问题。而打破阶层固化的有效途径就是掌握核心知识。美国特权阶层也正是认识到这一点，为了稳定阶层地位，不断加大对知识的垄断。有调查显示，美国常春藤以上知名院校的毕业生有将近80%是源于特层或者上层阶级，中层与底层大约仅占20%；而普通院校、盈利性院校中底层学习者纷纷高达34%以上，未上学及其他类中来自底层家庭的学习者超过了53%。[①]实际上，这也验证了美国社会阶层总体上趋于稳固，学校并没有改变阶层固化的现状，反而从一开始小学教育到最后高等教育都充当了阶层加固器。所谓的教育平等却是建立在不平等基础之上的有限平等和少数人的平等，终身学习的"人人"也无法保障。

（二）资格证书主义

资格证书主义成为终身学习追求生命自觉难以逾越的障碍。吉鲁教授认为，培训将成为教育的代名词，同时学校在试图为工厂培训被动和消极的劳工。正是这种教育观使他认定美国教育和公共价值观陷入了危机，美国公众正遭遇教育赤字。美国在资格证书主义笼罩下，学校演变为资格证书销售场所，学校教育沦为资格证书式教育，老师成为负责提供毕业证书和就业技能的人，学习者是花钱买资格证书的顾客。资格证书主义的猖獗，离不开美国各级政府的推波助澜。各地方主张减税并维护统治集团和机构有积累财富的权利，因为只有"合理"的税率才能吸引富人去投资。奥巴马政府时期，美国对于资格证书的获取一直采用宽松的政策，甚至鼓励民众去社区学院就读，考取各种技能证书，当时预计到2020年社区学院将增加500万名毕业生或获得结业证书的学习者。[②]在资格证书主义的影响下，社区学院热衷于企业教育而无暇顾及公民的终身教育，主要实施劳动力培训项目，颁发资格证书，以便为其将来的就业做准备；轻视了智力和道德教育，打击了学习者自身兴趣；造就的是专业狭隘的技工，而不是学习型社会需要的终身学习者。公共服务日趋私有化，民主被盈利取代，把个体选择的主体性诱导为个体的消费行为。在资格证书主义看来，终身学习主体的多样性可统一为消费者，

---

① 桑宁霞，樊云静. 终身学习体系构建中的瓶颈与障碍——基于美国终身学习体系构建中问题的视野. 中国成人教育，2021（6）：3-7.
② 姚敏，龙梦晴. 美国社区学院的办学困局及其应对方略. 湖南农业大学学报（社会科学版），2014，15（6）：121-125.

忽略主体的年龄、学习能力和真正需求，一味地向其出售资格证书服务。一大批质量低下的资格证书涌入市场，导致人才标准的划分趋向学历和资格，社会就业问题愈演愈烈，大量拥有资格证书的人仍处于失业、待业状态。资格证书主义理念其实是一种被包装在自由主义和选择外壳内的虚假自由观念，其所代表的乃是国际垄断经济集团的根本利益，其源源不断地向社会灌输资格证书至上的思想，使得美国公民的学习更多止步于资格证书。

综上所述，美国的阶层固化已经根植于社会之中，深刻且复杂。这构成了结构性的障碍，撕裂了整个社会。如果联邦政府不能实施及时、彻底的改革，特权阶层对底层民众的压制终有一天可能引发暴动。此外，美国资格证书主义泛滥，终身学习的权利被牢牢掌握在私人集团手中，普通民众根本无法通过终身学习体系获得公益的、持续性的服务，只能为了生存不断投资参加培训，坠入资格证书主义精心制造的陷阱里。本质上，阶层固化与资格证书主义都在假借自由名义，为美国终身学习体系筑起了双重营垒，建立了"通天屏障"。因此只有少数特权阶层的人才能真正获得终身学习的机会，大多数人只能获得生存生活的课程知识和技能，并在资格证书主义的大肆宣扬与诱导下，致力于资格证书的取得，而忽略终身学习的意义。这大大损害了美国公众对于学习自由选择的权利，也使美国的众多终身教育机构并没有发挥出它们的公益性、平等性。

三、跨越文化鸿沟

终身学习所认同的和包含的文化是一种多元文化，对于各种文化拥有平等、尊重的态度，保护弱势文化，继承传统文化，接纳少数族裔的文化。终身学习所进行的教育是多元文化的教育，不只强调文化的相似性和共同点，还强调文化的差异性。终身学习敬畏个体生命的特异性，旨在使每个社会成员都能开启生命自主，唤醒良知，确信生命价值。终身学习体系应致力于促进发挥终身学习的民族性与多元性；秉持尊重每个民族与个体的价值理念并提供平等的学习服务；加快少数族裔文化与主流文化的有效融合，挖掘非主流文化的特长优势，化多元文化为一体。

（一）种族文化中的局限性

众所皆知，美国早已告别黑白人种分明的时代，被称为"种族大熔炉"。美国包含非裔、拉美裔、亚裔等各色人种，演变成世界上最大的移民国家。美国作为多元文化国家，在构建终身学习体系过程中更应该处理好文化"一"与"众"的关系，保持文化"多样性"与统一性的平衡，使不同种族文化和价值既共存又统一。但美国一直在向世界其他国家与地区输出以"WASM"（白人 white，盎格鲁–撒克逊人 anglo-saxon，男性 male）为基本特征的美国文化。这是带有种族色彩和性别排斥的文化，反对多元文化的个体性、地方性和民族性，只赞同美国文化的普遍性，只认可美国主流文化，其他文化只能附属于它。[①]由于根深蒂固的种族歧视，文化被划分为"优势文化"和"弱势文化"。虽然美国多年来通过法律政策积极引导社会对有色人种的同理心，促进种族融合，但收效甚微。仅从法律上取消种族主义，可是制度化的种族主义却丝毫未减。制度化种族主义所具有的特性使某些看上去不偏不倚的政策措施实际上对少数群体或其成员产生了极大的负面影响。在"种族隔离"后遗症和社会两极分化的影响下，美国非裔及西班牙裔学习者整体在成绩上远落后于白人学习者。美国政府 2002 年颁布了《不让一个孩子掉队法》法案，从表面上看来该法致力于社会公平，它寄希望每个孩子都能成功，没有一个孩子掉队。[②]然而有研究表明，结果却是让最不应该掉队的孩子掉队了。因为优胜劣汰是美国社会所奉行的准则之一，一批学习者成功的同时也就意味着另一批学习者的失败或被淘汰。而被淘汰的往往是那些少数族裔的学习者，尤其是非裔学习者。不同种族学习者的成绩差距巨大，这一直是美国教育的诟病，所以该法是否沦为美国历史上调和社会矛盾的"面子工程"就不言而喻了。

（二）少数族裔文化的壁垒

这么多年的发展过程中，为争取黑人解放、少数族裔种族及文化地位的提升，黑人、其他少数族裔群体及社会多元文化主义者做出了无数斗争，甚至尽量避免以极端方式获得解放，崇尚和平共处，文化平等。尽管如此，仍没有换来美国政府根本上的变革、私人集团的醒悟和深感羞耻。美国少数族裔子女长期以来都无法完全"融合"到主流白人教育，一些少数族裔文化依旧没有被接纳。尤其美国黑人子女教育依然存在各种亟待解决的问题，被排挤仍然普遍存在。很多黑人女性无法改变一直以来被错误理解并遭受偏见的事实，其因为黑人与女性的双重身份经历了来自社会各方种族和性别的双重歧视，一直遭受着不公正的待遇。美国少数族裔的教育多是政治教育，重在对少数族裔的思想道德教化，宣扬白人文化，

---

① 胡玉萍. 美国多元文化教育的理论困境与转向. 北京行政学院学报，2012（4）：97-101.
② 甘永涛，李志峰，孟立军. 美国少数族裔教育的一次变革——"学校一体化"运动研究. 武汉：武汉大学出版社，2015：134.

让他们尽快融入白人，使得他们的民族文化渐渐流逝，最终成为"白心的有色人种"。随着少数族裔群体为了自身权利不断奋斗和社会正义力量的推动，一些群体逐渐进入上层社会，在政治、经济及教育方面取得一些进步。但如果仅从这些变化就对外宣传少数族裔文化与白人文化已经拥有同等地位则十分武断，黑人文化还是非主流文化，非裔美国人与白人公民之间的隔阂仍没有被打破。即使奥巴马总统本人拥有一半黑人血统，由于政权压力对外也不宣称自己为黑人，坚称自己是混血儿。①可见，种族歧视在美国特权阶层虽然不会明显表露，但无形的偏见仍在。

终身学习体系中各式资源都应被激活、开发，各种特色的文化都应该被采纳。终身学习强调人的内在需求，而不是用社会的标准去规定人的学习。不同种族的生活方式不一样，文化各异，种族需要也就不同。多种族的国家在终身学习体系构建中就必须听取众种族的意见，使多元文化有机结合。美国严重的种族歧视使少数族裔的文化普遍不被认可，少数族裔的权利和自由得不到保障。疫情之下，与白人相比，少数族裔普遍受到更为严重的冲击。②美国少数族裔居民承认，作为少数族裔一直遭受不公平对待和贫富差距的"魔咒"。现在看来美国在国际上自诩为"人权卫士"，宣扬"保障人权，拥护自由"只是噱头。③时至今日，少数族裔的基本权利都得不到充分保障，文化的平等更谈不上。有学者认为联邦政府如若不及时出台相关法律、政策，增强社会对少数族裔的认同感，充分尊重多元文化，平等对待有色人种，未来美国社会的混乱远不止眼前的景象。各族裔文化差异和利益冲突可能会越来越大，到那时美国的终身学习体系势必荡然无存。

总之，美国终身学习体系正面临风雨飘摇的处境。美国教育"商品化"与终身学习价值归属相悖谬，阶层固化与资格证书主义禁锢终身学习的展开，少数族裔与美国白人文化鸿沟难以填平。终身学习如何打破瓶颈与障碍，重现持久活力，实现终身学习的公益性，增强少数族裔文化与主流文化的共识，是美国终身学习体系迫切需要解决的问题。

通过研究美国终身学习体系的构建，从其发展问题出发，透视美国终身学习现状并积极寻求解决困境的路径，可以为我们终身学习体系的构建提供思路，在实践中逐渐促进终身学习体系的完善，更有效地指导终身学习实践。

---

① 黄卫峰. 从奥巴马现象看美国社会种族融合问题. 世界民族, 2011 (4): 18-25.

② 朱荟, 郝亚明. 新冠肺炎疫情中的西方种族主义与民族主义. 民族研究, 2020 (4): 30-41+138-139.

③ 中国人权研究会. 美国根深蒂固的种族歧视问题凸显 "美式人权" 的虚伪. 人民日报, 2019-07-27 (7).

第四节　终身学习政策的未来走向

通过回顾终身学习政策法规历程和演变逻辑，可以得出未来终身学习政策法规的发展趋势，以期对政策制定提供参考。首先，应结合国内外经验，催生国家终身学习法。其次，在国家尚未颁布法律时，终身学习政策应结合自身特色，探寻我国终身学习政策的法规之路。可以从特定教育类型切入，积极寻求政策发展突破口，也可以结合改革实践，提升政策新高度。再次，以地方法规制定为抓手，催生更多适合区域特色的法律。最后，国家逐步增强政策法规实施性，为我国终身学习政策落实奠定基础。本节基于这些发展趋势，探寻我国终身学习政策法规发展之路。

一、借鉴国际国内立法经验，促进国家层面终身学习法

在全球化背景下，伴随经济与世界接轨，我国终身学习发展也应紧跟时代，积极出台国家层面的终身学习法。终身学习理念在世界已达成共识，其立法实践正如火如荼地展开，政策法制化已成为重要发展方向。我国地大物博、幅员辽阔，终身学习发展也具有极大的不平衡性，因此，仅有地方性立法是远远不够的，这就要求国家层面不断借鉴国际经验，结合我国国情，积极突破立法困境，推动国家终身学习法的诞生。国家层面的终身学习法的颁布，不仅能促进全国终身学习实践开展，也将推动我国和国际终身学习立法相接轨。

纵观世界，诸多国家相继颁布终身学习相关法律，这启示我国也应积极行动，促进终身学习法尽早诞生。不同国家的终身学习法有着不同的特色，可为我国制定终身学习法提供参考思路。例如，美国重视公民学习权的保障，韩国强调师资队伍建设，日本重视法律的操作性与执行性。从法律制定理念上讲，美国和日本都以终身学习命名，充分体现出其对学习者主体性的尊重。从内容上讲，韩国的休假和"立交桥"制度及师资队伍建设，启示我国应关注个体的积极性，保障公民的学习权利，同时也应不断充盈法律内容，使得法律颁布不仅仅是"纸上谈兵"，应具有较强的可操作性。不仅如此，在结合本土实践催生法律的同时，既要考虑其与现有教育法律法规的关系，又要注重其对于全国终身学习实践的指引作用。因此，随着政策逐渐深入，终身学习法的诞生也是水到渠成的过程，应结合积累经验，积极推动终身学习法律制定。

终身学习政策从无到有并逐渐丰富提升，最终迈向完善、成熟，对指导我国

相关实践发挥着不可替代的作用。目前，我国已出台多个文件对其进行规划统筹。然而，与法律法规相比，政策尚不具备稳定性，其实施范围和权威性有限，法律层面的实施成效要远大于众多政策的实施成效。因此，积极推动终身学习从政策向立法转化是我国相关政策的发展方向。在终身学习政策进入发展阶段后，我国曾尝试探索将相关政策提升至法律层面，比如在教育部年度工作要点中数次出现要制定终身学习法的相关表述。这体现出国家对终身学习政策的重视不仅局限于将其提高到国家战略层面，还试图对其予以法律保障。然而，这些立法的设想和规划尚未得到进一步推进，到目前为止我国尚未颁布终身学习法。这表明，终身学习政策完成向法律的质变并非一蹴而就的，法律制定具有更严格的程序和要求，且是一个渐变的过程。

终身学习政策迈向法制化并不断完善，也是顺应时代发展的潮流。我国地方终身学习立法具有局部性、自主性等特征，其对于指导相应区域的终身学习实践提供依据。在国家层面的终身学习法尚未颁布时，地方性立法应发挥其"先试先行"的作用，为我国国家层面终身学习的立法积累丰富的实践经验。目前，我国内陆已有五个省市制定出适合本区域特点的终身学习法规条例，为其他地区制定相关法律提供了借鉴经验。例如，福建省开创性地提供法律范例，上海进一步丰富完善各项保障制度，太原市在经费支出上更加细化，河北省和宁波市在前法基础上进一步开放课程、加强数字化平台建设，这都为我国其他省市的地方立法提供了参考。不论沿海或内陆，不论经济发达与否，不同区域终身学习发展特色与实际具有差异性。在此基础上，我国其他地区也应结合本区域终身学习的发展特色，以法律促进终身学习政策法规的完善，从而带动终身学习实践的开展。简言之，我国将诞生多部适合区域特点的地方性终身学习法。

二、均衡地方性终身学习法的布局

自终身学习法提出以来，我国实行地方立法先行的策略，在不同的发展阶段，诞生出相关区域法律来推动终身学习实践。例如，在发展阶段，福建、上海已出台地方法律；在完善阶段，太原、河北和宁波也相继颁布法律指导区域终身学习实践。分析已颁布的地方性终身学习法，可以得出，其在价值理念、发展重点等方面都已开始注重公民终身学习需求的满足。这些地方性立法已经在终身学习的价值理念下，积极探索终身学习实践，对我国终身学习政策向法制化迈进发挥了不可替代的作用。

　　进一步分析已颁布的地方法律，还能发现我国相关法律制定存在一些问题。首先，我国地方性终身学习法具有不平衡性。从颁布区域来看，不管是沿海经济发达的福建、上海和宁波，还是内陆相对欠发达的河北、太原等地，这些都是经济发展推动或政府大力推进的地区。在经济欠发达的中部、西部和西南地区，终身学习法律尚未推行，这体现出我国终身学习法律覆盖面的有限性，同时也反映出终身学习理念落实得不深入。我国地缘广大，区域经济发展不平衡，这就更需要国家政策对其进行支持、法律法规给予其保障。终身学习本身代表的是教育与学习的公平性和普惠性，其体现出对于弱势群体的学习保障。在法律制定过程中，广大的欠发达地区却并未颁布相关法律，这体现出我国地方立法与终身学习理念还存在较大的差距。因此，要结合地方特色，加强不同区域终身学习理念的推广和法律的保障。

　　总之，对于已颁布终身学习法律的地区，应加强相关实施意见的颁布，明确区域发展特色，保障公民终身学习权利。同时，还要加强其他地区终身学习法的颁布，在国家法律颁布之前，积极推动不同层次的地方性立法来指导实践。增加地方立法的颁布数量，同时还应均衡地方立法的布局，促进全国各个区域终身学习法的指导、颁布。

三、提升政策法规新高度，加强公共治理的有效性

　　伴随改革步入深水区，我国终身学习政策法规也与社会、市场等政府改革实践相结合，充分借力改革趋势，结合国情，逐步从层次上提升终身学习政策法规发展的新高度。首先，社会各级力量加入终身学习政策法规演进历程。培训机构、企事业单位等正式组织和民间组织等非正式团体不断为政策实践增添新生力量。其次，市场融入终身学习政策法规，不断激发其发展活力。不管是成人教育培训的国家标准对成人教育培训进行规范，还是政府加入"购买服务"，都充分体现了终身学习政策法规与市场改革机制相联系。再次，政府职能转变，"服务型"政府逐渐形成，预示着我国终身学习政策与政府"放管服"改革相结合，共同推动终身学习政策法规向更高层次迈进。反观日本终身学习的发展，其不仅在文部省设立专门行政机构，还关注高等教育和民间机构的作用，可为我国终身学习政策法规的制定提供借鉴。总之，我国终身学习政策法规主动与政府治理改革相结合，逐步建立"政府统筹、社会治理、市场参与"的发展体制，寻求改革多主体，在层次上提升终身学习政策法规的新高度。

终身学习政策法规在发展过程中的实施性与操作性将进一步增强。第一，已颁布法律的地区将继续出台更多实施意见，不仅对现有法律进行调整，还对终身学习法律的落实提供依据。目前我国已有三个省两个市相继颁布条例，对指导当地的终身学习事业起了至关重要的作用。然而，这些法律仍存在相对局限性，需要后期不断出台相关政策进行调整。例如，福建省制定的终身学习条例原则性较强，具体操作性欠佳，因此其教育厅连续将条例落实纳入专项规划和工作重点中去；太原也在已有法律的基础上出台相关意见、细则，对终身学习政策的落实与实践开展提供依据。第二，在现有终身学习法规的表述中，其涉及类型多元，参与主体明确具体。也就是说，终身学习政策法规今后将不断向实施性、操作性更强的方向拓展。总之，终身学习政策法规相关实施细则也将更加多样、清晰、完善、具体、明确，从而推动终身学习政策的落实与完善。终身学习是持续一生的活动，也是新型的生活方式，其外延或涵盖面较广。我们将继续以政策文本为依据，把握终身学习政策的演进历程，以期为政策制定提供参考，探寻我国终身学习政策的发展之路。

终身学习政策的质量一定程度上是政府执政水平和治理能力的反映。诸多终身学习政策对于这一理念的推广与实践发挥着重要作用，然而，这些政策的相继颁布实施，也暗示着我国相关政策的制定水平有待提高。第一，我国终身学习相关政策数量众多，但实现学习型社会这一明确目标的主体职责内容尚不明晰。比如，终身学习服务性理念中对于政府责任的诠释欠缺，各职能部门的职责定位尚不明晰，这显然不利于我国终身学习实践的开展。终身学习政策是惠及全民的一项公共服务政策，需要政府明确其服务职责，为全社会形成终身学习氛围提供条件和政策引领。第二，政策制定相对滞后于终身学习实践需要。在终身学习活动开展过程中，各组织机构对于开展终身学习活动具有直接推动作用，充分调动社会力量参与公共治理对于终身学习实践的开展和政府职能的转变具有不可替代的作用。可见，社会组织机构急需政府为其赋予适当的治理权利。然而，在现实生活中，由于社会准入门槛和资金运转等问题，众多组织却对开展终身学习活动空有一番热情，在具体实施过程中往往由于体制机制等问题"望而却步"。

总之，现实中存在着政策水平有待提高的问题，出现了政策繁多却未能真正满足终身学习实际发展需求的情况。究其原因，不难发现隐藏在这一问题背后的是政府职能问题。在当今的时代背景下，要实现对终身学习这一公民权利的保障，政府作为政策制定的主体，既有责任转变其执政理念，提高为公民终身学习提供服务的绩效，又要深入实践充分调动社会活力，主动简政放权，提高其政策制定水平。面对终身学习这一公益性事业，政府应积极改革其职能，加快从全能向权能转变的步伐，重塑其为公共服务的形象。政策本身的质量和水平是政府执政能力在政策制定过程中的自然流露。因此，要将终身学习政策制定和政府治理改革相结合，不断探索多元治理模式，适度融入市场机制，充分发挥社会组织在终身学习环境营造中的作用，从而使得社会资金、人才队伍、学习资源有序运行，进而增强政府公共治理能力，更新终身学习政策制定水平。

　　面对社会民生中急需解决的问题，我国终身学习可以从社区教育、老年教育入手，针对某一种教育类型，积极寻求终身学习政策法规的发展突破口。为应对老龄化社会到来，我国相继颁布十几部老年学习相关政策，不仅对专题进行规划，还详细规定老年学习的内容和保障机制等，以促进其健康发展，并为我国终身学习政策法规寻找切入点。同时，终身学习政策法规还依托社区为其奠定基础。2016年印发的《教育部等九部门关于进一步推进社区教育发展的意见》，不仅促进社区教育发展，也积极探索终身学习政策的实践。反观国外终身学习政策的发展经验，面对老龄化社会的到来，不同国家采取不同的应对方式。例如，美国依托社区来发展老年学习，日本在教育法律中涉及了老年学习内容，这些都为我国终身学习政策法规提供了借鉴与经验。总之，在国家层面的终身学习法尚未颁布之前，我国终身学习的政策法规由点到面，借助对相关社会问题的解决，顺势寻找自身发展的突破口。

第九章　终身学习的制度

基于各国的社会、经济、政治和文化传统等的明显差异，以及各国国情和需求情况的差异，世界各国终身学习制度也呈现多样化特征。终身学习制度的魅力在于对终身学习的指导与统领，使得终身学习的社会氛围愈加浓厚，促进终身学习进一步向纵深发展。

第一节　国家资历框架

国家资历框架是国家根据一定的标准和定义，将公民个人在任何时间和地点，通过规范的任何方式获得的知识、技能按层级分类描述并依法确定的一整套标准和措施。[1]通过国家资历框架的制定。可以实现各类学习成果的认证与转化，促进各级各类教育之间的衔接与融通，增强人才培养质量与效率，促进国际和国内的教育合作和人才流动。

一、欧盟资历框架

自 20 世纪 80 年代中期以来，截至 2018 年，全球已有 150 多个国家和地区建立和采用资历框架。[2]为促进区域发展，一些地区还建立了一些区域资历框架，如英联邦、欧盟、南非和东盟等。其中最为典型的是 2008 年颁布的欧盟资历框架和

①王立生. 落实十九大精神　加快推动国家资历框架建设. （2018-04-19）. http://www.moe.gov.cn/jyb_xwfb/moe_2082/zl_2017n/2017_zl76/201804/t20180419_333588.html.

② 王海东，邓小华. 我国学分银行与资历框架建设探索：进展、问题与对策. 中国远程教育，2019，40（12）：55-60+93.

在欧盟支持下 2014 年颁布的东盟资历参照框架，且两者实现了相互对接。①当前，欧盟资历框架已成为大多数国家或地区资历框架建立的参照标准和对接对象。

二、我国的国家资历框架

我国国家资历框架目前还没有建立，但是国家资历框架建设问题已经引起政府及社会各界的重视。我国国家资历框架在政策、理论和实践方面都取得了一定的进展和积累，这些也将是我国国家资历框架建设和实施的基础。

（一）我国国家资历框架政策

我国政府于"十三五"期间开始明确提出建设国家资历框架。2016 年 3 月，《中华人民共和国国民经济和社会发展第十三个五年规划纲要》首次提出了"制定国家资历框架，推进非学历教育学习成果、职业技能等级学分转换互认"②。《推进共建"一带一路"教育行动》（2016 年）、《教育部 2017 年工作要点》（2017年）、《关于在院校实施"学历证书+若干职业技能等级证书"制度试点方案》（2019年）、《国家职业教育改革实施方案》（2019 年）、《中国教育现代化 2035》（2019年）、《中华人民共和国职业教育法修订草案（征求意见稿）》（2019 年）等政策文件也相继提出建立国家资历框架的相关要求。

（二）我国国家资历框架研究状况

1999 年以来，我国研究者逐渐开始关注国家资历框架研究。目前，这一领域的研究在理论与实践构建上都还需要进一步深入。为此，有必要对 1999 年以来我国国家资历框架领域的研究成果进行文献计量与可视化分析，梳理研究历程，揭示研究热点，并在此基础上对国家资历框架未来的研究进行展望。

1. 研究设计

（1）数据来源

以中国知网（CNKI）为检索数据源，检索条件为"（主题：资历框架）OR（主题：资格框架）OR（主题：资历架构）"。检索范围为中文文献，不限定期刊级别。检索日期为 2021 年 3 月 4 日，共得到 1393 篇文献。经筛除重复文献和征稿

---

① 张伟远，谢青松. 资历框架的级别和标准研究. 开放教育研究，2017，23（2）：75-82.
② 中华人民共和国国民经济和社会发展第十三个五年规划纲要.（2016-03-17）. http://www.gov.cn/xinwen/2016-03/17/content_5054992.htm.

启事等内容不相关文献，共得到有效文献 1324 篇，时间跨度是 1999—2021 年。

（2）数据处理

以 BICOMB 2.02、SPSS 26.0 和 CiteSpace 5.7.R2 为研究工具，对 1999—2021年我国国家资历框架领域的研究成果进行文献计量和可视化分析。通过对发文情况、研究机构、研究作者、高频关键词、研究方法、文章载体等进行计量分析，客观描述我国国家资历框架领域的研究现状。通过对高频关键词进行聚类和突变分析，把握我国国家资历框架领域的研究热点，分析我国国家资历框架领域的研究历程。在上述基础上对我国国家资历框架研究进行合理展望。

2. 国家资历框架研究的中国图谱

（1）发文概况

1999—2021 年，我国国家资历框架领域发文的总量为 1324 篇，其中 1999—2020 年年均发文量为 59.36 篇，2021 年截至 3 月 4 日发文 18 篇（暂不作讨论）。由图 9-1 可以看出，1999—2021 年，我国国家资历框架领域的年度发文量整体呈持续增长趋势。具体来说，除 2004 年、2008 年、2018 年、2020 年发文量较上年有回落外，其余年份的发文量较上年都有增量，这与该时期内终身教育与终身学习理念的不断深入以及国家和各界对终身教育体系构建、学分银行建设和现代职业教育体系构建的重视不无关系。2019 年，我国国家资历框架领域年度发文量达到峰值——207 篇。梳理相关政策可知，2019 年 2 月，中共中央、国务院颁布的《中国教育现代化 2035》指出"建立国家资历框架"[1]，引发了研究者对国家资历框架的理论探索和实践总结。图 9-1 的折线表示篇名中明确出现资历框架或资格框架或资历架构的文章占该年度发文量的比例，虚线显示该比例变化趋势，可见该比例呈现逐渐上升并趋向平稳的趋势，说明以国家资历框架及其相关密切问题为内容主体的文章占比逐渐增大并趋向平稳，可以从侧面说明我国国家资历框架研究领域越来越清晰、主题越来越突出，研究也将逐步趋向充实、成熟和完善。

（2）研究主体

1）研究机构

从作者所属单位的统计数据来看，我国国家资历框架的研究机构包括普通高校、广播电视大学和开放大学、职业院校、独立研究所和企业等。其中普通高校和职业院校在机构数量上占主体，师范类大学、广播电视大学和开放大学、独立研究所的平均发文量较高。企业的数量和平均发文量均较低。可以说明，关注我

---

[1] 中共中央国务院印发《中国教育现代化 2035》. 人民日报，2019-02-24（1）.

国国家资历框架的主体较多元，但是研究主力仍是各类院校和研究所，企业的重视度和参与度有待提高。图 9-2 展示了我国国家资历框架研究领域发文量排名前 20 的研究机构，共发文 522 篇，占总发文量的 39.43%，说明我国国家资历框架的主力研究机构较为集中。

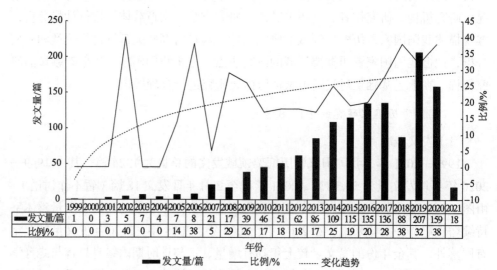

图 9-1 我国国家资历框架研究年度发文量与篇名包含主题词的文章

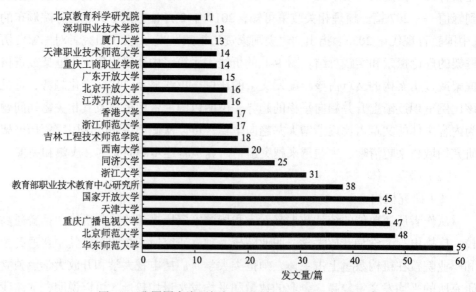

图 9-2 我国国家资历框架研究发文量前 20 的研究机构

2）核心作者

我国国家资历框架研究领域内发表 1 篇论文的作者数量为 1169 人，约占所有作者数量的 81.75%，超过洛特卡定律规定的 60%。作者总数的平方根为 37，发文量前 37 位作者的总发文量是 334 篇，仅占论文总量的 25.23%，低于普赖斯定律规定的 50%。[①]发文最多的作者是张伟远，共 25 篇，根据普赖斯定律[②]，得出发文量达 4 篇的作者为该研究领域的核心作者[③]，共 53 名，发表论文 398 篇，约占总论文数的 30%，也低于 50%（图 9-3）。可见，我国国家资历框架研究领域还未形成核心作者群。

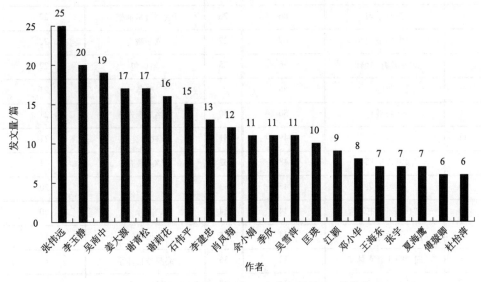

图 9-3 我国国家资历框架研究发文量前 20 的作者

3）研究热点

从关键词出现频次和关键词共现聚类可以看出一个研究领域的研究热点。表 9-1 为我国国家资历框架领域频次前 40 位的关键词。

通过书目共现分析系统 BICOMB 2.02 得出出现频次为 15 及以上的高频关键词的词篇矩阵[④]，通过 SPSS 26.0 对词篇矩阵进行系统聚类分析，得到高频关键词

---

① 洛特卡定律的原始形式指出，科学工作者人数与其所著论文之间的关系是，"写一篇论文的作者数量约占所有作者数量的 60%"。在该关系成立的条件下，"完成该专业论文总数一半的高产作者的人数在数值上等于该专业作者总数的平方根"，这就是普赖斯定律。

② 丁学东. 文献计量学基础. 北京：北京大学出版社，1993：204-208.

③ 根据普赖斯定律，核心作者最低发文量公式为 $Mp=0.749 \times \sqrt{Np_{max}}$，$Np_{max}$ 为发文量最多作者的论文量，即 25 篇，得出核心作者最低发文量 $Mp=3.745 \approx 4$。

④ 崔雷，刘伟，闫雷等. 文献数据库中书目信息共现挖掘系统的开发. 现代图书情报技术，2008（8）：70-75.

表 9-1　我国国家资历框架研究高频关键词一览表

序号	关键词	出现频次/次	序号	关键词	出现频次/次
1	职业教育	220	21	高等职业教育	25
2	国家资格框架	127	22	质量保证	24
3	澳大利亚	124	23	职业资格	24
4	学分银行	120	24	职业资格证书	24
5	资历框架	111	25	资历架构	22
6	终身学习	86	26	欧洲资格框架	22
7	资格框架	69	27	高职教育	22
8	职业教育与培训	66	28	培训包	22
9	英国	58	29	改革	21
10	终身教育	50	30	博洛尼亚进程	21
11	启示	49	31	现代学徒制	21
12	国家资历框架	48	32	继续教育	21
13	学习成果	45	33	香港	20
14	"1+X" 证书制度	44	34	南非	20
15	欧盟	34	35	衔接	17
16	现代职业教育体系	32	36	终身教育体系	17
17	学习成果认证	31	37	学历证书	16
18	新西兰	30	38	德国	16
19	高等教育	28	39	职业技能等级证书	16
20	质量保障	25	40	印度	15

聚类谱系图（图 9-4）。分析结果为五个聚类，以下对五个聚类分别进行分析。

第一，终身教育体系与国家资历框架。国家资历框架是搭建终身教育"立交桥"的关键制度，可以促进终身教育体系内部的衔接与融通，使之成为一个完整、畅通、灵活的有机整体，而不是一个内部存在断层和壁垒的笨拙、粗糙的组合体。另外，终身教育体系不应是封闭运行的系统，它要与劳动市场协调互动。要实现终身教育体系内外部良性运作，就需要建立完整、统一的评价标准体系，将不同形式的学习成果通过统一的评价标准认证转化为普遍承认的资格，为学习者在教

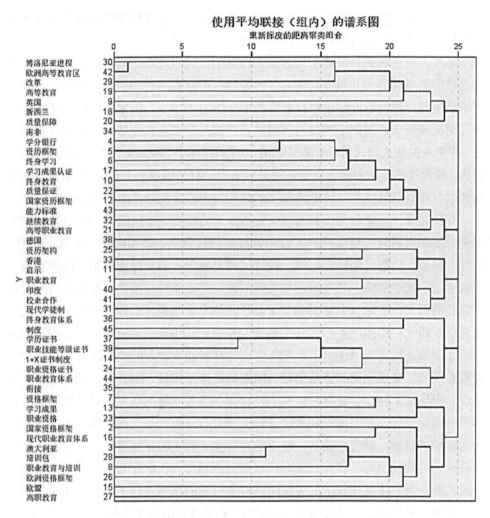

图 9-4 我国国家资历框架研究高频关键词聚类结果（截图）

育内部、教育与劳动市场之间的流动提供有力的保障。所以，国家资历框架的建立对终身教育体系的构建和完善有重要意义，其可为全民尤其是教育水平相对较低群体的教育机会和结果提供保障，有助于促进教育公平，进而促进社会公平。

我国研究者对终身教育体系和国家资历框架的研究主要包括以下两个方面。第一，对终身教育、终身学习与国家资历框架的关系进行研究，并指出国家资历框架在终身教育体系构建中的"立交桥"作用及实现路径。第二，对境内外终身学习"立交桥"搭建和终身教育资历框架建设的部分实践经验进行介绍。如终身学习"立交桥"搭建的国际发展与比较①、香港大学专业进修学院实施资历框架的经验②和广东终身教育资历框架建设的经验③等。

第二，现代职业教育体系与国家资历框架。国家资历框架在现代职业教育体系构建中的用人的劳动制度与育人的教育制度的分离问题和职业资格证书与教育资格证书的分离问题的解决中有重要的中介作用。④首先，国家资历框架能够通过企业对国家资历框架制定的参与和国家资历框架对职业教育培养目标和质量的规定，将企业的用人需求传递到职业教育的育人目标中，从而实现两种制度的契合。其次，教育资格证书和职业资格证书是国家资历框架的核心要件。⑤国家资历框架能够以两种资格证书的共同本体即技术技能为中心实现两者的等值转化。⑥

我国对现代职业教育体系和国家资历框架的研究主要包括：①对1+X证书制度进行了系列研究，包括对1+X证书制度的时代背景、现实根源、政策、内涵、特征、价值、功能、逻辑、定位、设计、开发流程、质量保证机制、治理意蕴、实践意蕴、试点策略、基本关系与关键问题、实施要件与路径、实施挑战与策略等问题的研究；还对1+X证书制度下若干具体专业的人才培养模式与课程体系建设进行了研究；还进行了1+X证书制度与国家资历框架、学分银行的协同发展研究。②对职业教育改革进行了系列研究，包括对职业教育的改革政策、现代化和高质量发展、制度框架和体系完善、国家标准体系构建、学分银行建设、立交桥建设、资历框架建设、教材建设和中外合作办学等问题的研究；对现代职业教育体系的顶层设计、相关理论和政策进行了研究与分析，并对现代职业教育体系下的人才培养目标、现代学徒制、职业能力标准、职业教育衔接、普职融通、职业教育治理等问题进行了研究；还对国家资历框架与现代职业教育体系的关系及其对现代职业教育体系建设中的关键问题解决所起的作用进行了研究。③对我国高等职业教育发展进行了系列研究，包括高等职业教育的人才培养政策、学位制度、资历框架引导下的学分体系和学习成果认定制度建设、专业设置、课程教学、质量保障和提升、扩招背景下的改革、现代学徒制试点、中外合作办学和校企合作办学等方面的研究。

① 张伟远，段承贵. 终身学习立交桥建构的国际发展和比较分析. 中国远程教育，2013（9）：9-15.

② 杨健明，沈雪明，郑钟幼龄等. 搭建终身学习的立交桥：HKU SPACE的实践. 继续教育，2010，24（10）：6-8.

③ 李雪婵，赵斯羽，关燕梅. 广东终身教育资历框架的实践和展望. 中国职业技术教育，2019（18）：59-64+70.

④ 姜大源. 现代职业教育与国家资格框架构建. 中国职业技术教育，2014（21）：23-34.

⑤ 肖凤翔. 国家资格框架中学历证书和职业资格证书的等值. 教育发展研究，2015，35（5）：3.

⑥ 邓小华. 国家资格框架中"资格等值"的学理阐释及推进策略. 职业技术教育，2018，39（4）：52-57.

第三，高等教育改革与国家资历框架。博洛尼亚进程是 1999 年以来欧洲的高等教育改革计划，旨在提升欧洲高等教育质量，建立统一的欧洲高等教育体系。高等教育资格框架的建立是博洛尼亚进程的重要改革措施。研究者们对博洛尼亚进程的背景、政策、目标、结构、行动路线和过程以及不同时期的最新进展和未来走向进行了研究，对该进程背景下英国、德国、芬兰和乌克兰等国家的高等教育改革进行了研究，还提出了欧洲高等教育改革成效对京津冀区域、"一带一路"倡议框架下高等教育发展的启示。

我国要进行高等教育改革，提升高等教育质量，实现高等教育国际化和终身化，首先可以借鉴欧洲博洛尼亚进程背景下高等教育改革经验，建立统一的国家资历框架，为国内高等教育的高质量、开放性、包容性发展提供保障。其次，我国国家资历框架要与国际接轨，促进中外教育合作与交流，提高国际对我国资格制度的认可度与接纳度。例如，我国可以推进建立"一带一路"高等教育区[①]，建立区域统一的资历框架，促进区域高等教育合作与流通。

第四，学分银行与国家资历框架。国家资历框架和学分银行在目的和性质上具有一致性，都是为实现终身学习成果转化而建立的制度，其中，前者是后者的重要依据，后者是前者落地实施的重要载体。[②]我国研究者们对学分银行的研究包括以下五方面：①对学分银行和学习成果认证制度的背景、概念、政策和法律进行了研究。②对学分银行的整体建设、区域性建设、领域性建设和模块性建设进行了研究。如对我国学分银行制度的发展逻辑、架构设计、运行机制及其建设的模式、路径、策略等的研究；对河南、广西、山东、江苏、大湾区等地的学分银行建设实践的研究和对省级学分银行联盟的理论分析；对继续教育、职业教育、开放大学等领域学分银行建设的研究；对学分银行信息系统、组织架构与运行机制、学分认定与转换细则等学分银行内部结构的研究；对区域学分银行的整合和职业教育学分银行向国家学分银行的转变路径的研究。③对我国学分银行建设的历程进行了回顾，分析了我国学分银行建设的整体现状、问题与对策。④与国家资历框架结合起来研究。⑤对我国学分银行研究进行回顾与展望。

我国学分银行构建政策较国家资历框架构建政策提出要早，学分银行构建的理论研究和实践探索也较国家资历框架开始得要早。在理论和实践上，都体现出先建立学分银行然后在此基础上构建统一的国家资历框架的路径。在学分银行的

---

① 郝国伟. 欧洲 "博洛尼亚进程" 的新进展研究（2010-2015）. 辽宁师范大学，2017.

② 杜怡萍. 资历框架、学分银行、1+X 证书制度的关系解析及施策思考. 职业技术教育，2020，41（25）：12-16.

构建实践上也是先进行区域性、领域性、模块性探索再进行整合的路径。学分银行和国家资历框架在理论上的共通性为这种实践探索方式提供了合理性和可能性。国家资历框架的完整构建是一个难度较大的工程，可以以学分银行为基础进行先行探索。学分银行的构建也是一个较大的工程，我国已经以职业教育学分银行为先行探索领域，未来则需要完成向以国家资历框架为引领的国家学分银行的转化与过渡。

第五，国内外经验介绍及启示。我国研究者十分重视对境外国家资历框架建设经验的研究，并注重进行国际比较和中外比较研究，以促进我国国家资历框架的理论研究和实践探索。我国研究者从 1999 年就开始注重对其他国家和地区的国家资历框架经验的介绍，尤其是英国、澳大利亚和欧洲，另外还有亚洲、南非、新西兰、印度、新加坡、德国、丹麦、俄罗斯、加拿大、泰国等地，并且逐渐开始进行国际比较，在此基础上提出我国国家资历框架的构建策略。另外，我国香港地区的资历框架建设工作起步较早，也取得了一定的成果，所以我国研究者也比较重视对香港资历框架建设经验的总结与介绍，并进行香港与内地资历框架建设的比较研究。

世界各地的国家资历框架有以下特点：①都是基于学习成果或能力进行资格描述，都进行先前学习成果认定；②将各种学习群体和学习形式都包含在认定范围内；③都注重职业教育与培训的内外部转化。基于世界各地的经验，我国在国家资历框架构建的过程中还需要注意：①国家资历框架要容易理解，其融通性的真正实现还需要政策的保障和更具体的操作路径和步骤的指导。②国家资历框架是教育利益相关者对话合作的平台，其中行业和雇主的全面深入参与是极为重要的，影响其参与度的有经费、时间、协商程序和协商机制等。[①]③崇尚学历、轻视职业教育的社会观念会影响已完成职业教育的人才向劳动市场的流动，在扩大职业教育向高等教育流通的路径的同时要注意转变人们对职业教育的观念。

（3）研究历程

为了探索国家资历框架研究的发展演变，我们通过 CiteSpace 5.7.R2 对关键词进行了突变分析。由图 9-5 可以看出，持续时间最长的关键词是"职业教育与培训"，持续 11 年；持续时间最短的关键词是"终身学习立交桥"、"质量保障"和"一带一路"，持续 2 年。其余关键词的平均持续时间是 4.6 年。

---

① 王琴. 公平发展：国家资格框架制度建设的国际比较与启示. 职业技术教育，2017，38（25）：75-79.

Top 24 Keywords with the Strongest Citation Bursts

Keywords	Year	Strength	Begin	End	1999 – 2021
澳大利亚	1999	13.18	2002	2011	
职业教育与培训	1999	9.92	2002	2012	
职业教育和培训	1999	4.1	2003	2010	
培训包	1999	5.24	2004	2011	
欧洲高等教育区	1999	5.69	2006	2011	
欧盟	1999	4.95	2007	2013	
欧洲资格框架	1999	3.96	2007	2012	
博洛尼亚进程	1999	4.79	2009	2012	
改革	1999	4.15	2010	2014	
英国	1999	4.42	2011	2013	
启示	1999	3.69	2011	2014	
质量保障	1999	3.38	2011	2012	
终身学习立交桥	1999	3.67	2013	2014	
国家资历框架	1999	17.27	2018	2021	
一带一路	1999	3.29	2018	2019	
资历框架	1999	31.36	2019	2021	
1+x证书制度	1999	20.96	2019	2021	
学分银行	1999	18.99	2019	2021	
学习成果	1999	7.36	2019	2021	
职业技能等级证书	1999	7.09	2019	2021	
学习成果认证	1999	4.34	2019	2021	
粤港澳大湾区	1999	4.25	2019	2021	
1+x证书	1999	3.77	2019	2021	
学习型社会	1999	3.36	2019	2021	

图 9-5　我国国家资历框架研究关键词突变结果（截图）

结合年度发文情况和高频关键词突现情况可以分析出我国国家资历框架研究的历程，可以分为四个阶段。

1）第一阶段：国外国家资历框架经验介绍期（1999—2009 年）

这一阶段关于国家资历框架的文章主要是以介绍国家资历框架构建的国际经验为主，少数文章是从行业角度（如交通行业、体育行业、出版印刷业等）研究职业资格制度。

从研究视野来看，大部分文章是对英国和澳大利亚职业教育和国家资历框架状况和经验的介绍，从 2006 年逐渐开始出现对欧洲或欧盟国家、南非以及中国香港地区的经验介绍，并开始研究欧洲的博洛尼亚进程。从关注单个国家到关注地区或组织，再到以国家或地区的职业教育相关政策（如博洛尼亚进程）为背景展开研究，从主要关注国外到开始关注我国香港及内地的国家资历框架建设先行地区，体现了研究视野的不断扩大。

从研究方法来看，大部分文章主要是以某个国家的职业教育与培训和国家资历框架构建的实践情况作为研究对象开展质性研究，在此基础上逐渐开始使用比较研究的方法对不同地区或国家的经验进行比较，也有少数文章采用历史的方法分析某国家或地区职业教育与培训和国家资历框架的发展演变历程。

2）第二阶段：国家资历框架相对关系研究期（2010—2015 年）

这一阶段，研究者开始从终身教育、学分银行和现代职业教育体系构建方面展开对国家资历框架的研究，同时也开始了对国家资历框架基本理论问题的研究。

关于国家资历框架的基本理论问题，这一阶段的研究涉及国家资历框架的理论构想（包括整体构想和行业资历框架、学历资格框架的构想），以及国家资历框架中的"双证等值"问题和国家资历框架与终身学习的关系。

从研究视野来看，这一阶段，研究者介绍了瑞士和芬兰等国家的职业教育和国家资历框架经验，也开始关注我国国家资历框架的整体构建。

3）第三阶段：国家资历框架理论体系构建期（2016—2018 年）

这一阶段研究者继续将国家资历框架和学分银行、终身教育体系、现代职业教育体系的构建结合起来研究。

关于国家资历框架的基本理论问题，这一阶段，研究者对其概念、内涵、类型、意义、功能、要素、结构、级别、标准、分级技术逻辑、认证单元、运行体系、模式、资格等值的学理问题、趋势等进行了研究。关于国家资历框架的构建，研究者对其整体架构构建、内部结构模块建设、我国国家资历框架建设模式与形成路径及其质量保障体系进行了研究。

从研究视野看，这一阶段，研究者开始研究"一带一路"背景下的沿线国家资历框架建设与对接问题。

从研究视角看，这一阶段，研究者开始在互联网时代、大数据时代、工业 4.0 时代视角下进行相关研究。同时，也开始关注国家资历框架研究本身，对现有的研究进行梳理、综述与理论反思。

另外，开始采用文献研究和量化研究方法对国家资历框架研究进行总结与展望。研究者还继续运用比较研究的方法研究国内外国家资历框架的发展，运用质性研究的方法在我国区域实践案例的基础上研究学分银行的建设。

4）第四阶段：国家资历框架实践与理论反思期（2019年至今）

这一阶段，研究者从国家资历框架的背景、动因、起源、意义、价值、功能、效果、本质、概念由来、内涵、基本立意、理论基础、目的、原则、要素、过程、路径、模式等方面对其基本理论进行了系统研究，完善了国家资历框架基本理论体系。研究者提出了中国特色国家资历框架的应然架构，并研究了国家资历框架的子系统建设，即国家资历框架的内部设计与构建，如能力标准开发和信息化建设。在国家资历框架的实践探索方面，研究者对区域性资历框架的建设如广东、广西、香港、大湾区资历框架建设理论与实践进行了经验总结，并对区域性资历框架之间及其与国家资历框架的对接问题进行了探索。研究者对行业资历框架的构建进行了研究，如物流行业。另外，研究者还对我国国家资历框架建设的进展问题与对策进行了研究。

从研究视野来看，这一阶段，研究者开始关注大湾区尤其是粤澳地区和我国内地各省的资历框架建设和学分银行建设。

从研究视角来看，这一阶段，研究者开始从互联网+、人工智能、智能制造视角和新时代背景出发展开相关研究。研究者也紧密关注国家教育新政策，并结合政策开展研究，如2020年有研究者开始进行新型职业农民国家标准的研究，2021年研究者开始研究"十四五"期间我国学分银行建设的实施策略。

从研究方法来看，这一阶段，研究者运用思辨研究的方法对国家资历框架和1+X证书制度的基本理论问题进行了研究，运用质性研究的方法对区域性学分银行和国家资历框架的建设实践进行了研究，运用文献计量法对终身学习研究和学分银行研究进行了综述。值得一提的是，有研究者运用问卷调查等量化研究的方法对我国学分银行建设现状进行了研究。

（4）研究方法

研究方法可以分为思辨研究、质性研究、量化研究和混合研究。思辨研究主要包括对国家资历框架本身的研究、国家资历框架与相关概念的关系研究、以不同学科为视角对国家资历框架的研究。质性研究主要包括某国家、某地区、某行业或其他某一领域在国家资历框架及其相关方面的进展、问题、对策或经验总结等[1]。量化研究主要是运用调查法对某主体或某领域在国家资历框架相

---

① 侯怀银，尚瑞茜. 学习型社会研究的现实图景与中国特色. 现代远程教育研究，2020，32（6）：52-59+103.

关方面的现状进行研究，以及运用文献计量和可视化方法对国家资历框架研究现状、热点与趋势进行研究。混合研究主要是综合运用量化研究和质性研究方法进行研究。

按照上述分类标准，对我国国家资历框架研究领域的1324篇论文进行研究方法的归类与统计。结果发现，使用最多的是质性研究（65.26%），其次是思辨研究（33.61%），量化研究（0.76%）和混合研究（0.38%）使用较少。使用质性研究方法的论文大多是以某个国家或某个行业、某个专业等为案例或切入点进行经验与启示性研究，如国外对澳大利亚的研究最多，国内对大湾区的研究较多。使用量化研究方法的论文大多是对国家资历框架研究成果的量化梳理，极少是对国家资历框架实践现状的调查。使用混合研究方法的论文只有5篇，运用了案例分析法和问卷调查法进行了研究。

（5）文章载体

通过对我国国家资历框架研究成果进行发表期刊统计，得出国家资历框架的主要载文期刊情况（如表9-2）。可以看出，研究国家资历框架的论文大多发表在职业教育相关期刊上。

表9-2　我国国家资历框架研究发文量前8的期刊统计数据一览表

序号	期刊名称	发文量/篇	百分比/%	累计百分比/%
1	中国职业技术教育	112	8.46	8.46
2	职业技术教育	97	7.33	15.79
3	职教论坛	73	5.51	21.30
4	教育与职业	53	4.00	25.30
5	世界教育信息	36	2.72	28.02
6	中国远程教育	30	2.27	30.29
7	成人教育	29	2.19	32.48
8	职教通讯	25	1.89	34.37

3. 国家资历框架研究的未来展望

（1）扩展研究主体

第一，要明确国家资历框架研究主体的地位和作用。国家资历框架的研究主体并不只是理论研究者或者实践经验总结者。研究主体具有更重要的地位，承担更重大的使命和责任，在理论研究的同时还要明确自身的另一重身份，即国家资历框架标准和规则的制定者、修订者、完善者。研究的过程即是构建和完善的过程。第二，要将国家资历框架利益相关者都纳入研究主体范围内。国家资历框架的研究主体不能仅限于高校和研究机构，应该扩展研究主体，组建包括政府部门人员、教育部门和培训机构的人员、不同学科领域和行业的专家、企业人员在内的研究队伍①，形成主体多元、角度多元、方法多元的研究团队，通过研究主体的多元，增强国家资历框架研究的全面性。第三，各研究主体应充分发挥自己的独特优势，从不同的角度对国家资历框架进行研究，促进我国国家资历框架研究的针对性。国家相关政府部门要发挥引领作用，梳理国家相关政策，加强对国家资历框架的基本理念、概念、内涵、政策解读等方面的理论研究。职业院校应该在加强目前从专业、课程等微观角度切入的国家资历框架研究的基础上进一步加大对国家资历框架的宏观思考和理论思考。企业应该凸显自己的国家资历框架研究主体角色，对自身在国家资历框架不同方面的实践经验进行梳理并在此基础上进行理论凝练。

（2）转变研究逻辑

第一，我国国家资历框架的研究应该更多立足于本土的理论与实践现状。目前看来有相当一部分文献都是在介绍国外国家资历框架的发展情况，包括历史、现状、趋势，还有一些文献纯粹研究某些国家的国家资历框架发展的问题与对策，完全没有涉及对我国国家资历框架的启示与意义。同时，受限于我国国家资历框架实践探索时间不长的问题，研究界对我国尤其是内地国家资历框架的实践成果梳理与总结较少，未来需要立足本土进行更加贴近我国现实问题的研究。第二，要在经验介绍的基础上深入开展国家资历框架的理论基础研究。理论创新是制度创新和实践创新的前提。研究者不能仅仅从其他国家的资历框架的经验层面进行介绍，还要研究资历框架的理论基础，并且要立足于我国的现实问题，从多学科角度为我国国家资历框架的建设寻找理论基础。第三，要在经验介绍的基础上深入研究国家资历框架背后的文化系统。研究者不能仅仅对国外的国家资历框架进行文本分析，还应该深刻挖掘其背后的文化因素，与我国的文化背景进行比较，在借鉴的时候要充分考虑我国的文化背景，构建本土化的国家资历框架。②要通过文化解读揭示国外国家资历框架的实践逻辑，

---

① 叶声华，邓小华. 我国国家资格框架研究：反思与前瞻. 职教论坛，2017（13）：5-10.

② 叶声华，邓小华. 我国国家资格框架研究：反思与前瞻. 职教论坛，2017（13）：5-10.

反之也可以从我国的文化系统分析中找到我国国家资历框架建设和实施的实践逻辑。

（3）充实研究内容

第一，注重国家资历框架的基本理论研究，统一研究界对国家资历框架的内涵、特征、模式、应然状态等的认识。第二，要注重对我国国家资历框架政策法规制度的研究与设计，为我国国家资历框架的构建提供保障。第三，加大对国家资历框架顶层设计的研究力度，设计具有可行性和系统性、标准化的国家资历框架。第四，注重对我国国家资历框架建设现状的梳理，并注重对现有资历框架的整合的研究，使其走向标准化、科学化、规范化。第五，加强国家资历框架与其相关主题的结合研究，如学分银行、1+X证书制度、职业教育资格框架、培训体系与认证体系等。第六，注重大数据与信息化对国家资历框架和新职业、专业及技能的影响研究和应用研究。第七，要关注新兴技术、新兴职业的产生及其与资格证书的对接，使研究敢于涉足新兴和空白领域，始终站在职业发展的最前沿，与更精细化的行业分类相匹配。

（4）丰富研究方法

第一，要多运用质性研究方法和量化研究方法进行我国国家资历框架现状调查和效果评估研究。第二，质性研究中，要多运用叙事法、田野调查、个案法，与后现代哲学进行结合，运用多元方法充分体现案例的个性化、人文性特点。第三，研究方法的选用要与实际的研究任务相结合，如当前有很多职业的能力标准仍处于探索阶段，研究者也可以选用适当的研究方法进行新职业能力标准探索。

（三）我国国家资历框架建设现状

我国国家资历框架顶层设计工作也在开展中，各地也积极推进建设实践，取得了一定的进展，积累了一定的经验。

1. 国家资历框架顶层设计现状

已有研究者开始进行我国国家资历框架理论建构和顶层设计研究，目前已取得了一定的成果和进展。研究者提出国家资历框架建设的四个基本原则，即目的性、整体性、协调性和动态性原则，并设计出国家资历框架的基本结构（图9-6）和系统模式（图9-7）①。

---

① 张伟远. 国家资历框架的理论基础和模式建构. 中国职业技术教育, 2019（18）: 28-35+45.

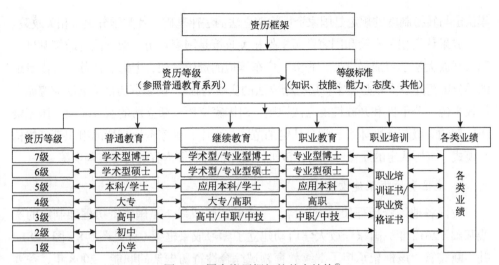

图 9-6　国家资历框架的基本结构[①]

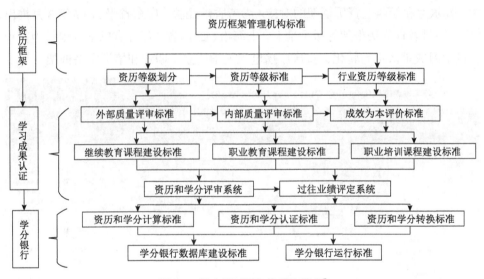

图 9-7　国家资历框架的系统模式[②]

　　研究者还提及国家资历框架的立法问题，并梳理了立法的现实基础和主要内容。《中华人民共和国宪法》《中华人民共和国教育法》《中华人民共和国职业教育法》《中华人民共和国高等教育法》《中华人民共和国劳动法》等国家层面的相关法律和各地"终身教育促进条例"对公民的受教育权、学习成果认定与转换制度、学分积

---

①　张伟远. 国家资历框架的理论基础和模式建构. 中国职业技术教育，2019（18）：28-35+45.

②　张伟远. 国家资历框架的理论基础和模式建构. 中国职业技术教育，2019（18）：28-35+45.

累认定与转换制度的规定是国家资历框架立法的法律基础。各类学分银行相关政策、学习成果认定相关政策和国家资历框架相关政策是国家资历框架立法的政策基础。国家开放大学学习成果框架，香港、广东等地的资历框架，上海、江苏、云南等地的学分银行建设实践是国家资历框架立法的实践基础。[①]国家资历框架立法应遵循学习权本位、公平性和开放性的立法原则，对国家资历框架立法的服务对象、国家资历框架的等级与标准体系、学分认定的范围与程序、国家资历框架的组织管理机构与模式、资历认定的质量保障与评审机构及问责机制等内容进行规定与保障。[②]

2. 地区资历框架建设实践现状

我国各地区资历框架建设取得了一定的实践成果，是国家资历框架制定的实践基础。2012年，国家开放大学启动建立了学习成果框架（详见图9-8，图9-9），并不断完善。该框架承担了继续教育领域综合性资历框架的职能。2008年，香港资历框架正式颁布和启动。截至2018年，香港资历框架已经完成了与欧盟、苏格兰、爱尔兰和新西兰资历框架的对接。参考香港经验，广东省于2017年3月推出《广东终身教育资历框架等级标准》。上海市、云南省、江苏省以学分银行为基础促进学习成果认定与转化，重庆广播电视大学建立了职业和培训资格框架。[③]

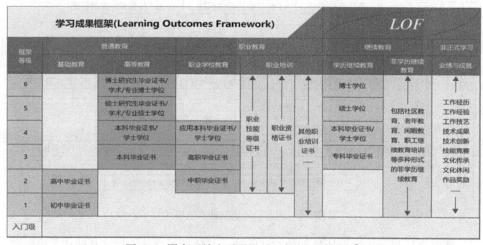

图9-8 国家开放大学学习成果框架（截图）[④]

① 祁占勇，刘丹. 国家资历框架立法的现实诉求及其立法思考. 江苏高教，2021（3）：33-41.
② 祁占勇，刘丹. 国家资历框架立法的现实诉求及其立法思考. 江苏高教，2021（3）：33-41.
③ 谢莉花，余小娟. 资历框架视阈下我国资格标准体系的建设现状、问题与策略. 终身教育研究，2021, 32（5）：30-37.
④ 国家开放大学学分银行（学习成果认证中心）. 学习成果框架. https://cbouc.ouchn.edu.cn/kj/xxcgkj/index.shtml.

等级	知识	技能	能力
入门级	—		
1	具备进一步学习或初始工作需要的基础知识	具有能够完成一个学习或工作领域常规工作的基本技能	在高度结构化的环境下，在他人指导下，完成学习或工作任务，展示有限自主性
2	具备一个学习或工作领域必备的基础知识	具有能够完成一个学习或工作领域常规工作的基本技能；并在特定情况下能够完成较为复杂的工作	在变化的但可预测的环境下，独立完成学习或工作任务；指导他人常规工作，承担评价和改进学习或工作的有限责任
3	具备一个学习或工作领域必备的基础理论和专门知识	具有一个学习或工作领域的基本技能和专门技能；并在特定情况下，能够运用专门技能完成较为复杂的工作	在不可预测的环境下，管理以及指导他人工作；检查以及提升自己及他人的工作表现
4	具备一个学习或工作领域全面的基础理论和专门知识，并对相关理论和原理进行批判性理解	具有一个学习或工作领域的专门技能和特殊技能；能够熟练运用基本技能和专门技能完成较为复杂的工作	在不可预测的环境下，管理复杂的技术或专业性活动/项目，并做出决策；能够管理自己及小组专业方面的发展
5	具备一个学习或工作领域坚实的基础理论和系统的专门知识，并对一个领域和交叉领域的知识形成批判性认识	具有一个或多个学习或工作领域的专门技能和特殊技能；能够熟练运用基本技能和专门技能完成较为复杂的、非常规性的工作；在技术技能方面有所创新	在复杂多变、不可预测以及需要新策略的环境下，管理和改变学习或工作环境；促进专门知识或实践的发展，并对团队整体工作表现负责
6	具备一个学习或工作领域坚实宽广的基础理论、系统深入的专门知识，了解交叉领域最先进、前沿的知识	具有一个或多个学习或工作领域的关键技能；能够熟练运用基本技能和特殊技能、在本职业的各个领域完成高度复杂的、非常规性的工作；在技术攻关和工艺革新方面有创新	在崭新和不可预测的环境下，在学习或工作前沿，表现出高度的权威性、创新性、自主性、学术性和职业操守，并持续不断致力于新观念和过程的发展

a 此等级设置为开放级，便于和其他类型的框架对接，对其知识、技能和能力不作具体描述。

图 9-9　国家开放大学学习成果框架等级要求（截图）[①]

2019 年 2 月，中共中央、国务院颁布《粤港澳大湾区发展规划纲要》。为促进粤港澳大湾区教育合作和人才流通，2019 年 6 月，广东省教育厅主办了粤港澳大湾区资历框架研讨会，标志着粤港澳大湾区资历框架对接工作的启动。目前澳门还未建立资历框架，广东与香港均已建立资历框架，且两地的资历框架目前已能实现部分对接[②]。所以，粤港澳大湾区资历框架的对接具有一定的基础，也面临着一定的挑战。

---

① 国家开放大学学分银行（学习成果认证中心）. 框架通用标准. https://cbouc.ouchn.edu.cn/kj/kjtyzb/index.shtml.
② 许玲，张伟远，李雪婵. 粤港澳终身教育资历框架的衔接和创新发展——粤港澳大湾区资历框架研讨会综述. 中国职业技术教育，2019（27）：17-22.

第二节　学分银行制度

学分银行的设想来自于银行的储蓄账户功能。学分银行制度是建立在学习成果认证标准基础之上，以学分为基础计量单位，开展对个人学习成果进行认证、积累和转换的管理制度。[①]学分银行制度可以真正实现教育成果的相互转化，这样教育无形中有了一个统一的衡量标准，各种教育资源也在无形中实现了最大效率的整合，实现了各种资源的最优配置，能够真正地搭建终身学习立交桥。学分银行制度建设是终身学习体系建设的重要一环。

一、国际学分银行制度

20世纪70年代中期，有美国高校提出学分银行概念。[②]到20世纪80年代，美国社区学院以学分转换制度实现其衔接中学与大学的目的和功能。学分转换制度逐渐扩展到整个高等教育体系以及成人教育、社区教育、远程培训、非学历教育等其他教育领域。1989年，为应对全球化挑战，欧洲学分转换与积累系统开始试点建设并逐步推广。[③]欧盟、美国、英国、澳大利亚、韩国等地都建立了自己的学分转换制度或学分银行制度。

韩国是全球首个实现学分银行制度化运行的国家。其学分银行制度化的标志是颁布相关法律和设立专门的运营机构。1997年韩国通过《学分认证法案》，标志着韩国学分银行制度的建立。[④]1999年出台的《终身教育法》和2000年颁布的终身教育法之执行条例都对学分银行制度进行了学分认证标准、实施细则等详细的规定。韩国还设立了国家终身教育振兴院作为学分银行制度的运营机构。[⑤]

韩国的《终身教育法》第二十八条对学分的认证作了规定，规定对学习者在国内外各级学校以及终身教育机构取得的学分、学历及学位予以承认，包括在各级学校或终身教育机构完成必修课程、在产业实体单位获得认证资格、通过各种团体主办的能力考试获得资格认证、受到过文物保护法规定的专业训练等。韩国政府设立了学分银行系统、学士学位测验、劳工大学等开放的学习支持系统，对成人学习者的学习成果进行认可和测验。韩国还实行教育银行信贷制度，为那些

---

① 谢浩. 服务全民终身学习的学分银行制度体系建设研究. 中国职业技术教育，2020（24）：8-14.
② 王海东. 学分银行的概念溯源与模式划分. 中国考试，2017（10）：41-48.
③ 谢浩. 服务全民终身学习的学分银行制度体系建设研究. 中国职业技术教育，2020（24）：8-14.
④ 王海东. 学分银行的概念溯源与模式划分. 中国考试，2017（10）：41-48.
⑤ 谢浩. 服务全民终身学习的学分银行制度体系建设研究. 中国职业技术教育，2020（24）：8-14.

不能完成大学或学院教育的学习者提供学术或学位信贷服务,并在 1997 专门出台了《信贷赠与法》以保证这种教育银行信贷制度的实行。

韩国学分银行制度的规范实行促进了整个终身学习机制的完善,有助于突破时空限制,打破教育的壁垒,激发全民学习的热情,鼓励更多的民众参与到终身学习的事业活动中,加快学习型社会的构建。

二、我国学分银行制度

相比于国家资历框架,我国学分银行制度建设已经历了较长时间,在政策方面提出更早,理论研究成果也更充实,实践经验也更丰富。在现有的政策、理论和实践基础上,我国学分银行制度还有很大的发展空间,需要基于新技术、以国家资历框架为指导进行进一步建设。

(一)我国学分银行制度政策

"学分银行"一词首次出现在我国政策文件中,是在 2004 年发布的《教育部关于在职业学校逐步推行学分制的若干意见》中,指的是一种信息管理平台或软件系统。此后的文件中的"学分银行"才逐渐转变向指一种制度。2010 年,《国家中长期教育改革和发展规划纲要(2010—2020 年)》提出"建立学习成果认证体系,建立'学分银行'制度"[①]。自此,学分银行制度开始从职业教育领域扩展到其他教育领域。[②]之后的《教育部关于推进高等教育学分认定和转换工作的意见》(2016 年)、《国家教育事业发展"十三五"规划》(2017 年)、《国家职业教育改革实施方案》(2019 年)等政策文件相继对学分银行的功能、学分获取方式和学分银行建设进行了规定和要求。

(二)我国学分银行制度建设现状

我国学分银行制度建设的探索始于职业教育领域。2006 年,北京市发起成人高等职业教育校企合作学分银行计划,由北京市总工会职工大学和北京燕山石化公司合作实施,之后推广到其他企业。2010 年,我国开始"5+1"开放大学试点,并开始了以开放大学为主导的学分银行建设。国家开放大学学分银行、上海市终

---

① 中共中央国务院印发《国家中长期教育改革和发展规划纲要(2010—2020 年)》. 人民教育,2010(17):2-15.

② 王海东. 学分银行的概念溯源与模式划分. 中国考试,2017(10):41-48.

身教育学分银行、江苏省终身教育学分银行、广东省终身教育学分银行、云南省学分银行、浙江省学分银行陆续成立。除开放大学主导成立学分银行外，普通高校、社会组织、行业企业单位等也纷纷成立学分银行。在各地区学分银行建设的基础上，为促进区域经济发展和区域教育一体化，学分银行建设实践开始走向区域联盟或协同建设。如粤港澳学分银行和苏浙皖沪学分银行。①为配合"1+X"证书制度试点，国家开放大学搭建了职业教育国家学分银行平台。

我国现有的学分银行包括以下几种类型：第一，区域学分银行，分为国家级、区域级、省级、市级、县级，分别如职业教育国家学分银行、长三角地区开放教育学分银行、江苏省终身教育学分银行、成都市终身教育学分银行、浙江省慈溪市市民学分银行。第二，行业学分银行，如江苏省住建领域终身教育学分银行。第三，校内学分银行，如国家开放大学学分银行。第四，自学考试学分银行，如北京市自学考试市民成果认证项目、广西大学高等教育自学考试学分银行试点。

我国各地区的学分银行建设情况有明显的共同特征。第一，大部分学分银行是经过正式发文后成立的。第二，大部分学分银行是有明确的管理机构和上级行政部门的。其管理机构包括学分银行管理委员会、教育厅、学分银行管理办公室、开放大学或广播电视大学等。除了职业教育国家学分银行的上级部门为教育部之外，其他学分银行的上级部门大多为省教育厅或教委，另外还包括开放大学或广播电视大学、市教育局、市政府、市自考办、高校、县教育局等。第三，各地区都建立了众多学分银行管理分部、网点或中心，构成学分银行服务网络，以将学分银行的功能覆盖到整个地区。如截至2019年6月，浙江省共依托杭州广播电视大学等12家单位成立学分银行分部，依托杭州市上城区社区学院等97家单位成立学分银行分中心，实现了市级分部和县级分中心的100%全覆盖。②第四，各地区都建立了学分银行信息平台，将学分银行相关制度与文件、学分转换标准等录入平台，学习者可以开通学分银行账户，自主申请学分转换。江苏省和浙江省还开发了学分银行手机客户端。③第五，各地区学分银行网站都给出一批专业、课程、证书、培训项目、社区教育课程等学习成果的简介和对应关系，并不断补充，供学分银行网点参考以制定具体的学分转换标准。

我国各地区的学分银行建设情况也有各自特色。第一，广东省是国内首个建立了终身教育资历框架与等级标准的省份，其学分银行在资历框架的统领下持续建

① 谢浩. 服务全民终身学习的学分银行制度体系建设研究. 中国职业技术教育，2020（24）：8-14.
② 厉毅. 乡村振兴视野下学分银行应用研究. 中国职业技术教育，2019（36）：58-62+96.
③ 申秀清，尤慧琴. 回顾与展望：我国终身教育学分银行的建设之路. 成人教育，2019，39（5）：15-20.

设，既为学分银行提供了有保障的学分出口，也有助于建设更完整的资历框架系统。广东终身教育学分银行在广东终身教育资历框架、行业资历等级标准等方面的探索，入选了由 UNESCO 编撰的《2019 年全球地区和国家资格框架清单（第二卷：国家和地区案例）》。第二，各地区在学习成果认证范围方面各有特色。上海市终身教育学分银行将社区老年教育课程纳入认证和转换范围。广东省通过学分银行平台促进非物质文化遗产与学历教育之间的沟通衔接。①第三，湖北省建设了全国首个学分银行智能化实体运维服务中心，其功能划分为"4 区 1 厅"，包括前厅接待区、业务办理区、公共服务区、运维办公区和多功能交流厅，具有科学性与先进性。

（三）我国学分银行制度建设展望

国家资历框架、学分银行制度与学习成果认证制度是终身教育制度体系的重要内容，三者的建设相辅相成。因此，学分银行制度建设要以资历框架为标准，以学习成果认证为保障，同时要以大数据、人工智能、区块链为技术支撑。②目前我国学分银行制度类型多样、覆盖不同领域和地区，发展速度较快，但学分银行制度的建设还需要其他相关制度的配合和保障。各类制度应协同建设，合力构建完备的终身教育制度体系。为此，我国未来需要出台国家层面的资历框架标准，建立行业资历框架通用标准，建立成效为本的评价标准及学习成果认证制度，建立过往学习成果的认证制度，建立统一的学分计算、积累、互认和转换的标准。③

第三节　带薪学习休假制度

终身学习理念提倡人应该不断地学习，将学习终身化；同时，把学习与生活有机协调起来，在做中学，学中做；促使人逐渐丰满，走向整全。然而，终身学习美好理念的实施还需要制度做支撑。学分银行制度是规定学分积累、转换的统一标准，学习者开通个人学习账户，实现终身学习时间的认定，保障学习者学习经历的有效性。资历框架是打通现有正式教育和非正式教育、贯通教育系统人才输出和劳动力市场流入的综合资格标准，覆盖各级各类资格，保障学习者的学习

---

① 申秀清，尤慧琴. 回顾与展望：我国终身教育学分银行的建设之路. 成人教育，2019，39（5）：15-20.

② 张伟远. 构建"资历框架为标准、学习成果认证为保障"的学分银行制度. 中国职业技术教育，2020（24）：5-7.

③ 张伟远. 构建"资历框架为标准、学习成果认证为保障"的学分银行制度. 中国职业技术教育，2020（24）：5-7.

成效互通。带薪学习休假制度的完善能够满足工作者对于学习时间和资金的需求，令工作者有精力、有财力去坚持学习，进而促进终身学习的进行。

一、带薪学习休假制度的背景

随着人们生活水平的提高和学习理念的转变，终身学习成为许多人的追求，但终身学习开展起来必须要投入大量时间。然而，在把时间投入到学习上的同时就难以兼顾工作，就可能没有了收入，因此终身学习不仅需要时间保障还需要经费维持。个体终身学习的普遍实施对社会整体发展和长远发展有利，在世界范围内被大力提倡，带薪学习休假制度的提出就是基于这一现状。

1965年，国际劳工组织会议提出了倡导劳工带薪休假接受教育的议案。[①]1974年，国际劳工大会通过了《带薪教育假的公约与建议》。1976年，UNESCO通过的《关于发展成人教育的建议书》也提出带薪教育假制度相关建议。在国际组织提议之前，就已经有国家作出关于雇员教育假的法律规定，如法国在1957年就已有相关法律规定。[②]在各类国际组织的鼓励和推动下，这项制度陆续被很多国家通过立法手段确立和推行，如瑞典、德国、意大利、比利时、芬兰、奥地利、日本、美国、丹麦等。我国也大力发展终身教育，建设学习型社会，鼓励职工接受继续教育和培训。

二、带薪学习休假制度的含义

2010年前，受20世纪下半叶国际带薪教育假制度的影响，我国研究者普遍使用"带薪教育假制度"这一表述。到2019年，有研究者使用了"带薪学习休假制度"这一新的表述，两种表述的含义基本相同。

带薪学习休假制度，也称带薪教育假制度，是指规定学习者进入工作岗位后符合一定条件则可享受"学习休假"，在休假期间仍保有工作岗位的制度。"学习休假"的时间可以根据工作安排或学习安排灵活调整，学习的费用由工作单位承担或由工作单位与学习者个人共同承担。[③]

基于带薪学习休假制度的含义，我们可以看出三个要点：第一个要点在于"学习"，即在职工作者有参与教育和学习活动的权利，也需要有参与教育和学习活

---

① 宋淑敏，张珞. 简论构建我国的回归教育激励制度. 中国成人教育，2003（7）：10-11.
② 马林. 成人享有接受教育的权利——我国成人教育立法的探讨. 华南师范大学学报（社会科学版），2002（3）：89-93.
③ 兰岚. 我国终身教育立法公民学习权保障路径探析. 河北师范大学学报（教育科学版），2019，21（4）：86-94.

动的机会；第二个要点在于"休假"，即在职工作者参与教育和学习活动需要通过休假来获取时间保障；第三个要点在于"带薪"，即在职工作者参与教育和学习活动需要基于工资或其他补贴的经费保障。

三、带薪学习休假制度的立法保障

带薪学习休假制度的确立与实施需要相关法律的保障，我国也应通过系列法律法规对带薪学习休假制度进行保障。如终身教育或终身学习专项法律、劳动法及相关税收管理法律等，可以为带薪学习休假制度的确立和落实提供不同程度的保障。

国家和地方层面的终身教育或终身学习专项法律应该对带薪学习休假制度进行专门规定，具体从个体的学习权、用人单位对职工学习的支持义务、带薪学习假的享受资格和时间范围、带薪学习的内容、带薪学习的经费来源等方面进行规定[①]，为带薪学习休假制度的确立提供专项立法保障。目前我国还未出台国家层面的终身教育或终身学习专项法律，但已有部分地区出台了"终身学习法"或"终身教育促进条例"，其中部分对带薪学习休假制度有所规定，明确了带薪学习休假制度的定义和目的，提出建立带薪学习休假制度的倡议，但并没有强制带薪学习休假制度的建立与实施。我国终身教育或终身学习专项立法工作未来的努力方向是，国家层面上，尽快出台终身教育法或终身学习法，并将带薪学习休假制度纳入法律条款中，为带薪学习休假制度在全国范围内的确立提供权威的法律保障；地方层面上，未出台终身教育或终身学习相关法律条例的地区尽快完成终身教育或终身学习地方立法工作，并将带薪学习休假制度纳入其中，已出台终身教育或终身学习法律条例的地区根据本地区的状况进行带薪学习休假制度方面的修订，进一步细化相关规定，促进带薪学习休假制度的落实。

职工的权利与义务更直接地体现在劳动合同中，并通过劳动合同的生效和实施而具体落实。所以，带薪学习休假制度的具体落实需要《中华人民共和国劳动合同法》的保障。对职工的休息和休假的规定是《中华人民共和国劳动合同法》的必备条款，由相关部门对劳动合同制度实施情况进行监督检查的规定也是《中华人民共和国劳动合同法》的重要内容。[②]为保障带薪学习休假制度的具体落实，可以对《中华人民共和国劳动合同法》进行修订，将带薪学习休假制度的具体内容和监督检查等事务纳入以上所提的两项规定中。《中华人民共和国劳动合同法》

---

① 兰岚. 我国终身教育立法公民学习权保障路径探析. 河北师范大学学报（教育科学版），2019, 21（4）: 86-94.
② 兰岚. 我国终身教育立法公民学习权保障路径探析. 河北师范大学学报（教育科学版），2019, 21（4）: 86-94.

对带薪学习休假制度的规定能够为该制度的具体落实提供配套法律保障。

　　带薪学习休假制度的实施需要经费保障。用人单位是职工带薪学习的重要经费支持方。用人单位的职工经费是职工带薪学习的重要经费来源。为鼓励用人单位落实带薪学习休假制度，为职工带薪学习提供经费支持，国家可以通过相关税收管理法律为用人单位的职工经费部分减免税收。2018年，为鼓励企业加大职工教育投入，财政部、税务总局发布《关于企业职工教育经费税前扣除政策的通知》，规定"企业发生的职工教育经费支出，不超过工资薪金总额8%的部分，准予在计算企业所得税应纳税所得额时扣除；超过部分，准予在以后纳税年度结转扣除"①。该项政策有利于带薪学习休假制度的落实。为加大保障力度，未来可以将该项规定或相关规定纳入《中华人民共和国企业所得税法》。

　　带薪学习休假制度的确立和落实能够为个体提供更好的终身学习环境，使其获得更多的终身学习机会，促进个体职业技能和综合素质的提升，从而促进全民整体素质的提高，促进学习型社会的建设，进而为国家和民族提供长远的发展利益。

---

① 财政部 税务总局关于企业职工教育经费税前扣除政策的通知．（2018-05-07）．http://www.chinatax.gov.cn/〇341/n810755/c3439400/content.html.